SHUXIANG
TIELU
WENMING
JIATING

DI-SI JIE
SHUXIANG
TIELU
YOUXIU
ZUOPINJI

书香铁路 文明家庭

——第四届书香铁路优秀作品集（下）

中华全国铁路总工会女职工委员会◎编

中国铁道出版社有限公司
CHINA RAILWAY PUBLISHING HOUSE CO., LTD.

图书在版编目（CIP）数据

书香铁路　文明家庭：第四届书香铁路优秀作品集：全 2 册 / 中华全国铁路总工会女职工委员会编 .— 北京：中国铁道出版社，2020.8

ISBN 978-7-113-25539-8

Ⅰ. ①书…　Ⅱ. ①中…　Ⅲ. ①读书活动－中国－文集　Ⅳ. ① G252.17-53

中国版本图书馆 CIP 数据核字 (2019) 第 027761 号

书　　名：书香铁路　文明家庭——第四届书香铁路优秀作品集
作　　者：中华全国铁路总工会女职工委员会

责任编辑：郑媛媛　朱景芳
封面设计：崔丽芳
版式设计：崔丽芳　高博越
责任校对：王　杰
责任印制：赵星辰

出版发行：中国铁道出版社有限公司（100054，北京市西城区右安门西街 8 号）
网　　址：http: //www.tdpress.com
印　　刷：北京柏力行彩印有限公司
版　　次：2020 年 8 月第 1 版　2020 年 8 月第 1 次印刷
开　　本：710 mm×1 000 mm　1/16　印张：53.5　字数：690 千
书　　号：ISBN　978-7-113-25539-8
定　　价：78.00 元（全 2 册）

目录

CONTENTS

优秀作品集·家书征文

第一章

你是人间四月天

第二章

陪伴是最长情的告白

第四章

感恩有你

第五章

送　别

附录　第三届书香铁路优秀作品读后感

优秀作品集·家书征文

YOUXIU ZUOPINJI
JIASHU ZHENGWEN

你是人间四月天

第一章

亭亭玉立 | 黄会群 西安局集团公司西安客运段

你是人间四月天

林海青　上海局集团公司南京铁道公司

亲爱的宝贝：

你好！

当我还在杭州出差的时候，我的弟弟告诉我，他有了你，家里有了你，全家都欢天喜地！在这美好的人间四月天，你的到来，仿佛春天的使者，给我们家带来欢乐，带来希望！

我的爸爸，也就是你的爷爷，他是最开心的了，他说你姗姗来迟了10年！若早点来，就早些享受含饴弄孙的天伦之乐，多好啊！他去年突然右眼失明，就一直烦躁焦虑，情绪很不稳定，总是莫名地发脾气。我知道他是因为看不见而着急，日子更寂寞更无聊了……

而你的到来，给他的生活翻开新篇章！从你回家后，他就像变了一个人，乐呵呵地忙碌，无限温柔地疼爱你呵护你。

你是人间四月天！

你出生一周之后，你爸爸给我发来了两分钟的视频。我看到了一个有模有样的小姑娘，天庭饱满、皮肤白皙、五官精致，好可爱、好漂亮。

让我大跌眼镜的是，你的爸爸喊你“小蛤蟆”，我说小女孩千娇百媚的，叫这个多难听啊！以后会让人笑话。

可是我这个执拗的爱钻研的弟弟坚持要喊你“小蛤蟆”，他有充分的理由。你吃奶时腮帮子鼓鼓的，像小蛤蟆；给你洗澡的时候，看你肚子特大、大腿特粗、小腿特细，像小蛤蟆；你一哭闹，他一喊你“小蛤蟆”，你就不哭不闹，乖乖地，特别的灵，不得不叫你“小蛤蟆”。还说，小蛤蟆有顽强的生命力，水陆两栖，适应环境的能力强，自身防御能力强，更具有生命力和活力。

好吧，就让他憋着嗓子温柔地喊你“小蛤蟆”吧！他中年得女不容易。为了你，他努力攒钱，认真学习育婴教程，给你准备了充足的生活用品，为你日夜操劳好多天没有合眼了。做一个称职的奶爸多不容易啊！

这还仅仅是一个开始。若是把你养大，该是一个多么漫长的日积月累的过程。这期间，该有多少已知和未知的艰难险阻。人生不容易，现在还不是你一个只会呱呱啼哭的小孩所能知道的。你的爸爸叫你“小蛤蟆”，就是希望你能健康、快乐、平安地成长。

宝贝，我是你的南京姑姑。有了你这个小侄女，我就开始甜蜜的憧憬。我能给你什么？我可以教你什么？

我希望你以后是一个美丽有气质的好姑娘。有聪明的头脑，有宽厚的品德，有执着的兴趣，有足够的魅力。

我要给你买好多漂亮的衣衫和裙子，那些打扮女孩儿的趣事我可以从头做一遍，以解我只有儿子没有女儿的遗憾。

我希望你也爱读书，可以写出“行云流水”般的好文章。我希望你学习绘画、音乐或是舞蹈，任何一样都可以让你与众不同脱颖而出，会让你超越平凡的生活，够得着也看得见有意思有情趣的精彩日子。

我希望你有乐观积极的生活态度，无论生活多难，都可以全力以赴地去应战去奋斗，生活终将会对你一展欢颜。

我不认为你姗姗来迟，我觉得你来得正好。今天你的存在，就是上天美好的安排。等得够久，就会倍加珍惜。你的珍贵，会让我们更爱你，也更有能力爱你!

我期待着与你相见，当我抱过你的一瞬间，暖流和悸动向我袭来，我会无限爱怜地给你一个亲吻，并在心里为你祈祷，宝贝！愿你有一个美好的人生。

你从春天走来。就像民国才女林徽因那首美丽的诗，让我不禁慢慢吟诵：“你是人间四月天；笑响点亮了四面风；……你是一树一树的花开，你是燕在梁间的呢喃，——你是爱，是暖，是希望，你是人间的四月天！”

你的姑姑

2018年春

多谢你如此耀眼

王沈辰 哈尔滨局集团公司办公室

亲爱的女儿：

多谢你如此耀眼，做我平淡岁月里的星辰大海。

我的小公主，今天是你一周岁的生日。在过去的365天里，你第一次睁开眼睛，第一次依偎在我的怀里，第一次会笑，第一次翻身，第一次爬行，第一次站立，第一次发出“babababa”的声音……

你每一次的进步，对于我来说都是一个奇迹，如果没有你，这一年的时间就只有昨天、今天和明天不断地重复，但是因为你的出现，每一天的清晨和黄昏都有了生命的意义，每一个时刻和瞬间都被标注了生命的成长，每一个分秒和回忆都有想被我蘸糖吃掉的冲动。

当你来到这世间的那一刻，正是这个北国最冷的时间，我躺在手术室里冰冷的床上，因为麻药反应而瑟瑟发抖，但是我心中却揣着一团炙热的火，你是我灵魂中素未谋面的自己，是与我血脉紧紧相连的生命，想到你我每个细胞都充满了力量。随着一声洪亮的啼哭，你的到来让我也如获新生。

你出生后的日子偶尔也让妈妈觉得真是难熬呀，频繁的夜醒，让我从天黑抱你到天亮，又从天亮抱你到天黑，刀口的疼痛、喂奶的艰辛、极度缺觉的疲惫……但是，每一次糯糯的你在我怀里嗷嗷待哺，我都希望抱你更紧一些，让你感受这个世界的爱和温暖，成长就是为人母之后听得懂你每一个情深呼唤背后的一片柔情。

随着你的成长，慢慢变成“十万个为什么”，因为世间的一切对于你来说都是全新的。你每天会把各种玩具扔在地上，看看为什么玩具扔出去不是飞上天，而是会落在地上；你会每天一百遍指着我的眼睛、鼻子、嘴巴，发出好奇的声音，我会耐心的回复你百遍、千遍，这是妈妈的眼睛、鼻子和嘴巴；你会把玩具拆开，电池卸下来，一遍又一遍按动开关，不明白为什么没有电池玩具就不走动了；你会不断尝试从滑梯的底端往上爬，不明白为什么只能从上面滑下来，而不能从下面爬上去……可是，正因为你强烈的好奇心和专注力，你成为妈妈最好的老师，妈妈不断努力学习不同的知识，就是为了和你一起寻找科学合理的答案。

弦外知音 | 亓新周 南宁铁路公安局

我也想过有一天你会长大，长大会遇到更多的问题和困扰，每次哄你睡觉的时候妈妈都会给你唱王菲的《人间》，“风雨过后不一定有美好的天空，不是天晴就会有彩虹，不是所有感情都会有始有终，孤独尽头不一定惶恐，可是生命总免不了最初的一阵痛……但愿你的眼睛，只看得到笑容，但愿你流下每一滴泪都让人感动，但愿你以后每一个梦不会一场空”。我只希望，你能幸运地找到自己的梦想，希望你有自由的形态和美梦，不是装在套子里的人，不是压缩在罐头里的集成品，不是每日混混沌沌地陷入时间之流。

所以，我希望你有所成就，希望你能热爱你的事业，无论你是科学家，是医生，是美妆达人，还是美食家，都希望你怀着好奇和热情以及同情心和爱，自由幸福地生活。吃想吃的饭，见想见的人，看喜欢的风景，有能力做喜欢的事，妈妈会尽自己最大的努力，为你拨开“迷雾”，呈现给你最诗意的苍穹。

前几日，妈妈开门回家，你蹒跚地跑过来，拥抱我，用双手抱着我的脸，注视着我的眼睛亲了我。那一刻，我流泪了。我明白，人生就是这样被赋予意义的，我明白了王小波所说的：“我把我整个灵魂都给你，连同它的怪癖，耍小脾气，忽明忽暗，一千八百种坏毛病，它真讨厌，只有一点好，爱你。”

谢谢你的到来，谢谢你的爱，谢谢你如此耀眼，做我平淡岁月里的星辰大海。

愿你一世，平安，喜乐。

永远爱你的妈妈

2018年4月

海阔凭鱼跃

王红莉　哈尔滨局集团公司齐齐哈尔机务段

鸟岛余晖｜文春琳 中铁集装箱公司

我的小鱼儿：

看着你熟睡的样子，妈妈的心里幸福又温暖！这一趟与你的成都之行，我看到我的小鱼儿长大了，给我订机票、查找预定特色宾馆，一路领着我去品尝美食，每次坐地铁都牵着我的手怕我走丢了，像你自己说的：操了一颗当妈的心！每次听你这么说我都会情不自禁地笑一下。

记得上一次给你写信还是2014年的7月份，那是你即将步入高三迎战高考的那一年，那封信我至今保留着，那是我们珍贵的回忆！今天，妈妈再次拿起笔给你写信，还是想通过这种方式和你进行交流。

你16岁就离开家在外求学，大学又选择了离家三千多公里的西安。你说你想看看黄土高原的风土人情，看看世界四大古都之称的长安、红色圣地塞外明珠，还有八百里秦川尘土飞扬和三千万老陕吼秦腔的豪迈，当然更少不了你钟情的美食在吸引着你。

虽然你的选择与我和爸爸的意见相左，但我们还是尊重了你的选择，不想用我们的思想观念去束缚你。我也很庆幸当初尊重了你的意见，因为只有自己想要的才会去认真并投入热情地去对待。

虽然你离我们很远，但是也锻炼了你的办事能力，看到你每次井井有条地安排假期购票、整理行李、查阅转车路线，计算着怎样走才会省钱，妈妈真的是自愧不如呢！

说到选择，人的一生真的是面临太多的选择，我希望你能遵从你自己的内心，追求一种快乐、幸福的生活方式。选择自己喜欢的生活和职业，可能你选择的职业并不能带给你丰厚富足的生活，但是却是你喜欢的，不要因为现实的残酷而轻易放弃自己的梦想。

林语堂老先生曾经说过“中国人最崇高的理想，就是一个不必逃避人类社会和人生，而本性仍能保持原有快乐的人”。我一直跟你说，如果一个人的事业和他自己的兴趣爱好是一致的，那真的是人生幸事！也许你还不清楚将来想干什么，但我希望你能为未来做好准备。

遵从内心，选择自己喜欢的事情去做，可并不表示轻松了，就可以放任自己了，有可能要付出更多！

妈妈在这里给你提一些建议吧：要学好本专业，你现在所学的专业也许并不是以后你要从事的职业，但我认为既然你当初选择了，就把它学好，不要只图过关，也不要在以后别人问起你的专业内容时一片茫然。让妈妈感到欣慰的是你的成绩一直名列前茅，宝贝继续努力吧！

你还要多去读书，大学是读书、积累知识最好的时机。要想在以后有这样大把的时间去读书是不可能的，而大学图书馆丰富的馆藏是多么方便。读书可以开阔视野、丰富头脑、陶冶性情，更能让你沉静内心。

小鱼儿，最好的岁月就是现在。有人说：“青春是一场远行，回不去了；青春是一场相逢，忘不掉了。”所以莫负年华，尽情地学习、尽

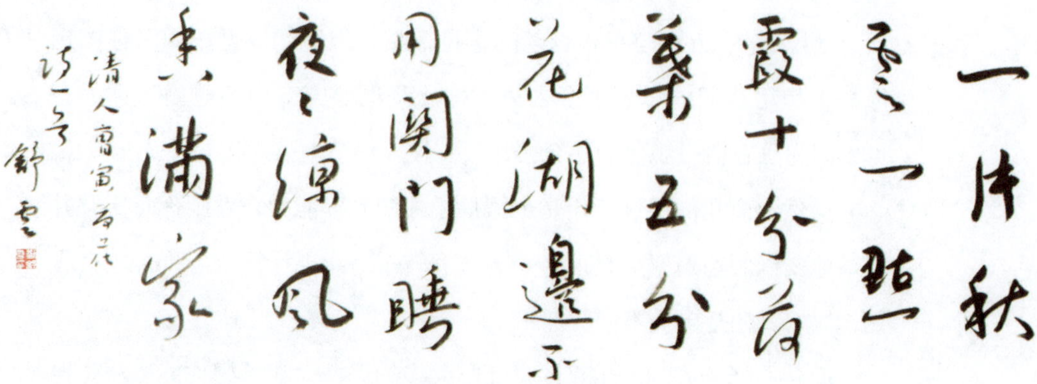

荷花诗一首 | 刘舒云 西安局集团公司绥德工务段

情地投入，即使荆棘坎坷，也不要后悔自己没有努力过！

“山河不足重，重在遇知己”，可见知心的朋友在我们的生命中是多么难能可贵。你是一个善良幽默的孩子，身边有很多的好朋友，不知道妈妈说得对不对，你的交友方式在我看来就是：是你的谁也抢不走，不是你的也终会离你而去。其实朋友间也是需要经营的，朋友相处贵在坦诚，要懂得分享，分享快乐也分享忧伤和烦恼。要学会换位思考，只要不是违背道德和原则的；要学会包容，包括和室友相处，也要和睦融洽。人无完人，你们都是在外求学的孩子，日常生活中要互相关心。大学四年很快就会过去，你们都将各奔东西，以后的你会更深刻地理解在这一时期建立的友谊，那是这一生里最纯洁的。

那天你说你头疼得厉害，是不是最近休息得不好呢？小病也要引起重视，形成了慢性头痛就不好了，可以利用热敷或者穴位按摩坚持一段时间试试。

其实天下父母的愿望都一样，只希望自己的孩子平安、健康、快乐！夏天到了，你不要太贪凉，冰的东西少吃，尤其在生理期更要注意，也不要剧烈运动！出门时记得打伞和涂防晒霜，别再像个男孩子似的。平时要经常晒晒被褥，可以杀菌，床单被罩要经常换洗，注意个人卫生！

宝贝，还要谢谢你母亲节送给我的礼物，我真的很喜欢。父亲节的时候也别忘了给爸爸打电话，你只要给他打电话他就高兴得像个孩子，什么烦恼都忘了！

我的小鱼长大了，终将游入大海，去乘风破浪，去看更广阔的天地，请你一定记住：妈妈永远爱你，我的宝贝！

妈妈

2018年5月16日

用我的目光送你飞翔

肖迎新 哈尔滨局集团公司哈尔滨机务段

亲爱的女儿：

当我写这封信的时候，我的心情是非常激动的。这十七年的欢乐时光清晰如昨，从前那个满世界疯跑的小丫头，转眼间已变成了沉稳的高中生，时间过得真快啊！在你即将成年之际，妈妈想和你说几句心里话。

孩子，我们想把自己全部的爱给你，因为你是父母生命的延续，更是我们幸福的寄托。虽然有时候你爸爸的言行不一定符合你们这一代人的认知，或许影响到你的心情，但是，孩子你不用怀疑这父爱的分量。在这个世界上，除了父母，几乎没有人可以不求任何回报地无条件地爱你。你的爸爸从小失去了父亲，在他身上或许有这样那样的坏习惯让你无奈，可是，孩子，你知道吗？正因为他曾经失去才更加珍惜这份亲情，所以这份爱的叠加有时候会让你觉得他是严厉和苛责的。孩子，你应该和爸爸好好谈谈，把这种负面的情绪宣泄出来，从而找到最佳的相处方式，这样，才能让自己的内心真正充满阳光地迎接这份亲情。其实，我和你爸爸爱你的方式不同，但我们都喜欢家里每天都有你开心地歌唱。

孩子，我们希望你做掌控自己情绪的主人。一个人无论做什么工作，只有掌控了自己，才能更好地掌控自己的人生。自然界有风雨雷电，人有喜怒哀乐，正视生活中遇到的困难，坚定自己的梦想。其实每一个人的人生都不尽相同，良好的情绪管理会是你成长路上的营养剂。孩子，虽然有时你也在为一些人和事烦恼、愤怒，但是我渐渐发现，其实你的情绪控制得很好，记得“三分钟”法则吧，冷静下来之后，所有的处理方式都会变得温润柔和。孩子，常怀宽仁之心，做感恩之人，生活会馈赠给你意想不到的礼物。

孩子，寻找快乐人生的密码在你手中。从你对小动物的宠爱，对花草的珍视，可见你是一个多么感性的女生。每次读你的作文，温润的文字如春风拂面，我似乎感受到春天的味道款款而来；铿锵的字里行间酣畅淋漓，让我看见一位职场精英的快意人生。孩子，无论未来的人生道路走向哪里，每一种生活方式都有它自身独特的韵味。还记得骑着三轮车收废品的阿姨那快乐的川曲吗？还记得那位老奶奶田间耕作时原汁原味的《青藏高原》吗？……孩子，每一份职业都值得尊重，每一个梦想都美丽并值得奋斗。生活中处处都有快乐和惊喜，把那些不开心当作小小的调剂，然后，我们积蓄能量，继续前行，快乐掌控在你自己手中。

孩子，向着你的梦想出发吧！希望你的一生幸福快乐。

爱你的妈妈

2018年5月15日

你若安好　我便幸福

黄伟彬　沈阳局集团公司沈阳客运段

亲爱的儿子：

光阴荏苒，岁月如梭。襁褓中咿呀学语、庭院里蹒跚学步、整日黏着妈妈的小男孩，如今已长成了阳光少年。转眼间，你就要上中学了。儿子，看着你一天天长大，我亦欢喜亦忧虑，欢喜你的长大、你的独立，也担心你的长大、你的独立。我知你不喜说教，也嫌我总是管你，但在你即将步入初中校园的时刻，我还是要啰嗦几句。于你未必有用，于我却是安慰。

儿子，首先你要成为一个有道德的人。有道德的人要先是一个遵纪守法的人，一个恪守社会公德的人，一个尊老爱幼的人，一个对社会有用的人。道德要落实在行动上，在学校，尊敬老师、团结同学；在家里，孝敬老人、体恤父母；在社会，与人为善，互帮互助。我带你背过《大学》，其中有“心正而后身修，身修而后家齐，家齐而后国治，国治而后天下平……”可见，心正的重要性。一个人心意端正，才能修正道德，进而齐家、治国、平天下。远大的抱负始于坚定基石，道德就是你的基石，是你安身立命之本，吾儿切记。

儿子，关于学习，我始终觉得那是你自己的事，我不能强迫你什么，亦如你外公外婆不曾强迫我。你说不喜补课，我尊重你的意见停止了补课，因为你补与不补，分数还是那个分数。我想补课于你既然是被动的接受，不如不浪费时间。但是妈妈还是希望你充分利用课堂的时间，认真地听讲，记好笔记，如果你时刻跟上老师的节奏，我想你的成绩不会差。初中的课程会更多更繁重，你玩的时间会更少。“少壮不努力，老大徒伤悲”，人的学生时代是最无忧无虑的学习时光。时间对于每个人都是公平的，它转瞬即逝，不会等你。你小学的时光就在匆匆间过去了，你学到并记住了多少知识呢？你的中学时光也将匆匆溜走，所以一定要珍惜时间，给自己制订计划。我不要求你考第一，但你一定要尽力。我也不把你与其他人比，因为你是独一无二的，你只需要与你自己比，你比昨天的你进步一点点，妈妈都为你喝彩。当你长大后回首来时路，希望你可以骄傲地说：“我不负时光，不负年华，无愧我自己。”

儿子，你从小喜欢读书，这很好。一个喜欢阅读的人，他的视野一定是开阔的，他的格局一定是宽广的，他的内心一定是宁静的。读书就是汲取知识，而知识，将使你的人生拥有更多可能。知识决定一个人的气质、趣味、眼界、涵养以及价值取向，而这些都是影响生活质量的关键因素。古人云：“腹有诗书气自华”，读书和不读书的人，一天也许看不出差距，一个月也许也不明显，但是一年甚至五年、十年，他们的区别就会很大。所以，妈妈希望你在中学时代读更多的好书，读经典，读名著，日常注意积累好词好句，这样在你写作的时候就可以信手拈来。你喜欢编小说，我觉得你很有思想，但是作家可不是一朝一夕练就的，那是一个漫长枯燥的过程，首先需要大量地阅读，细心地积累，写文更要耐得住寂寞，持之以恒。天道酬勤，只要你坚持梦想，脚踏实地，勤奋刻苦，就一定能成就一番事业。

儿子，关于爱情，妈妈跟你探讨过。我和你一样经历过青春期。男

祁连风光 | 刘志华 成都局集团公司成都车辆段

孩和女孩相互吸引和喜欢是正常的，你有喜欢的女孩子，或者有女孩子喜欢你，妈妈为你高兴，说明你是一个健康男孩，而且很有魅力，妈妈恭喜你长大啦。妈妈是过来人，所以我知道女孩子喜欢优秀、健壮、阳光的男孩子。所以，儿子，你应该不断提升自己，努力让自己更优秀，让别人看得到你。你还要加强体育锻炼，让自己再瘦一点，强壮一点。你应该充满阳光，走到哪里，哪里亮堂而又温暖。你应该大度、幽默。大度，是一个男人重要的品质，与人相处不要斤斤计较，大度可以让你收获更多朋友。幽默，是一个男人交际的技巧，适时适当地幽默，会让你更有趣，让与你相处的人如沐春风。儿子，爱情是美好的，但是对于还不懂得什么是爱情的你们来说，可能就是一场灾难。因为你们的心智还不成熟，根本不知道自己喜欢什么，要什么。如果因为莫名的好感耽误了宝贵的学习时间，荒废了学业，那是多么得不偿失啊。妈妈跟你说过，当你成为一个优秀的人，会有很多人喜欢你，但是你一定要把握住自己。你的一生会经历很多事，遇到很多人，而你并不知道你将来会经历什么，遇到什么人，那就把有限的时间放在奔跑上吧。我想，当你跑进大学校园的时候，你已经足够强大，到那时，你可以谈一场轰轰烈烈的恋爱，那是非常美好的。还有，作为男人，你要懂得负责任，当你准备开始一场爱情的时候，你要确定自己已经具备负责任的能力了，否则，就不要开始。儿子，妈妈相信你会经营好自己的感情，妈妈也愿意分担你在爱情道路上的喜悦与彷徨，如果我的儿子会与我知心到分享他的小秘密，我会觉得非常幸福，并全力以赴地帮助我的儿子。

儿子，千言万语抵不过万水千山，人生的道路终究要你自己去实践。妈妈不能教会你所有，也不能陪伴你一生。就像你小时候唱的那首歌，“你一天天长大，我一天天变老……”总有一天，你会振翅高飞。愿这些建议于你有益。妈妈希望你幸福快乐——你若安好，便是晴天。

妈妈

2018年4月

愿你有一个丰富多彩的人生

齐志敏　北京局集团公司唐山机务段

亲爱的儿子：

你好！

时光飞逝，岁月如梭。一转眼你已经步入成年人的行列。今日落笔，回忆起你从幼年、童年、少年到青年每个阶段的成长轨迹。我们和你一起经历了你人生最重要的阶段，中考、高考、读研和就业。期间的苦辣酸甜，作为父母的我们虽然担负重任，但也充满喜悦。感谢你给我们带来的快乐和幸福。你成长的每一刻都深深地记录在我们心里。

印象最深又使我特别感动的是你英国留学期间，我们应邀参加你的毕业典礼。我们虽然是第一次走出国门，但从衣食住行等方面丝毫没有感到任何的陌生和不适。因为是你在异国他乡给了我们无微不至的照顾。在那短短的几日里你安排得井井有条。是你担任了导游和翻译使得我们吃、住、行没有障碍，变得游刃有余非常舒畅。在我们即将回国时你对我和父亲说的话使我非常幸福。你说："只是想有个机会，不是像小时候那样你们牵着我的手，而是我带着你们，一起到处走走，看看这世界有多美，你们在我心中有多么重要。"你的这些话让我和你的父亲非常地感动，我想这就是生命的轮回吧。儿子，你在异国他乡把学习和生活安排得很好，使我们对你留学之前的各种担心荡然无存，我们看到了你真正地成长起来了。

去年九月，你从英国顺利拿到金融硕士学位，学成归国。并通过自己的努力考入了央企，走上了工作岗位，真正步入了社会。以前，你面对的是老师和同学，你是受教育者，即使有什么不对的地方，老师可以原谅你，同学也可以迁就你。如今，你参加了工作，面对的是领导和同事，你不再是受教育者了，大家对你的要求提高了。因此，在以后的日子里，你要特别注意自己的一言一行、一举一动，要好好把握自己，不能由着自己的性子做事。我对你是放心的，也坚信你是最棒的。加油，儿子。但我还是想嘱咐你几句，只有这样，我才觉得尽到了家长的责任，才会放下心来。当你打开信件时，我还是希望你能欣然一阅。

首先，要学会担当和坚持。担当是人走向成熟的标志。作为男子汉你要为你的选择负责，为自己的将来负责，为自己的一切负责，未来的路要靠自己走。希望你做什么事情要善始善终，不要半途而废。在今后的人生旅途中会遇到很多挫折和困难，你要不断地磨炼自己。但孩子请你记住无论什么时候遇到什么困难父母都是你坚强的后盾，家永远是你最温暖的港湾。

其次，要学会尊重、理解和忍让。儿子，当遇到事情时不要以自己为中心，要换位思考。人们常说知足常乐。凡事要往好的方面想，什么事情都会找到你满意的一点，这样可能就平衡了。俗话说："忍一时风平浪静，退一步海阔天空。"年轻人容易冲动，容易愤怒，容易做出过后便后悔的事。许多人犯错误，并非他们不知道是非，而是因为他们冲动起来，"怒"令智昏，等冷静下来，懊悔不迭，但为时已晚。你刚参加工作，要和你的领导、同事好好相处，要尊重每一个人。与人相处，要宽容，要忍让，不管在什么情况下，都要能控制自己。发生矛盾时，要首先反省自己，不要只从别人身上找原因。一定要换位思考，即使受点委屈，也没有什么要紧的，要多理解他们。

再次，要学会合作，搞好人际关系，走向成功。周围的人，都有自己的一技之长。一个虚心求教的人，必然成长得更快，必然得到众人的喜爱。在现代社会，光靠一个人，是很难成功的，必须学会合作。你搞好了人际关系，大家都愿意和你相处，你生活在和谐的环境中，心情必然舒畅，工作必然顺利。要想搞好人际关系，要想得到他人的帮助，就必须尊重和帮助别人。只有你真心帮助别人，别人才会帮助你，这就是人们常说的“以心换心”。

好了，就写到这吧，毕竟你我的思想认识、工作环境、生活阅历等都不一样，这一些观点和建议，也只能供你参考，但愿能给予你启发，哪怕是一点点，我也会感到十分高兴。我相信，你会处理好生活和工作中的事情，在“风云变幻”的社会中，能够找准自己的位置和发展空间，珍惜现在拥有的一切。希望你有一个丰富多彩的人生，一个不悔的人生。愿好运伴你。祝儿身体健康，工作顺利，天天开心！

妈妈

2018年4月

愿你走出半生　归来仍是少年

牛　颖　北京局集团公司唐山电务段

我亲爱的女儿：

每当我目送你离家去上学时，望着你乌黑的长发束起垂在后背的书包上，高高瘦瘦的背影散发着浓浓的青春气息，总觉得时光倏忽，襁褓中的那个粉嫩婴儿仿佛就在昨天。

藏族女孩
魏玉珍　西安局集团公司宝鸡供电段

我永远记得第一次护士把你放在我身边的时候，一种新鲜激动的感觉瞬间触动我的心，眼泪夺眶而出。那是一种陶醉的感觉，一种由衷的幸福，是把我们的一生都紧紧联结在一起的感觉。

你小时候没有人带，可我还是舍不得把你送到远方的奶奶家。在你六个月时，我把你送到保姆家照看，每天下班后再把你接回家。你那么稚嫩，好像一粒

背影 | 杨雪 广州局集团公司

包在荚中的小豌豆，我心里有万般无奈和不舍，但是你好像明白了我的心意，一直都很好带，也很少生病。

我一直把你带在身边，不想错过小豌豆成长的每一天。在你幼儿园的运动会上，我们俩一起奋力奔跑；在你入队仪式上，我亲手给你戴上红领巾；在你违反纪律时，我被叫去和班主任谈话。

上个月你刚刚过了十八岁生日，学校集中举办了一场成人礼，邀请家长参加仪式。仪式结束后，我激动万分地喊你过来和我合影，想要给这个特殊的日子留一个纪念，你一边把头上的成人帽“嗖”的扔掉，一边冲我摆手。

我旁边的一位母亲也是和我同样的遭遇，举着手机气得在跺脚。我越来越清楚地感觉到，你是我的全部世界，而我只是你世界的一部分了。

昨天你的姥爷神情严肃地跟我讨论你的事，缘由是你昨天中午没有像往常一样带酸奶去学校。作为一名即将面临高考的高三学生，你的一举一动都牵动着全家人的神经。我不想过度关注，唯恐会加大你的压力，抑或使你骄纵，但是反之又会显得漫不经心。在对你的教育上，我们因为太过在意，反而有时经常会不知所措。

你每天早出晚归，一脸疲惫，为你的奋力一搏做最后的冲刺，我则每天小心翼翼，察言观色，但我还是希望这段时间可以过得慢一点，让我陪伴在你身边的时间再久一点。

我亲爱的女儿，今年的夏天会与往年不同，它会显得格外炎热，因为你心中理想将为你迸发出更大的热量，它会显得格外漫长，因为你将为抵达理想彼岸扬帆远航。

羽翼未丰，不敢骄矜，只有洒下汗水才是青春，埋下的种子才是理想。无论成功与否，愿你付出甘之如饴，所得缘于喜欢；愿你的世界里天天都是好天气；愿你一生努力，一生被爱；愿你走出半生，归来仍是少年。

祝你成功！永远爱你。

妈妈

2018年5月

在风景中行路

李　琦　北京局集团公司石家庄货运中心

亲爱的点儿：

昨天，我们去了封龙山踏春，一路上桃红柳绿，风景怡人。下山时你爸还说，再有两个多月你就大学毕业了，虽然四年大学让你收获了很多知识，但毕竟社会实践不够丰富，还需要岁月的沉淀。妈妈也觉着你到底是个孩子，还是得嘱咐两句。

眼睛。近视的诸多不便想必你深有体会。每天都要用眼，学习和生活哪一样也离不开手机和电脑。看得久了，眼睛必定有所损害，要张弛有度，经常做做眼保健操，按摩眼周，点点眼药水缓解疲劳。女孩子总是爱美的，美瞳、隐形眼镜这些东西我不反对，但要注意用眼卫生，尤其不能戴着过夜，该摘时别嫌麻烦，要好好保护和爱惜自己的眼睛。

手机。现在低头族越来越多，直接后果不是颈椎就是腰椎出问题，更别说眼睛。你还年轻，身体尚能顶住，但青春和健康不能让手机来肆意挥霍和透支，一定要善待身体，哪个器官出了问题都不是小事。该睡觉时就得睡觉，安排好时间，减少熬夜，要不熬坏了身体还怎么学习？你知道吗，在我们铁路，当班职工的手机要统一保管，目的就是保证作业安全，避免人身伤亡。手机在带来方便的同时也埋下了不可预测的安全隐患，所谓成也萧何败也萧何。由手机导致的事故频发、触目惊心，下台阶、走路玩手机都是最危险的事，一定要提高警觉。多去户外运动，晒晒阳光，不要日上三竿还赖床不起，要把运动当作最好的保健医生配在身边。

亭亭玉立 | 张传玲 济南局集团公司兖州车务段

学习。昨天你说系里让你作为优秀生代表发言，并把稿子传过来让我们把把关。你的文字我们几乎没动。你的文笔细腻温婉，总结到位。你的成长令我们在骄傲的同时倍感欣慰。

你说四年时光如白驹过隙，说现在的学校和专业都是你喜欢并且是自高中时就确定的唯一目标，你回忆了入学后的点点滴滴，与大家分享了学习经验，由衷抒发着对交大的热爱和即将到来的惜别之情。四年的光阴和故事是你辛苦积攒的宝贵财富，任何时候拎出来都会令你受用终生。

知识改变命运，学习重塑人生。由于工作原因，妈妈经常接触刚毕业的大学生，比你大不了几岁，其中很多来自农村，实实在在地依靠知识改变了命运，并在工作中正通过不断地学习重塑着自己的人生，他们是铁路的希望。认真读书和学习，绝对是你增长知识、开阔眼界和提升修养的最佳途径；若再与阅读如影随形，则更会受益一生。还有，电子书固然方便，但远不如在图书馆手捧一卷，安心静坐气定神闲。相信我，那种读书的感觉更好。三毛说：“书读的多了，容颜自然改变”，希望你越来越漂亮。

你做事一贯独立有计划，目标也强，今后仍要如此，提早规划，未雨绸缪。至于就业方向，若能学以致用，专业和岗位贴合自然更好。你说现在不想进铁路，想继续读研，甚至攻博。我们尊重你的选择。记住，无论在哪儿、做什么，都要踏实做事、本分做人，最终成为一个对社会有用的人。学会放下成绩，淡然接受理想与抱负、现实与梦想的差别，多问问自己该做什么、怎样做，有时越努力，越幸运。

或许是我们的工作状态令你对铁路产生了排斥。铁路确实紧张，爸妈是工作者，但先是铁路人，还是要讲一点职业素养的。工作和生活相辅相成，都说生活要放在首位，可很多时候，是要先顾工作的。铁路对于爸妈，实在是一种难以割舍的情结。我们在最好的青春里遇到了铁路，一见倾情，我“嫁”了铁路，而你爸“娶”了铁路。我们见证了铁路这些年日新月异的变化，作为参与其中的一分子，我们由衷感到自豪，真的是无怨无悔。

樱 | 郭恺霖 南昌局集团公司福州客运段

作为铁二代，我很羡慕同学的孩子陆续参加工作成为真正的铁三代。好像从我们的父辈开始，到铁路上班是再自然不过的事情，不但他们为此倾献毕生，甚至还要求孩子们如果有可能也与铁路签一纸终身状。铁路人一脉相承的家族情结由此得以体现。

孩子，即使你不是铁路人，妈妈也要你以铁路家风约束自己，思维严谨缜密，言行勤勉积极，任何时候都要沉得下身板，禁得住诱惑，耐得住寂寞，做一个合格的铁路后代。都说心有多大，舞台就有多大；思想有多远，脚就能走多远，无论走到哪里，你都要记得带上自己的阳光，因为只有正能量的人，才能走到哪里都自带光芒。

恋爱。你能想到吗？前晚看电视，里边女儿出嫁那段，你爸居然看得泪流半晌不语，估计他是想到自己过不了几年也要像剧里爸爸那样牵着女儿的手，把她送到另外一个男孩子跟前。这个男孩子，首先要人品正，还要聪明，更要积极向上，会疼你爱你，各方面要配得上你。咱不图大富大贵，你俩能两情相悦、平安健康就好。

尽管你只是个平凡的女孩子，可是在我们眼里，却是最最珍贵的。作为父母，我们能安然接纳你的平凡，但绝不容忍别人轻看你的眼神。你喜欢的人，我们一定去喜欢；你深爱的人，我们努力去爱他。说句私心话，他爱你一定要比你爱他多才行。

孩子，生活的路还很长，这才刚开始。沿途或平坦或曲折，只要你留意，处处是风景。在风景中行路，眼里要会看到美。慢慢走，欣赏啊！

妈妈

2018年4月

宝剑锋从磨砺出

卫 霞 太原局集团公司侯马北供电段

亲爱的老弟：

时光匆匆，还有一个月你就要进入属于你自己的战场——高考了。

都说高考是人生的重要转折点，但姐姐觉得凡事都有相对性。不可否认，考上一个好大学可能会让你的起点稍高一点，但我觉得人的命运也不会只取决于一所大学，还取决于你的性格、勤奋等。

去年你高考失利，是我们都没有想到的，我一直认为你比我要聪明，从你学习新事物的能力就可以看到，但是我觉得你缺少我的勤奋与坚持。姐姐也是从高考走过来的，更能体会到你的无助与茫然。高考本就是千军万马过独木桥，高考的辛苦不仅仅是你解不出一道数学题和一次成绩不理想，更多的是这条路是你孤单一人，没人与你为伴，但是如果你坚持到最后，你会发现这一路感受到的美景也是别人触碰不到的。

最近妈妈和我视频的时候，说你近期几次考试成绩都还挺不错的，但不是很稳定，英语虽有不小提升，数学成绩却不是很稳定，忽高忽低。姐姐希望你可以重新整理一下你的数学知识点，看看到底哪里是你自己不太懂的，把重点放在这些知识点上，多做练习题，对于现在的你来说，查漏补缺是一件特别重要的事。

勇敢 | 高玲 中铁集装箱公司

妈妈还和我说了一件她一直比较担心的问题，那就是马上就要高考了，而你还是会玩手机和电脑，妈妈说她现在不太敢说你，怕影响你的心情，姐姐知道复读这件事真的很累，从你发的一些朋友圈中就能看出来，尤其是当你见到昔日那些好友，从他们脸上的笑容就可以看出他们的大学生活还是挺开心的。我想每当这个时候你都是非常难过的吧，其实姐姐并不是说不准你玩游戏，只是希望你可以控制好玩游戏的次数，毕竟学习压力大的时候我们也需要寻找一些发泄的出口，但是我还是希望你可以把更多的时间和精力放在学习中。同样姐姐不是说非让你考上多好的大学，而是希望你在今后的某一天回想高中生活时不会留有后悔和遗憾。

那天和你的聊天当中得知你对报考哪所学校和专业

也有许多的迷惑和不解，爸爸妈妈希望你能上一所方便以后找工作的学校，而姐姐知道你其实一直比较喜欢文学和写作这一类，你也确实有这方面的才华。其实这两种选择都无所谓对与错，只是一种选择是从现实的角度出发的，而另一种则是从梦想和喜欢的角度出发的。姐姐不会像别人一样直截了当地告诉你应该选哪一种，而是希望你可以跟从内心的选择，但是也应多去想想父母的建议，毕竟他们也是为了你好。但是无论你选啥专业，一定要热爱它，并且把它当成是一份事业。因为它很可能会跟随你一辈子，如果你不够热爱它，那你根本不会感到快乐。我们都是普通人，不求你大富大贵，但求你一辈子过得开心快乐，你如果可以真正做到这一点，我和爸爸妈妈都会为你自豪的。

人生如白驹过隙，时间总是最公平的，它不会为谁停留，把握当下的每一分钟享受生命、热爱生命。相信你现在的每一分付出都会使得你高考之后的彩虹更加绚丽多姿！

“宝剑锋从磨砺出，梅花香自苦寒来”，最后姐姐祝愿你能在今年的高考中金榜题名，梦想成真。姐姐永远是你坚强的后盾，永远爱你。

爱你的姐姐：卫霞

2018年4月24日

给漫漫人生中的你

孟垂敏　呼和浩特局集团公司集宁工务段

亲爱的自己：

光阴似箭，日月如梭，春去秋来，外出时已被小朋友称呼为阿姨的你最近过得好吗？

记得大学时期，你不再写日记，也很少外出。不再起早贪黑地读书，唯独在“60分万岁，多1分浪费”的考试即将来临前，你废寝忘食地背着在课程结束时老师站在讲台上像开新闻发布会一样划着所谓一本书都是重点的重点。你变得自由散漫、不受约束，你知道吗？要改变自己，时刻提醒自己要遵守纪律、制度，对待每一件事情要全力以赴。

2017年8月2日，大学刚毕业的你工作从集宁工务段开始，陌生的地方，陌生的同事。经过几天的培训后被分到沿线工区，远离城市的繁华与喧闹，在办公室里整理资料，学习做内业。没有铁路业务知识的你，什么都不懂，甚至怀疑自己是否可以胜任这份工作。不要怀疑自己，要相信自己，你可以做得很好，要敢于尝试，华丽的跌倒，胜过无谓的徘徊。

你还不习惯单位的生活及工作环境，接受不了工作上的琐碎事情处理不好后会被批评，经常向身边人倒苦水，抱怨身边的一切。你察觉

心雅溢芳菲 | 吴伟 上海局集团公司淮南西站

到了吗？有时间你可以读读美国作家威尔·鲍温的《不抱怨的世界》，会让你受益匪浅，这本书告诉我们抱怨不能改变什么，与其抱怨自己，不如改变自己，不要在意别人的看法，那是虚荣心在作怪，人生无完美，曲折亦风景。

正确定位自己。常言道：“人贵有自知之明。”有些人往往在没有衡量清楚自己的能力前，总希望获得他人的掌声与赞美，攀比心极高，轻视他人，甚至会出言不逊。给自己正确定位，可以使你少走弯路，用端正的态度对待自己的工作和生活，在自己的岗位上尽职尽责，无需豪言壮语，默默行动会诠释一切。当人们感叹铁路出行方便时，你应该有荣誉感，是你和铁路大家庭的成员们用辛勤的汗水，战酷暑，斗严寒，创造出安全、舒适的出行条件。

生活就是这样，时而令你沮丧，时而令你快乐。调整好心态，无论风和日丽还是暴风雨，都要积极向上地面对，因为我们的每一天都是现场直播，懂得选择，舍得放弃，是一种豁达，也是一种智慧。

很喜欢普希金的一首诗，送给你：

假如生活欺骗了你，

不要悲伤，不要心急！

忧郁的日子里需要镇静：

相信吧，快乐的日子将会来临！

心儿永远向往着未来；

现在却常是忧郁。

一切都是瞬息，一切都将会过去；

而那过去了的，就会成为亲切的怀恋。

整日和你在一起的敏

2018年4月9日

书香在册话成长

郭洪楠　呼和浩特局集团公司党校

亲爱的弟弟：

“天街小雨润如酥，草色遥看近却无。最是一年春好处，绝胜烟柳满皇都。”

见信如晤。在这个春风花草香的季节，在这个新燕啄春泥的早晨，我坐在阳光初照的书房，给远在千里之外兰州的你写下第一封信。

望着窗外，新长出来的草芽，在春风中摆动招摇，远远地看过去，已是一片浓浓的草色了，但要是走近细细一看，却还依然是零零星星，楚楚动人。这不由得让我想起了韩愈的这首《早春呈水部张十八员外》，自古伤春悲秋，韩愈能在50多岁这个古代的老年时代，依然把春写得这么细润绿嫩。可见当年正是他功成名就、意气风发之时。对了，诗里的皇都正是如今的西安和咸阳一带，是我们去年一同游玩过的地方，如今和你我所在地互成犄角。

不知道你那边现在怎么样了，不知春风是否过了玉门山关；不知此时的你是“雨打梨花深闭门”，还是躲在宿舍“听雨眠”。记得年后分别前一晚，你还在为选择工作还是读研忧虑。那晚全家都给你参谋了很久，虽然你说一切放心，但我知道你并没有坚定的选择。不知道此时你

清白传家 | 张茜儒 中铁特货郑州分公司

是否已有了抉择。不论你做何选择，我们全家都会是你最坚强的后盾。

在这些人生重大的选择上，没有人能代替你，只有你自己，知道你最想要的是什么。我也曾读过你读过的书，走过你走过的分岔路口，也曾有过你的迷茫。我知道，你也会迷茫如我，“独上高楼，望尽天涯”；也会怀疑如我，“雾里看花，浮云遮眼”；也会坚定如我，“踏破铁鞋，成败不悔”；也会坚持如我，“千磨万击，铁杵成针”；也会收获如我，“蓦然回首，灯火阑珊”。如果不曾破釜沉舟一往无前，又何来长风破浪，云帆沧海。所有的经历，都会是你成长道路上最坚实的基石。

如果你还犹豫，我希望你，要么多读书，要么去远行，身体和灵魂，总有一个要在路上。我希望你行万里路，但更希望你读万卷书。只行路，不读书，不过是移动的照相机架。只读书不行路，又容易掉入闭门造车的困境，只能娱己，难以助人。只有先储备书中的知识，再到大千世界去认识、去验证、去追寻，才能真正找到读书和旅行的乐趣。

不要怕读书乏味，春雨叮咚、夏雷滚滚、秋风送爽、冬日暖阳。尺方书本中，有四时变迁，人生百味。长亭古道，大漠落日，沧海月明，断肠天涯。尺方书本中，有上下求索，蓦然回首。寒雨连江，浮云遮眼，帘卷西风，灯火阑珊。尺方书本中，有曲径通幽，柳暗花明。巍峨山巅，山外青山，玉宇澄清，星移斗转。尺方书本中，有高山仰止，天外之天。

读哲学，就像在迷宫中找到北斗，能让你懂得人性本源、善恶美丑、大道至简、和谐自然；读历史，让你以全人类的智慧正衣冠，能让你看到国家兴亡、人类演进、沧海桑田、个人得失；读文学，让你看见你不曾看见的，能让你欣赏宇宙洪荒、月下花前、金戈铁马、市井田间。不一一列举了，正如培根所言，凡有所学，皆成性格。

老弟，如果读书需要一个理由的话，我希望是成为最好的自己，愿我们下次团聚，能看到越来越好的你。祝平安顺利。

此致

敬礼！

姐

2018年4月3日

放飞梦想 扬帆远航

路予宾 郑州局集团公司新乡供电段

亲爱的女儿：

再过一个多月，你就满十八岁了，是个大人了。回想你从出生到蹒跚学步，从咿呀学语到学会喊爸爸妈妈，再从幼儿园、小学一路走来升入高中，所有的日子都历历在目，恍如昨日。作为父母，我们虽然付出了很多辛苦，但是更多地体会到的是你带给我们的快乐。宝贝，爸爸妈妈爱你！

你是一个聪明、可爱、善良的孩子，爸爸妈妈以你为傲。从小学到现在，学习上你刻苦努力，成绩优异；生活中你懂事听话，是老师和长辈喜欢的好孩子。你通过老师的培养和自己的努力，升入了全市最好的学校，最好的班级，没有辜负爸爸妈妈和老师的希望，更没有辜负你自己。现在到了你人生中第一个关键时刻，就是在你十八岁生日的时候去迎接高考，之后你将步入大学校园，开始一段新的人生旅程。在这儿，妈妈首先预祝你高考顺利，发挥出你应有的水平，考上一所你心仪的学校。同时，妈妈也有些话想和你说。

十八岁是花一样的年纪。特别是女孩子，对美有着无限的憧憬。但是你要懂得，美不仅在于外表，更多的来自内在。你一定要不断地学习，多读书，读好书，正所谓“腹有诗书气自华”，内外兼修才会更有魅力。

十八岁是放飞梦想的年纪。你要有自己的人生目标，并向着它不停地努力。现在的中国正处于快速发展的时代，各行各业需要大量的人才，只要你肯努力，就一定会有展现自我的舞台，那就是你实现人生价值的地方。

十八岁也是走向成熟的年纪，你已经长大成人，今后的路要靠你自己走，希望你在面对困难和挫折时能抱有一颗平常心，要明白人生不可能都是一帆风顺的，总会遇到一些沟沟坎坎，要学会勇敢地面对。

孩子，你即将走入大学，迈向社会，将要面临一个相对复杂的环境。作为一个女孩子，一定要自尊、自爱、自强，做事要有底线，切不可迷失自我。你要学会与人相处。要懂得感恩，这是做人的基本原则，记得“滴水之恩当涌泉相报”。学会宽容与原谅，它会让你的心胸变得更加宽广。要乐于助人，“赠人玫瑰，手有余香”，你会在帮助他人的同时从中获得快乐。你要多交益友，在生活和学习中互相帮助，共同进步，这会让你的人生更加丰富多彩。最后，也是最重要的一点，要把健康放在第一位，无论多忙，也要抽出时间锻炼身体，放松心情，只有身心愉悦，生活才会更加幸福。

“海阔凭鱼跃，天高任鸟飞”。妈妈相信，在不久的将来，你会练就一身过硬的本领，在广阔的天地之间大有作为。希望你在今后的日子里，择良师、选益友，走好人生的每一步。你也一定要记得，无论你飞得再高，走得再远，也无论你身在何处，家是你永远的港湾，爸爸妈妈是你坚强的后盾。宝贝，我们永远爱你！

爱你的妈妈
2018年4月20日

你的未来不是梦

庞红霞　郑州局集团公司洛阳机务段

亲爱的儿子：

在你即将步入社会，走向正式工作岗位之即，妈妈想和你说说心里话。二十六年含辛茹苦把你拉扯大，可以说我们全家一路欢歌一路艰辛……

你从小调皮捣蛋，走路只挑不能走的地方走，多少次，不是摔倒就是把衣服或鞋子弄坏，我和你爸爸没少和你讲道理，可你那小脑瓜总是听不进去，照样我行我素，真的没少给我们添麻烦，次数多了，弄得我们神经都麻痹了。

好动的天性也成就了你更加开阔的思维，遇事总爱打破砂锅问到底，我们回答不上来的问题你就自己找书看，从小养成爱看书的习惯，只要到书店，总要买一堆书回家，所以直到现在你那些弟弟妹妹来到咱家总会在你的书架上翻来看去，妈妈希望你的这个习惯在你以后的人生中永远伴随你……

高考的独木桥千军万马真的不好过，成绩并不理想的你选择了出国留学，又一条艰辛而漫长的路开始了，全家所有资金都倾注在你的求学之路上，你父亲为了你能在外更好地学习和生活，每年的年休假如非特殊情

哥俩好 | 李媛 昆明局集团公司昆明车辆段

况，从来都不舍得休。争气要强的儿子，你也时刻关注着我们，只要有时间就在外打工。七年下来，你在饭店洗过盘子送过外卖、当过KTV服务员，在建筑工地清理过垃圾，当过汽车配件包装工……你用打工赚的钱给我买化妆品，给你父亲买营养品。学业上，你几次拿到奖学金。这七年，真正长成为一名懂事的大小伙，让我们从不放心到我们啥也不用操心。

七年的海外求学经历，是你人生的一大财富，在你以后的工作中，你会比那些没有打过工的应届毕业生更有发展前途。不过，爸爸和妈妈还是要告诉你：在接下来的日子里，你将要迎接人生新的挑战。

首先，在思想上，你已经是一名正式的国家干部，下基层历练，是必需的过程。认真对待领导交给你的每一份工作，踏踏实实做事，凡事但求尽心尽力；虚心向老师傅们请教，重视工作中知识的积累。希望你在工作和生活中，永远要盯着别人的长处，这样你会发现每个人身上都有属于自己的亮点，总盯着别人缺点的人，一定不会有光明的前途。

其次，要正确看待婚姻与爱情，遇到适合自己的姑娘，要大胆去追求，前提是人家女孩对你也要有意思哦。谈恋爱，两个人要相互尊重，相互关心和爱护，不能有大男子主义思想，记住，适合自己的就是最好的。不要给自己那么多的条条框框。

最后一点也是最重要的，要爱惜生命，自己动手做饭，少在外面吃“垃圾食品”，多吃水果及蔬菜，坚持锻炼身体，只要有好身体，一切的一切才都有可能，你的未来才可以飞得更高。

总之，这个世界从来对每个人都是公平的，你的辛苦努力和付出，在你今后的工作中都会有回报。未来的生活和工作中，你将会面临更多的未知，未知的风险、未知的考验、未知的机遇、未知的美好……

张开你的双臂，用知识的头脑和广阔的胸怀去拥抱未来的生活和工作，用你的智慧去开拓你的未来，优秀的你定会在你的人生之旅上走得更高更远，祝福你儿子！

爱你的妈妈

2018年4月

努力遇见最好的自己

曹兴碧　武汉局集团公司襄阳房建生活段

亲爱的女儿：

这次寒假回来，妈妈觉得你变了：变高了、变漂亮了、变得理性了、变得会关心人了……妈妈看在眼里、喜在心上。

感谢北京，这个包容性强，文化底蕴深厚的都市，拓宽了你的视野；感谢你的学校，三年的时间让一个懵懂的女孩变得有了目标和方向。

女儿，自从外婆生病后，你给妈妈的电话、微信就多了，多了问候、多了关怀、多了牵挂，尤其是在这次寒假分别时，你拥抱了妈妈、拥抱了外婆，妈妈的心里满满的幸福，感受到了女儿珍惜亲情，感受到了女儿给予长辈的温暖。

女儿，亲情是人世间最宝贵的东西，让我们即便在寒冷的冬夜也能感受到春天般的温暖；亲情是温润的，让人的心灵即便蒙上岁月的风尘，依然清澈澄净；亲情又是伟大的，总是激励我们要变得更好，不可对生活和工作懈怠。

女儿，妈妈因为有了你，工作才更有了干劲，生活才更有了奔头。是你牵引着妈妈向上向善，因为妈妈在以你为傲的同时，也希望你在谈起妈妈时同样感到自豪。

女儿，人生漫漫长路，充满荆棘，希望我们彼此鼓励，彼此温暖，一起轻轻地走向完美。

女儿，自从你跟我说想要到国外读研后，妈妈再三思量、辗转反侧后同意了你的想法。

因为我知道，你做出这样的抉择也是经过了反复思考的，你的选择将决定你的人生。作为妈妈，只想问你：想好了吗？如果是，妈妈支持你！

既然选择了，就要努力。习近平总书记说：“幸福都是奋斗出来的。”

女儿，没有人能随随便便地成功，人生没有不劳而获的事情，想实现自己的梦想，就要付出，就要坚持，优异成绩的背后必定是加倍的努力和汗水。

恰是同学少年的你，拥有着最美好的年华，正是读书、拼搏的时候，这也是你人生最关键的时候，切莫松懈。

女儿，妈妈之所以让你多读书，出去见世面，也是希望你将来拥有更多选择的机会。

这个季节，同学们有的准备找工作、有的准备考研。而你，不仅要准备毕业，还要考语言和准备出国的相关事宜，这一切都得靠你自己打理。

妈妈知道你的辛苦会比其他同学多，遇到的困难也是你从未经历过的。但是，我的女儿，只要你努力坚持，只要你辛勤付出，就一定会收获成功，就一定会享受到吃苦后的喜悦，付出必有回报！

女儿，做任何事情都不要拖延。告诉自己，今日事，今日毕，明天还有明天的事等着你。你要相信，越努力越幸运，只有奋斗的人生才是幸福的人生。人生的路，每走一步都算数，你迈出去的每一步，都是在向你的目标靠近。你缩回去，只能停在原地，聪明的你，一定明白妈妈的用意。

女儿，当你昨天告诉妈妈这次语言成绩不是很理想时，妈妈从你的语气里听出了沮丧。别气馁呀，你年轻，还来得及有下一次。

但是，你得总结自己没考好的原因，找出自己在哪些方面还存在弱项，然后努力攻克它，让下次再遇到同类问题时不会犯同样的错误。

女儿，你要知道，生活常常爱跟我们开个小玩笑，当你信心满满的时候，总会让你尝一下小挫折。

女儿，别泄气，抬起头，挺过去就是平川、就是风和日丽，你在教室和图书室付出的汗水，都记录在时光里，它会变成另一种东西，陪在你身边，这种东西就叫幸运！

女儿，你一路走来，每一次成功的笑容都定格在妈妈的脑海里。这次，妈妈在家里“静待花开”，等着你笑容灿烂地向我走来，那时，我将张开温暖的双臂，迎接你。

你若安好，我便幸福。

爱你的妈妈

2018年3月

做最好的自己

徐晓红　武汉局集团公司直属机关

亲爱的儿子：

今天是你24岁的生日，今年也是你的本命年。24岁，是多么美好的年华啊！一切都刚刚开始，青春的容颜、旺盛的精力、自由奔放的生命、天马行空的梦想。这些都是你所拥有的财富。

儿子，你可知道，妈妈有多么羡慕你。羡慕你们这一代人，生活在一个多么好的时代，科技发达、物质丰富、衣食无忧，最重要的是，在这个多元和开放的时代，无论是工作生活，还是前途和命运，你们都有更多的选择，你们可以自己主宰自己的人生。就像你自己说的："让我自己去闯！一切都是我自己的选择，哪怕走弯路，一样会成为财富！"

其实，哪个父母愿意自己的孩子走弯路呢？2014年，你考上了武汉体育学院，由于课程不太紧，为了锻炼自己，业余时间你四处找兼职，最终选择留在必胜客西餐厅。

没想到，这一做，就是三年！而且随着时间推移，你越来越热爱这个职业，你说，在这里与形形色色的人打交道，学到了很多书本上没有的东西；你说，在餐厅这个团队大家很和谐，尤其在圣诞、新年忙碌的时候，大家一起同心协力，不仅取得了骄人的业绩，还收获了同事间真挚的友谊；你说，你在这里很快乐，将来还要脚踏实地地做下去，一直做到店长，甚至区域经理……

你在那里滔滔不绝，我却觉得你的想法太过天真。餐厅服务工作，不就是端菜、洗盘子吗？没有社会地位，更谈不上什么前途，还会影响将来的交友和婚姻。可是，你倔强地说："我的工作不用你操心，我的人生我自己做主！"

看到你和我争得面红耳赤的样子，我有些生气，更无法说服你。我知道，我一切一切的初衷，都源于希望我的孩子出人头地，拥有受人尊重的社会地位和体面的职业。我想，这也是许多母亲所期望的。

直到前几日，忽然想起几年前看过的美国作家梭罗的一本书《瓦尔登湖》，其中有一段话我记忆犹新。作者这样写道："我希望在这个世界上有尽量多的不同的人，我希望每一个人都非常谨慎地找到并追随自己的生活方式，而不是他父亲的或母亲的或邻居的生活方式。"

梭罗的话，朴实而深刻。此刻，我终于理解了你要留在必胜客继续打拼的梦想，只要你努力付出，也一定会找到自身的价值和快乐。

儿子，24岁，未来的人生还很漫长。善良的性格、阳光的心态、吃苦的精神、坚定的方向和梦想，都是你在这个世界上安身立命、成就自我的法宝。希望你永远保持积极向上，保持简单纯朴，保持对这个世界的喜悦和热爱，不虚伪，不世故，永远是我心目中的阳光少年。

做最好的自己。儿子，只要你肯努力，时间会给你最好的答案。我期待着那一天！

爱你的妈妈

2018年4月

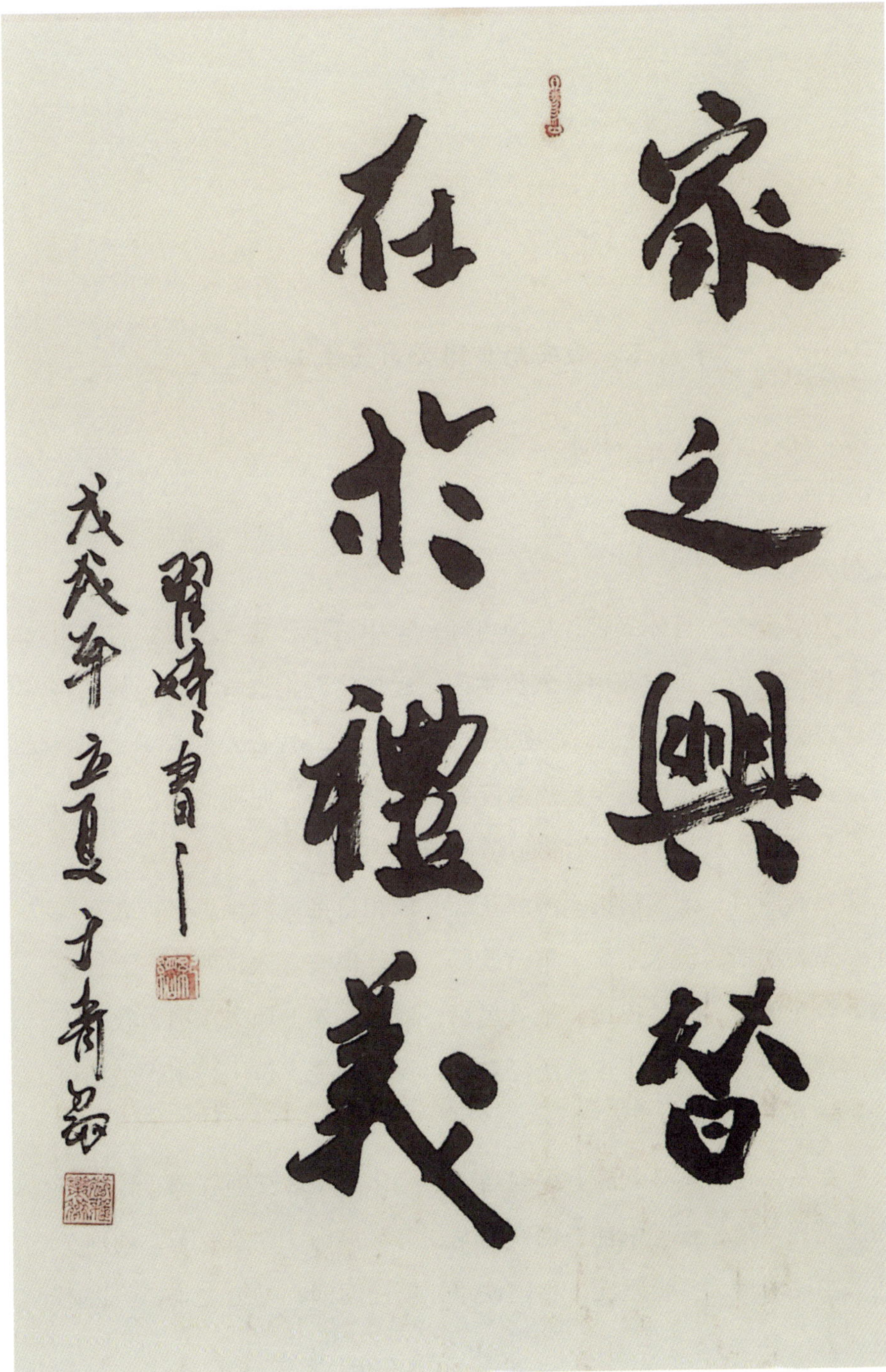

家之兴替 在于礼义 | 翟婷婷 济南局集团公司青岛工务段

奔梦路上　风劲扬帆

李嘉玉　西安局集团公司安康工务段

父母大人：

万福金安。身体妥否，精神可健？家中诸事，随亲所愿？居家用度，毋需太俭。年过花甲，气毋生闲。起居定时，进食早晚。节气养生，晨晓观天。冷暖得当，衣物增减。得以无恙，忧心去半。

女自去家，年已逾半。离乡隆冬，夏暑方还。归期尚远，明月问安。女居他乡，当自妥善。细处甚好，毋多挂牵。

当春四月，莺燕漫天。柳绿花红，风和日艳。静坐思来，入秦四年。逝者如斯，流水东蜒。情谊既畅，工作俱安。入位西铁，无枉初愿。今于偏处，秦岭巴山。地处虽远，淡然泰然。取经求道，孜孜不倦。育人筑魂，诚意虔虔。历经春秋，女今蜕变。位上之事，独挡可堪。能里能外，可暑可寒。

女从铁路，不胜欢颜。纵观当下，变化万千。交通强国，铁路争先。复兴号角，疾驰掣往；钢铁巨龙，跨河穿山。朝发夕至，朝别夕还。中国速度，举世垂涎。中国铁路，前途朗朗；蜀道之难，一去不返。

追思过往，故里方圆。孤踞陇北，大漠孤烟。交通匮乏，出行不便。进出百里，光景月半。时下故土，今夕彻变。高铁动车，嘉峪关南。去秦还陇，归乡似箭。幸哉高铁，即日抵还。

女心自知，高堂挂念。甚感愧羞，双亲海涵。芳华恰好，二十有三。是日正茂，巾帼之年。扼守咽喉，要塞秦川。千里通途，万户平安。肩上重任，踵下道远。

女心自强，志比石坚。老骥尚早，大可施拳。求学问道，钻研苦练。日久功成，水滴石穿。安工儿女，众志成城。西铁儿女，忠心可鉴。

余之领导，待吾祥慈。余之益友，待吾和善。余之良师，待吾如亲。余之良人，待吾情坚。四面俱好，八方无嫌。

文娱纷呈，松紧忙闲。精神俱佳，垂钓种兰。今春四月，运动巴山。路地齐聚，竞技同酣。鱼水情深，浓情可见。

女虽行远，诸事毋牵。女今长成，使命在肩。芳华无悔，志指青山。家书至此，望亲至难。非是不归，择期面安。母常教诲，大义大天。是日尤响，深为慨叹。亲情厚意，女自心间。高堂且重，贵体康健。行文至此，罢笔跪安！

嘉玉

2018年5月

待你学成归国　回我铁路可好

孙建荣　上海局集团公司合肥机务段

复兴号 | 王思阳 沈阳局集团公司丹东站

亲爱的女儿：

今晚夜色旖旎，窗外的月色是这样柔和，可思念却是那样地浓，因为想到你，千言万语便会涌上心头。

记得春节后的一次闲暇，妈妈跟你聊起一个女孩子为啥“不爱红装爱武装”，在高考填报志愿时你选择了“材料物理和科学”专业。我记得你狡黠地说：“妈妈，‘中华儿女多奇志’啊，我是‘志当存高远’，如今是科学技术高速发展的时代，未来社会的发展你看有哪样可以离得开材料呢？人们的衣食住行离不开吧，汽车建材，航空航天，就连你们铁路也离不开材料的高科技运用呀！”

于是我问你：“女儿，你说了这样多，对你未来的职业生涯有规划吗？一年后你去英国留学，攻读硕士，学成后，愿意回我们铁路就业吗？”还记得吗？你当时错愕地看着我，满脸疑惑的表情犹如在看一个你似曾相识的人，“哦，妈妈，你居然想让我回铁路！”你斩钉截铁地说：“NO！”于是，妈妈沉默了。

我始终不知道，你从什么时候开始不喜欢妈妈所在的这个行业了。记得小时候，妈妈带你去上班，去看单位铁轨上停着的火车头，你惊奇地不间断地问妈妈：“这是火车吗？妈妈你就在这上面工作？妈妈你也会开火车吗？妈妈你好厉害啊！妈妈我长大了就要开火车！”那时，我笑着对你说：“没有女孩子开火车的，开火车是很辛苦的工作，女孩子胜任不了这个工作。”你还执拗地说：“不，我就要开火车……”

时间飞逝，还没有抱够，你就已经长大，还没有看够，你即将出国留学。你长大了，羽翼渐丰，小时候说过的话恐怕早就忘了吧，而现在妈妈只是希望你学业有成回铁路工作，你就头摇得像个拨浪鼓……当然，妈妈不会强求你做你不愿意做的事情，此刻，妈妈只想和你说说你外公的故事。

查看 | 杨涛 中国中车大同公司

你的外公十五岁进入铁路工作，那时候，我们的国家刚刚成立，一穷二白，铁路基础设施落后、铁路建设之难，非常人可以想象。你外公经常和我说，他们那一辈的铁路人是如何披星戴月，苦干实干……从他说的一字一句里，我感受到他所说的那种苦与累，感受到他“位卑未敢忘忧国”的爱国爱铁路的拳拳深情，就如幼小的子女对父母的依恋之情，久归的游子对家乡的思念之情。

你曾经问妈妈：“为什么妈妈的战友都在银行、证券、国家机关工作，而妈妈却在铁路工作？”是的，当时妈妈也面临着很多的选择，而让我回到铁路工作的正是你的外公。

我当兵退伍时，在人生重要选择的当口，你外公神情凝重地和我说：“孩子，回铁路工作吧！爸爸一辈子都奉献给铁路事业了，我们家铁路上必须后继有人，子承父业是天经地义啊！爸爸相信，你是经过部队培养和锻炼的，虽说是女孩子，但我相信，你有巾帼不让须眉的豪气，一定会在铁路上有一番作为的！”

在我沉默的时候，你外公给我讲了一个故事：一个为铁路工作一辈子的老同志，在儿子继承他的遗志回铁路工作后，他把自己的墓址选在了面对铁路的大山上，说是可以常常看到自己的儿子在千里铁道线上为国家建设的身影，也可以常伴铁路边，听听铁轨发出的声音，那是听了一辈子的声音……

听完故事，我流泪了。这就是一辈又一辈铁路人的使命感，而传承这份使命感是所有铁路人的心愿！

可惜的是，妈妈没能成为你外公眼中的强兵，不能像你外公当年那样作为铁路新长征突击手，光荣地把照片刊登在《人民铁道》报上，只是默默无闻地在铁路工作了近三十年。

孩子，你们生长的这个时代，正是科学技术高速发展的时代，是我们国家发展日新月异的时候，而铁路的发展也是一日千里。知道吗？我们铁路在五年的时间里就走完了国际上四十年高速铁路的发展历程，技术引进，消化吸收，再创新……中国铁路的速度登上了世界高铁的制高点，从时速200公里、350公里到380公里，一组组数字让国人骄傲，让铁路人自豪；从“和谐号”到“复兴号”，跨越的不只是速度，而是一个国家人民对伟大复兴的向往，是一个伟大民族的自信，是中国制造到中国创造的奇迹。

而这些奇迹的创造者离不开人才！对于任何一个行业而言，人才是最为宝贵的资源，而未来铁路发展需要德才兼备的优秀的人才。所以，你要知道，未来进铁路工作的门槛也会提高，能够成为铁路员工，会成为世人眼中的佼佼者，定将让别人刮目相看。

孩子，你未来的职业由你自己选择，妈妈只能给你一些建议，信中所说的都是妈妈的殷殷话语，肺腑之言，还需要你静心领悟……

“江山代有才人出，各领风骚数百年”。明年此时，你已在英国谢菲尔德大学继续深造学习，妈妈为你骄傲！

希望你勤于求学、敏于求知、激扬青春、放飞自己，努力去实现自己的梦想；希望你在学好专业知识的同时，提高综合素质，成为一个适应时代发展需要的新时期合格大学生！

最后，妈妈还想补充一句：“待你学成归国，回我铁路工作可好？”

纸短情长，再祈珍重！

爱你的妈妈

2018年4月19日

不负过往　不畏将来

尹伯香　南昌局集团公司永安工务段

亲爱的：

今天是4月23日，世界读书日，也是我的生日。在这特殊的日子，我决定写一封信。写给谁呢？父母早已去世，儿子已长大成人，有了自己的生活。还是写给自己吧。写给20至70岁的我（假设我能重新回到20岁，并一直活到70岁）。

如果我现在才20岁，我一定要学会爱父母，爱身体。不论我出生在什么样的家庭，贫穷或者富足；父母从事什么职业，卑微或者是高贵；无论我是美是丑，是健全或者残疾，我都要感谢父母。感恩他们给了我生命，并将我培养成人。感恩父母的最好方式就是爱惜自己的身体。身体发肤，受之父母。连自己身体都不爱惜的人，又谈何爱父母。20岁是人一生中的黄金阶段，精、气、神都处于最佳状态。你只要不糟蹋、不放纵，身体都会全心全意地为你服务。爱惜身体，要从管住嘴做起。俗话说得好：祸从口出，病从口入。我要吃好每一顿饭，善待好自己的脾胃。大自然有白天黑夜，四季轮回。天人合一，人也要尊重自然，顺应自然，白天工作，夜间休息。不要人为地昼夜颠倒，放纵自己。在日常生活中，我要做到食饮有节，起居有常。在生活细节中自律，养成良好的生活习性，做到身心健康，为我未来的几十年更好地工作、生活打好基础。

如果我现在是30岁，我一定要爱我的家庭、我的孩子。有句话说得好：结婚前选择你所爱的人，结婚后爱你所选择的人。婚姻是自己的选择，无论幸福、痛苦，我都要从容面对。要让自己在家庭中经济独立、精神独立、人格独立。如果有了孩子，无论家庭是完整还是破碎，我都要全心全意爱着我的孩子，因为他（她）是上天送给我的最好礼物。他（她）会让我付出很多，也会让我成熟成长，他（她）是我生命的延续。

韵 | 常娟 上海局集团公司上铁轨道公司

如果我现在还是40岁，我一定要爱自己，要从琐碎的生活中解脱出来，给身体和心灵留有放松的空间，做自己喜欢的事。培养一些有生活情趣，并能提高生活品位的爱好。多读一些有内涵，能让我思考的书籍，来滋养我的心灵。到了这个年龄，无论生活对我如何，我都要从容面对。甜的、苦的，我都要去细细品尝，做到不急不忙、心平气和。有句话说得好：40岁以前的容貌是父母给的，40岁以后的容貌是自己修的。心由境转，学会宽容、学会微笑，生活就会在平淡中滋出味来，容颜会在慈祥中泛出美来。

今天我52周岁，我想到大自然中去寻找我的灵魂。去看山的坚韧，水的柔顺；山的宽厚，水的通达。去花草中去寻找静态的美，到虫鸟中去寻觅生命的灵性。我想将小我融入大自然中，在自然中放空思想，放飞灵魂，用自然的能量滋养我日渐衰老的身躯。

如果我已到60岁，我要从容地接纳自己。虽然我已满头白发，容颜衰老，脚步迟缓。生命已过一个甲子，精、气、神都已不足。但我一定要学会接纳自己。夕阳热量微薄，但还会有斑斓的色彩。就像歌中所唱的那样，最美不过夕阳红。发不出热，但我要发出光来，让生命的沉降来得慢些、缓些。

如果我能活到70岁，我要争取做到坦然地面对死亡。生长收藏、升降沉浮、生老病死，这是自然规律，你无法改变。但如何面对，取决于你的智慧和你的心态。

无论是20岁，还是70岁，在我的一生中，我除了需要阳光、水、空气及维持我生命的必需品，我还要时时带上一样让我成长，又伴随我老去的物品，那就是书籍——我的精神食粮。没有书籍的人生，不是完整的人生。我要在生命的旅程中，读经典、读百科，读让我思考、让我智慧的书籍。品历史、明天地，让灵魂与肉体一起成长。当我的身体无法行走在路上时，就让书籍带着我的灵魂上路吧。

伯香

2018年4月23日

女儿 回来吧

刘飞霞 广州局集团公司石长铁路公司

亲爱的女儿：

给你写这封信，首先祝贺你即将迎来人生新的里程碑——博士毕业。在这个重要的十字路口，你将如何选择今后的人生道路？是回国发展还是留在美国工作呢？——无论如何，妈妈都尊重你的选择。同时妈妈也希望你认真看完这封信，这既是妈妈对你的建议，也是妈妈站在长者角度的思考，权且供你参考吧。

四年前，你怀揣着美国罗格斯大学博士录取通知书，满怀豪情地飞赴大洋彼岸求学。记得分别时你在机场拥着我说：“妈，等我五年学成后归来，我就能站在大学的讲台上用一口流利的英语授课，为中国的大学生传道授业解惑，那将是一件多么幸福而快乐的事情。”

时光荏苒，日月如梭，一晃四年多过去了。你努力汲取知识，刻苦钻研，通过了各种资格考试，最后站在美国大学的讲台上用一口流利的英语给美国的大学生们讲课，学生们称你为“教授”。妈妈打心底里为你感到高兴和自豪。在美国，你开阔了眼界，接触了更大的世界和更新的事物。

现在你遇到了幸福的烦恼——面对美国好的工作环境和高薪体面的

工作，是选择回国发展报效祖国还是继续留在美国工作呢？

妈妈完全理解你的犹豫不决。亲爱的女儿，你在美留学四年多了，身临其境地感受着美国优美的环境、领先的教育、发达的科技、先进的管理等等。可是，女儿，尽管你身在美国，是不是也时刻感觉到“中国”二字始终与你如影随形，“China”正越来越频繁地出现在美国各大媒体的头版头条，中国的影响在世界范围内无处不在。

如果你回到国内，你会发现今天的中国已经进入了崭新的时代，站在了新的历史起点上，从移动互联网、共享行业、5G通信、云计算机等新技术，到深空探测、海洋探索、核物理等前沿科技领域，中国都取得了举世瞩目的成就，整个世界不仅感受到“中国制造”的强大力量，更惊叹于她迈向“中国创造”的速度和意志。

我国GDP在世界主要经济体中增速第一，有人类历史上最大的射电望远镜，高速公路网总里程世界第一，国产大飞机首飞成功，轨道交通快速发展，“复兴号”列车飞速疾驰， 55公里港珠澳大桥是目前世界最长的跨海大桥，这个超级工程，是世界桥梁建设史上的巅峰之作。

这些超级工程、世界之最，向全世界展示出中华民族的日益强大，必将吸引全世界的优秀人才前来投资、创业，共享中国改革发展的巨大机遇。女儿，你两年多没回国了，你回来看看，肯定会惊奇于祖国的变化和发展。身处一个蓬勃发展的社会，恰逢历史机遇，年轻人挑大梁正成为中国创新的隐形利器，你们这一代年轻科研人员，更是责无旁贷。

女儿，你回来我们一起建设祖国，你肯定会有参与创造、参与建设的自豪感。中国必将完成从“富起来”到“强起来”的蜕变。

作为中国人，要有家国情怀，不忘初心，砥砺前行。你们能够生活在和平年代，衣食无忧，接受良好的教育，得益于国家的发展和强大。经济发展决定中国有多富，科技发展决定中国有多强，你们海外学子把国外学到的先进经验、技术、管理等带回来，发扬光大！把祖国建设得

我的同事 | 王继敏 中铁十二局三公司

更强大，我相信这应该是渗入每个中国人骨髓的使命感。

女儿，回来吧，祖国需要你们这些游子学成归来描绘祖国更美的蓝图！女儿，相信你回来一定有用武之地。

父母、亲人也盼你早日学成归国，回到自己的祖国才有真实的安全感。我去年到美国看你，第一次出远门，开始感到新鲜、新奇，可随后每天总有点忐忑不安 ，想尽快回国。12月5日从飞机上下来踏上国土的那一刻，我深刻地感觉到：有一种安全感，叫生活在中国！有一种自豪感，叫生活在中国！

回来吧，女儿 ，这是妈妈的心里话！

爱你的妈妈

2018年5月11日

人生的路靠自己走

石爱平　南宁局集团公司湛江货运中心

我的乖女儿：

近来工作、生活安好！

回想起上次相聚，你披着漂亮的婚纱，幸福地成为别人的新娘，那情那景至今历历在目。感慨万千，我有太多的话想对你说。

时光飞逝，转眼间你已学业有成，事业进步，迈入婚姻的殿堂，可在我的心里，你还是我没长大的孩子啊。我恍若穿越时空，又回到你的孩提时代……

小时候的你乖巧可爱、聪明懂事。三四岁的年纪，你就对书本产生了浓厚的兴趣，每天拿着书缠着我讲故事。我每每有表情地对你讲故事，你也每每用稚嫩的童音有模有样地演绎一番给我们听。听你讲故事，那真是一种莫大的乐趣！幼儿园老师告诉我，当老师们开会的时候，你就像一个小老师，绘声绘色地把小朋友带入《葫芦娃》《小红帽》《狮子王》的世界，小朋友们都听得入了迷，老师们都对你交口称赞，书香致远，浸润童年！

上了小学，你一直是班上年纪最小的孩子，却从来没让大人操心。懂事的你不但成绩优异还当上了班长、少先队队长。你常常把学校发生的趣事描述给我们听，稚嫩的描述透着纯真和幽默，令全家人捧腹大笑。你是家里的开心果，是姥姥、姥爷和妈妈的贴心小棉袄。小升初考试，你以全校第一的好成绩，考上市重点中学。我至今仍清晰地记得，开学的第一天，你看到新教室、图书馆时那兴奋的样子。你根据到新校园第一天的感受“创作”了一首歌，我至今保存着。在浓厚的学风熏陶下，繁忙的课余，你依然抽时间阅读大量的课外书籍，尽情地吸吮书中醉人的芳香。我从不给你压力，你依然茁壮成长。

2008年，你迎来人生的重要时刻——参加高考。你以优异的成绩考入北京一所重点大学。你积极上进，十八岁的生日刚过，就成为一名光荣的共产党员。四年的大学生活，你亲历共和国成立六十周年庆祝盛典；聆听李岚清、茅于轼、刘欢等名家授课；和“心动男生”谈过恋爱。成长的过程有欢笑也有泪水。京城学府溢满书香的校园生活，让你放飞理想，沉淀素养。

2012年，大学毕业的你考进中国工商银行广州市分行，从普通职员到客户经理再到小企业部客户经理。工作很累压力增大，你用微笑面对困难和压力，不断挑战自己、战胜自己，在银行多项竞赛活动中屡获佳绩，我深感欣慰和自豪！

回味是一种享受，每每回忆你成长的往事，多开心啊，陪伴你成长，那时一种怎样的幸福啊！可惜那时不懂得珍惜，有时甚至觉得你很累人。如今，你已经长大，有了自己的家庭，我也过了知命之年，真切感受到“岁月不饶人”。我们不再一起阅读，却能分享生活的感悟。生活有苦有乐，人生有起有落，你也曾向我抱怨工作压力大，有时提不起精神。我非常理解你，在这个充满竞争的社会，没有压力哪来进步！我想对你说：人生的路要靠自己去走。“梅花香自苦寒来”，人生不会一帆风顺，世上不如意事每天都在发生，遇到困难和挫折都是一种积累，有的路是用脚走，有的路是要用心去量，这样的生命才有长度、厚度和亮度。

女人的智慧是环境打造出来的，应该懂得自我完善，精致地成长；要学会人格独立，树立自信，用知性和涵养提升自己；要保持一颗平常心，善待别人，更要善待自己，莫虚度年华；要学会感恩，感恩曾关心关爱你的人；要有积极向上的进取精神，人生当自强，爱拼才会赢。

能承受住痛苦，才会变得坚强；能承受住幸福，才不会在甜蜜的漩涡中迷失；能承受住平淡，才会变得更坚韧更有耐心。人生在世，无数的磨难在等待着我们，更有无限的风光在迎接我们，只要怀有一颗快乐的心，再苦再难，幸福的生活也会像花一样绽放。我要对你说：女儿你大胆地往前走，尽情地谱写精彩的人生。

也许，我不是一个特别称职的妈妈，我曾在心情不好的时候对你大声吼叫，没有温柔地对待你。可事后我特别后悔，想紧紧拥抱你，拿一切补偿你。写这封信，我边写边流泪，对你的爱、对你的思念，真无法用几句话表白，借用林徽因一句诗：你是人间四月天。孩子，不管你今后人生遇到什么，希望你从容应对，快乐生活，你永远是我的骄傲。

春光无限好，院子里你和姥爷一起栽下的桃树花开正艳。一杯清茶，一卷诗书，身在此间，心牵挂念。在未来的岁月里，你们夫妻要互敬互爱，以让对方快乐为己任，要幸福。爸爸妈妈祝福你们！

爱你的妈妈

2018年3月15日于湛江

与时间赛跑

宋 莉 南宁局集团公司经开部

亲爱的琳琳：

时间过得真快，距离你参加中考只有一个多月的时间了，十四年的光阴，二姨看着你一天天长大，转眼间你就面临着人生第一次关系着前途和未来的重要考试，二姨希望你要为自己，为了病床上的妈妈，尽全力努力拼搏一次。

中考已经进入了倒计时，在这关键的时刻，你的同学们，都在父母的悉心呵护下全力以赴地进行紧张的复习。你本来可以像他们一样，得到家人最无微不至的关心和照顾，专心致志地投入复习冲刺。然而在你最需要家人关心关注，为你的中考保驾护航的时候，你的妈妈已经到了癌症晚期，爸爸为了照顾妈妈，长期奔波于单位和医院间，疲惫不堪，对于你的学习、生活已经无暇顾及。身在南宁的二姨，看在眼里，急在心里，却心有余而力不足。

如何应对这样的困境，应对人生这一次重要的考试，你一定茫然无措。二姨一直想和你谈谈，希望二姨的话能够给困境中的你一些支持和力量。

一是要感恩。你妈妈一直觉得因为患病拖累了家庭，亏欠你太多，

彩铅花卉 | 王渝蒙 青藏集团公司路兴公司

尤其在你人生最关键的阶段，无法给你需要的指引和帮助。家里已经负债累累，也不能给你提供太多物质上的条件，你想拍艺术照、外出旅游的愿望都没能实现。而二姨觉得，爸爸妈妈已经给予你很多，你要学会感恩和感激。你的家庭是一个普通的铁路工人家庭，虽不富足，但充满了爱。十几年来，爸爸妈妈省吃俭用，尽可能地为你提供最好的学习、生活条件，培养你从小学习舞蹈，你多次凭借独舞和团体领舞在广西和柳州市的青少年舞蹈比赛中取得优异的成绩，成为他们的骄傲。妈妈养育你长大，已经尽了她最大的努力去爱你了，现在是她最需要你们陪伴、照顾的时候。作为家庭的一员，你更要在这困难的时候风雨同舟，和他们共同面对困境。你妈妈患病期间，得到了很多同事、亲戚朋友的关心和援助，要感谢这些给予你们无私帮助的人，人要懂得感恩，也许你不能一一回报，二姨认为，把他们的善心传递下去，在别人遇到困难时给予积极的帮助，就是对他们的最好回报。

二是要乐观坚强。你父母的乐观坚强为你树立了学习的榜样。他们和千千万万的铁路人一样爱岗敬业，在平凡的工作岗位上奉献自己的力量。你妈妈两年多前就已经查出癌症，在病情稳定的阶段，她坚持正常工作，参加各种文体活动，和亲戚朋友分享自己亲手制作的美食，还憧憬规划未来。在她病情恶化的这段时间，她坚持积极治疗，期盼着自己病情稳定后能够重返工作岗位。曾经最怕疼的她对化疗带来的脱发、恶心呕吐等痛苦从来都是轻描淡写，以坚韧的毅力去忍受肿瘤带来的剧痛，以强大的内心去迎战病魔。春节前癌细胞已经转移到肝脏，肝肿瘤疯长，她只能依靠打止痛针，甚至吗啡来止痛，这种痛苦常人难以想象。但在家人和同事面前，她从来没有表现出一丝痛苦，没有听到她叫一声，哭一声，我们看到的都是她坚强乐观的笑容。你爸爸工作上认真负责，没有因为家中的变故而分心影响工作。两年多来，他不离不弃，对你妈妈无微不至地照顾让我们深受感动。你妈妈病重期间，他风里来雨里去，对你妈妈精心呵护，关心备至。他们在病房里有说有笑的温馨场面，让外人更多地感受到他们在以乐观和坚强去笑对人生逆境。人的一生中，困难和挫折是难以避免的，问题是我们用什么态度来面对。我希望你也能像爸爸妈妈一样乐观坚强。人生路很长，前行路上也许不会有人一路为你遮风避雨，你自己强大起来了，就再也不会惧怕风雨。

三是要独立。你是爸爸妈妈手心里的宝，从小到大都是在家人的精心呵护中成长，你曾经那么无忧无虑，没有经历过生活的艰辛和磨难。然而你妈妈患病以来，二姨发现你一天天懂事起来，你逐渐独立，放了学自己做饭，自己学习。这段时间你妈妈的病情迅速恶化，爸爸已二十四小时陪护在妈妈病床边，更加无法分身照顾备战中考的你。为了不给亲戚朋友添麻烦，你婉拒了他们对你的照顾，二姨无法想象在这些天里，年少的你是怎样承受住巨大的压力，克服心理上的恐惧和生活上的困难，独自一人学习和生活。你长大了，不再是昔日温室里的花朵，你的独立自主让爸爸妈妈的心能够得到些许宽慰，少一点牵挂。生活是一个大熔炉，经历逆境更容易百炼成钢，二姨希望你在生活上、学习上、思想上都要独立起来，也许不久的将来，你将成为爸爸妈妈的依靠，成为他们的港湾。

四是要勤奋。人生的道路是漫长的，但关键的就那么几步，中考就是你人生中关键的一步。在妈妈病情危重的时候，父母已无法照顾和帮助你了，你必须依靠自己的力量，勤奋努力，做中考前的最后一次冲刺。在这短短的一个多月时间里，你要把爸爸妈妈的爱化成动力，把他们的期待变为鞭策，变为鼓励，努力克服困难，排除一切干扰，别犹豫、别懈怠、别放弃，争分夺秒，和时间进行一场赛跑，跑在时间前面，你就赢了。前途掌握在你手中，此时不搏更待何时！二姨相信你，一定行！

五是要多陪伴。现在我们必须要面对的现实是，你妈妈已到了弥留阶段，随时会离开我们。你还没有长大成人，她多希望能看到你考上理想的学校，陪伴你的成长，守护你，呵护你……她刚刚度过四十五岁生日，她说“期待下一个生日”，这句话太沉重。她还太年轻，有未成年的孩子要抚养，有年迈的双亲要孝敬，有太多的事情要去做，还有太多的美好没有经历，太多的愿望没有实现。可是病情发展得太迅速，一次一次的手术都没能阻止病魔疯狂肆虐，你妈妈现在是和死神在赛跑。二姨希望你学业再繁忙，也要抽时间多陪伴、照顾你的妈妈，亲情无可取代，希望你的爱能给妈妈信心和力量，支撑妈妈坚持下去！

孩子挺住，我们这个大家族是你们一家人的坚强后盾，我们会和你一起去面对困境，支持和鼓励你，我们的爱与你们同在！

爱你的二姨

2018年5月2日于南宁

山路高远　努力向前

崔咏梅　乌鲁木齐局集团公司乌鲁木齐房产公寓段

亲爱的儿子：

你好！

新春佳节虽然过去了，但你放假回家过年和我们开心团聚的画面还在妈妈的脑海里清晰地浮现。看到你阳光又帅气，最幸福的就是妈妈我了。每次和你的奶奶、姥姥、姥爷聊天，他们总是在背后夸你善良、聪明、稳重。周围的邻居也时常说起你，说你有礼貌、懂事儿。这次回家过年休息的时间不长，满打满算也就半个月，你还能合理安排自己的时间，坚持到健身馆锻炼，我和你爸爸看在眼里都很高兴！看到你的身体更加结实了，还那么自律，我们从心里为你点赞！儿子，你很棒！

最近和你微信聊天了解到你开始忙了，进入大一第二学期功课开始多了，要求也比之前高了。这是好事儿，年轻人就要在良好的教育环境中全力以赴地学习。主动接受文化熏陶，努力提高自己的知识、能力和专业本领。“幸福都是奋斗出来的！”好机会需要拼搏和实力来获得。正是通过小学、初中、高中持续十多年的奋发学习，你成功地考上了自己喜欢的大学，学到了感兴趣的专业，收获了成功的果实。希望你继续保持较好的学习习惯，苦学加巧学，不断提高学习效率，在学业上更

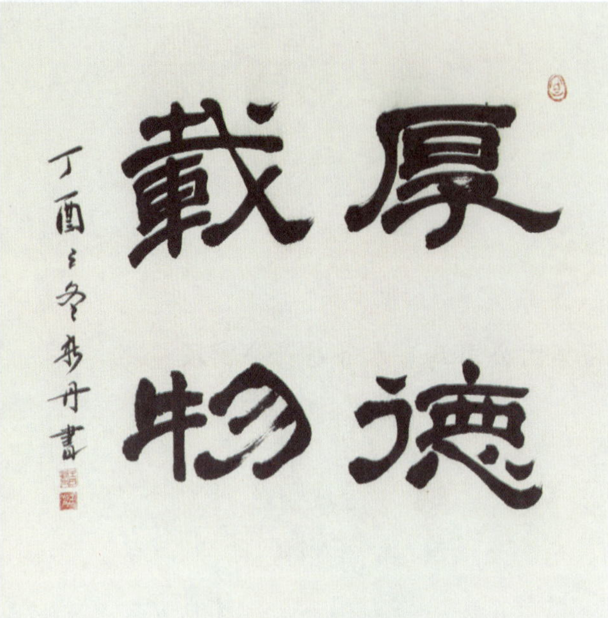

厚德载物 | 王新丹 沈阳局集团公司吉林供电段

上一层楼。现在你在重点大学读书，要更加严格地要求自己，谦虚做人，低调处事，加强个人修养，在立身处事上用心历练自己。留心向各位老师求教，留心向身边优秀的同学学习。

儒家讲“君子慎独”。你读大学了，爸爸妈妈不在你身边，没有家中长辈对你的叮咛嘱咐，更需要你自己加强自我管理。在独立生活的大学阶段选择良师益友交往，深入思考所学，静心沉淀。协调好学习和生活，协调好理想和现实，和老师和同学们融洽相处，专心读书。古人有诗，“容貌心灵双俊秀，才华事业两风流”，希望儿子你能身心兼修，在学习、生活的每个过程里不断自省、自悟，不断超越自己。

前些年，由于我和你爸都在沿线上班，从小你就在姥姥、姥爷家长大。你和姥姥、姥爷的感情也格外地亲。你是一个很有孝心的好孩子，春节回来还给姥姥买了梳子，给姥爷买了老花镜。春节给你的压岁钱还悄悄地压在姥姥的枕头下。你每隔一段时间就打电话回家问候姥姥和姥爷，接到你的电话姥姥和姥爷别提有多高兴啦！百善孝为先，做事先做人。你有一颗感恩的心，这一点我和你爸爸始终赞赏！

随着你的成长，你会遇到形形色色的人，接收到各种各样的信息和见到诸多社会现象，希望儿子你始终能够“稳住心，沉住气”，时刻保持清醒的头脑和清晰的判断，始终能持守住中华传统文化中优秀的精神、品德和作风；成为新时代风华正茂的众多优秀学子中有理想、有责任、有过硬知识本领的一员；成为做人正直、懂大德、守公德、严私德的一员；成为有家国情怀、爱国、爱家、珍爱自己，善始善终做人做事的一员。

儿子，我们赶上了好时代，过着衣食无忧的生活。我和你爸爸虽然都是普通的工人，虽然有时会辛苦一些，但是还算稳定，比起贫苦地区的人们我们实在很幸运，我们大家都要好好珍惜。现在家里姥爷岁数最大，81岁高龄，姥姥和你的奶奶也都70多岁了，家里的寿星们都吃得香、睡得香，这是我们全家最大的福气。你在外地上学，首先要注意保护好自己的身体，按时吃饭、早睡早起。注意饮食有度、起居有时，再加上科学适度的锻炼，这样就能保持身体的健康。

总觉得有说不完的话想对你讲，信的最后我想说:儿子，我们有一个温馨的大家庭，家里充满了暖暖的爱。希望这份爱能陪伴你度过每一个春夏秋冬。我和你爸爸希望你能热情、健康、快乐地度过大学期间的学习和生活。在青春洋溢的同时又能从容和淡定。哈哈，这听起来有点儿难，但我和你爸爸相信，优秀的你会不断进步的。就借习总书记的励志话与你共勉，“山再高，向上攀，总能登顶；路再远，走下去，定能到达”。望我儿能踏踏实实地做人，踏踏实实地做事。千里之行始于足下！

顺安！

爱你的妈妈

2018年5月

努力过的青春是无悔的

王　华　青藏铁路公司融媒中心

亲爱的女儿：

时间过得真快啊！有时候，妈妈都不能相信，你怎么一下子就长成大姑娘了？想一想，妈妈当年参加高考的情景似乎还在眼前，可是，我的宝贝女儿，明年你却就要参加高考了，这不能不让人感叹时光的飞逝和岁月的无情。

但无论怎样，对于我和你爸爸来说，这十几年有你陪伴的日子是幸福而快乐的，我们也因有你这样一个聪慧、懂事、善良的女儿而感到万分骄傲！

不能忘你来到这个世界，从看你的第一眼，听你的第一声啼哭，妈妈是多么地激动。你看上去是那么小，那么小，却从此成了左右我们生活的小天使！

你的一颦一笑、一哭一闹，都深深牵动着妈妈的心。每次看着你咧开小嘴对着我笑，妈妈似乎一下子就被融化了，整个心间都充满了阳光。宝贝，自从你来到这个世界上，你就成了妈妈生命中不可分割的一部分。

不能忘你蹒跚学步时，每次看到妈妈下班，便从姥姥手里挣脱出

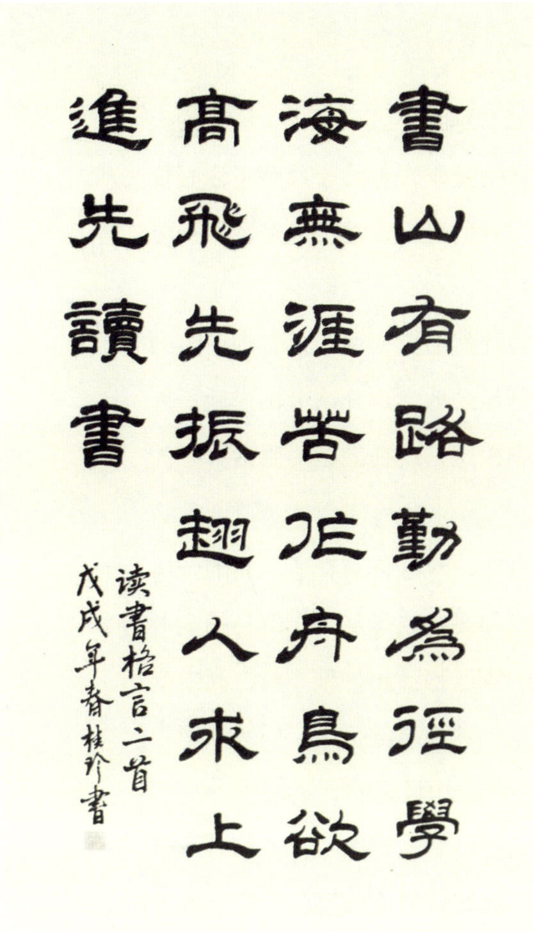

读书格言二则

李桂珍 乌鲁木齐局集团公司库尔勒供电段

来，小鸟一般叫着“妈妈”，高兴地飞奔过来的样子。那时的你，总是不明白，为什么每天妈妈都要离开你那么长时间；你不明白，在铁路上工作的妈妈为什么总有那么多加不完的班。

不能忘你三岁时刚上幼儿园，每天不愿意起床的样子，你想不通，为什么不能一直待在家里，为什么要去那个谁也不认识的地方。

不能忘不到四岁的你，第一次去琴行坐在钢琴前像模像样“弹琴”的样子。我没有想到你竟是那么地喜欢，居然和别的小孩需要家长哄着或者板着脸吓唬不一样，如果你调皮，我总是“威胁”你说，再不听话，就不让你练琴了。

那时小小的你，完全被美丽的音符吸引住了，之后的十年时光里，你的生活中就没有缺少过琴声。每天放学回来，你总是自觉地抽出一小时练琴，每个寒暑假，爸妈上班，你就按照自己列的计划表，写作业、弹琴、看电视、读书有条不紊，让妈妈这个被紧张的生活和工作变得有些无序无目的的成年人都自愧不如。

不能忘为了考入理想的高中，初中三年你的勤奋和努力，尤其是到了初三。那时，你就像个活力四射的小马驹，不需要我们多说一句话，更不需要我们扬起手中的“鞭子”。

早上不到六点你就自己起床，拿着书本跑到小区广场上背诵，晚上都过十二点了，你还要翻开书再复习。那个夏季，你终于收到了你心仪高中的录取通知书。知道消息的那一刻，我们也由衷地为你辛勤耕耘能有所收获而感到高兴与欣慰。

进入高中，我的宝贝女儿，你的压力陡然增大，由于是省内一流的重点高中，竞争非常强，孩子们个个都铆足劲地学。几次考试过后，你的成绩不是太理想，和你自带光环的初中相比，现在的学习生活有了一大段的落差。

妈妈看得出来你的焦虑和失落，说真的，对于你现在所承受的一切压力和痛苦，妈妈都能感同身受，因为当年妈妈也是从千军万马的高考“独木桥”上厮杀过来的，我知道其中的绞尽脑汁和种种不易，高中变化万般的数理化，对于绝大多数人绝对是一种难忘的折磨。妈妈只想告诉你，人的资质虽然天差地别，可是天道酬勤却是真的。

有一段时间，我甚至害怕现在这样的不理想会挫败了你的信心。很多次，我欲言又止，想和你说说心里话，想好好鼓励鼓励你，可是看到你依然忙于学习的身影，我又犹豫了。

女儿，妈妈没有告诉过你我心中的担忧，也没有告诉你，妈妈和爸爸一直相信自己的女儿。我们相信你一定能在挫折中越战越勇，一生中还有很多很长的路要走，漫漫旅途中，你要面对的风霜雪雨还会更多，现在的挫折和不顺利，一定不是坏事，而是一笔宝贵的人生财富。

亲爱的女儿，经过将近两年的高中寄宿生活，你不但学会了生活自理，还懂得体谅父母，自觉承担家务，变得更加坚定、坚强和自信了。你已经能坦然面对每份试卷中的问题和错误，能明确自己的学习目标，知道自己应该做什么，不应该做什么。这些，都是令我们欣慰的。你的努力，我们看到了。孩子，你记住，不管结果如何，只要努力过的青春就是无悔的。

成绩只是暂时的，只代表你在这一阶段的学习能力，并不代表对你全部的判定。明年，你就十八岁了，我想告诉你的是，妈妈很欣喜地看到了你成长为今天的这个样子。

在妈妈的眼里，我的宝贝，你永远都是最美丽的那个女孩。从小到大，喜爱阅读的你已经拥有了一个比较广阔的视野和知识面。你善良，同情弱小，在生活中时不时向他人或者小动物伸出的援助之手，都让我看到你人格的闪光点；你聪明，一直为了自己的梦想而不断努力、不断前行，不让自己的青春岁月虚度；你坚强，像一棵柔韧的小草在每一次的风雨后，都努力站直了身子。

不管你前行的道路上将会遇到何种艰难险阻，我们都相信你一定能够从容淡定地面对，我们也始终相信，只要你按照自己的“节奏”努力，一直坚持自己的方向，总有一天，当你回首现在这段拼搏而紧张的岁月时，你一定是无悔的！

祝宝贝女儿心想事成，一切顺利！

爱你的妈妈
2018年6月

勤奋是你飞翔的翅膀

聂　硕　青藏集团公司西宁房建生活段

亲爱的儿子：

提起笔来，心中有很多话想对你说。还记得去年你十七岁的最后一天吗？我给你写了一封信，作为生日礼物送给了你。那时的心情是焦急的、复杂的，因为你的学习滞留在原地，某种爱好让你痴迷、沉醉，对你的劝说无济于事，你烦我、怨我，甚至恨我，我们之间除了争吵还是争吵。我在信中写道："在你即将步入十八岁殿堂的时候，我希望你仔细想想自己的未来，十二年的寒窗一路走来有辛酸、有泪水、有苦也有甜，点点滴滴是多么的不容易，别让这十二载春秋付之东流。十八岁意味着你成人了，前途是掌握在你的手中，时间是宝贵的，你不珍惜它，它也不会待见你，无论你做出怎样的选择，只要不留遗憾就行。"

转眼将近一年过去了，还有十八天你就要参加高考了，这次给你写信的心情是欣慰的、感动的，因为我看到了你的努力、你的进步。还记得刚考入高中的时候，你在新生军训中获得了"优秀学员"的荣誉，你很开心，对今后的高中生涯也充满信心。可是经过一段时间的学习、生活之后，你变得颓废、沮丧，我知道那是因为压力太大，学习成绩始终是倒数，没有朋友，寄宿生活也不适应，你变得沉默寡言，无心学习，这种状况持续了一年多。后来你慢慢适应了，有了新朋友，他给了你不少帮助，开导你、劝解你，你也变得开朗了，学习上也用功了。但是却又偏偏迷上了游戏，直到你十八岁生日的时候，妈妈在万般无奈的情况下给你写了那封信。这之后你变了，在家里伏案学习到深夜，在学校每天中午同学们都吃完饭回宿舍聊天、睡觉的时候，你却在教室里看书、做题，你不在乎别人说什么，怎么看你，你的一次次成绩是最好的回报，我喜欢你说的那句话“不和别人比，只和自己比”。你不是一个聪明的孩子，但你有了一个好的心态，一个正确的学习目标，并为之付出了，哪怕只是进步了一两分，你的努力大家也都看在了眼里，妈妈也为你竖起大拇指。

记得看过一篇文章叫《考好考坏，爸妈都等你回家吃饭》，你努力了、拼搏了，妈妈都感觉到了，我想在你踏上考场之时对你说：“儿子，别紧张，尽力就好，试卷不过一张纸，未来才是一幅画，考好考坏，妈妈都等你回家吃饭！”

三年的高中时光转眼即逝，妈妈陪伴你的日子越来越少了，有时候多么不希望你长大，还是那个听话又可爱的小男孩，可是你总会慢慢长大，希望你到了大学校园，尽早地适应环境，可以学到你喜爱的专业，交到知心朋友，做喜欢做的事情，在那里放飞梦想，度过一段愉快而难忘的大学生涯！

在今天（5·20）这个特殊的日子里，妈妈想对你说：“儿子，我爱你！你是最棒的，加油！”

妈妈
2018年5月20日

一封家书予吾女 乐美励幸女人书

陈莉莉 中国铁建中土集团

亲爱的孩子：

你好！

时光如水、日月如梭。转眼，你就将成为一名小学生了，有太多话想对你说。思来想去，妈妈选择了书信这种质朴的方式。虽然，当你真正能读懂这封信，是晚日沉浮、星移斗转，你羽翼渐丰准备振臂高飞的时候。妈妈还是想在你开始一段新的人生旅程时，把“乐、美、励、幸”四字箴言送你，因为这才是我想予你的最大财富。

至“乐”——莫过于读书。

孩子，要坚持读书。古人刘向有云：“书犹药也，善读之可以医愚”。英国托尔斯泰感言：“理想的书籍，是智慧的钥匙”……古今中外名人志士，无不与书结缘、以书为友。读书让人不浅薄、不俗套，秀气自华、气韵风骨；读书使人通情达理、内心丰富，品格德尚、灵魂高洁。从阅读简单的儿童绘本，到探索《上下五千年》的精髓；从亲子同赏，到独立阅读，书本已然是你的好伙伴。阅读不是纯粹的接受，而要勤于思考、不羞于提问，在质疑中知其然更知其所以然。妈妈希望，你把书本当心灵之友，以阅读为快乐之源，在书香中实现华丽蜕变。

至“美”——莫过于静安。

孩子，要学会静安。你大了，最近开始喜欢挑选衣服、拨弄首饰，说要打扮自己做最美“小公主”。但女人最美之处不在亮丽青春的外形或窈窕婀娜的身姿，而在于灵性。一种来源于对命运自我把握的从容自信，对人生的处乱不惊、以不变应万变的心态。那是“面朝大海，春暖花开”的宁静，是“我若安好，便是晴天”的舒安。未来里，你该拼搏，但别浮躁；要追求，但莫急功近利；可不满足，但不能不感恩……静安的心态，由内而外美得极致透彻。妈妈希望，你用静安的心态去感受美好的生活、美妙的人生。你心安处是幸福，淡然从容是人生。

至“励”——莫过于坚持。

孩子，要做到坚持。香气乃花之特质，然海棠无香。有言，深山峡谷之海棠本香气清馨怡人，因受环境影响，失却天然品性而无香。还记得你在包包老师那学画时，无论是画出彩色的太阳，还是会飞的熊猫，包包老师从不帮手，而只鼓励。当时妈妈很好奇，后来才明白，初学画的孩子，一旦思维像大人一样定格而失去对事物自有的观察力和表达力，就不可能成为一名有独创性的画者了。妈妈喜欢刘媛媛在《年轻人能为世界做什么》演讲中的一段话：“不随波逐流，不摧眉折腰，不放弃自己的原则，不失望于人性……我不是来适应社会的，而是来改变社会。”妈妈希望你不急躁浮情、置功名于外，守心中方向、做独特自己，在历练中有所收获。

至“幸”——莫过于知足。

孩子，要懂得知足。梭罗在《瓦尔登湖》中揭示了幸福的真谛：“人如果被纷繁复杂的生活所迷惑，不懂得知足、惜福，便会失去生活的方向和意义，内心便会充满焦虑。”那次，你在公园的几株银杏树下非要寻一片完美的叶子。初衷固然好，但不切实际地一味寻找，最终让你精疲力竭而终无果。花的幸福并非色彩斑斓，而是历经盛开和凋零，为世间留下美好留念；彩虹的幸福并非绚丽多姿，而是经历风雨和洗礼，为阳光谱下色彩缤纷。世间本不完美，知足才会惜福，才不至好高骛远、迷失方向。人所追求的幸福，很多时候是一种错觉上的“完美”。妈妈希望，人生旅程，你悦纳每一次的遗憾和不完美，在缺憾中感受随缘幸福。

有人曾喻女人为“书”，用思想研墨，行动为笔，以形象打造封面，历程撰写故事。确是如此。孩子，你也将用你的形象、言谈、品行撰写一本“女人书”。愿它是至“乐”之书：宠辱不惊，探书海精妙；去留无意，享阅读人生。是至“美”之书：淡定从容，顺境不骄矜；安定豁达，逆境不屈挠；是至“励”之书：坚持秉性，酌酒千杯而不醉；坚守价值，铅华洗尽有如初。是至“幸”之书：处顺知足，不踌躇于平庸；感恩优待，不骛远于未知。愿你这本“乐美励幸女人书”，百读不厌、韵味悠长。

爱你的妈妈

2018年3月18日

男儿当自强

雷冬梅　中车永济电机公司

亲爱的儿子：

时光如梭，日子过得好快啊！一转眼你已经长大成一个小男子汉了。提笔写信给你，说些“高大上”的话题吧！暂时还没有想好什么时候给你看这封信，但是我想我务必把这些写下来。

你出生在一个平凡幸福的家庭，但爸爸妈妈也会给你我们能力范围内最好的生活，最温暖的爱——教你做个阳光快乐、自强自信的男孩！

男孩要有男孩的样

詹姆士・杜布森博士在《培育男孩》中提出：“作为父母的你有一个崇高的呼唤在等着你。在人生的一段时间里把孩子抚养长大，这是高于其他一切的责任。以此为准则的家庭，在孩子成年后大多会得到最大的报偿。”看了这个说法，爸爸妈妈是不称职的！由于我们工作的原因，有时候疏于照顾你，但你要从另一个角度看待这件事，我们对工作的负责也是对你自强自立的言传身教。

去年，你光荣地成为一名小学生，作为父母的我们关心功课多于关心你的生活。你个子偏小，性格内向，站在班级大个子同学前面心生胆

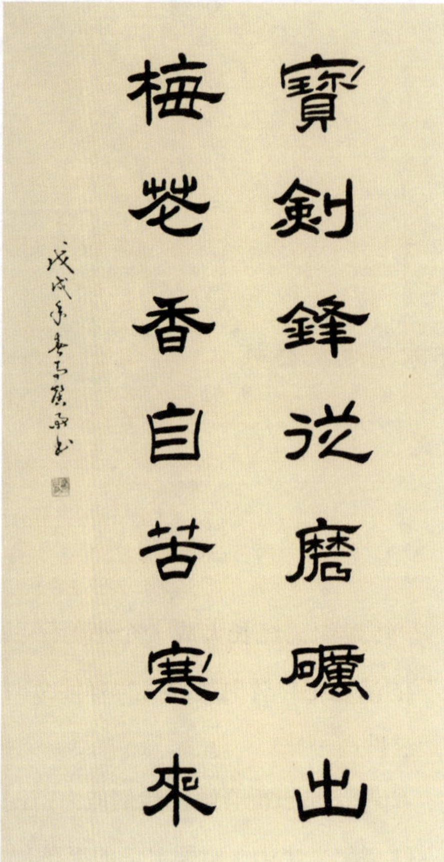

艰苦卓绝

马馨雨 呼和局集团公司包头车辆段

怯，“偶尔会有小朋友欺负你吗？”这句话我们从来没有问过你，你也没有和我们沟通过。这让我想起你刚入小学的一个月，你表现出与性格不相符的叛逆。我明白了，作业不是你学生的全部，妈妈向你道歉：对不起！儿子！

人的一生“不如意事常八九，可与人言无二三”，虽然在你成长过程中存在一些教育的缺失，但我们有一颗不笨的头脑和一个健全的身体就够了！学校生活你要和妈妈讲讲，妈妈会用心融入你的生活。我们坚信办法总比困难多，再大的问题都可以化解，再大的困难都能被战胜。我们共同努力，你的学生生涯定会无悔！

男孩要有男孩的路

毛泽东同志说过，真正的立志是要掌握真理，然后去实现真理，这才叫立志，叫作立大志。

儿子，你应该跟着成功者的脚步走，必须立志，做出一个男孩应有的“闯”的胆和“创”的识。

还记得，在幼儿园的时候，老师组织外出活动，你在车上读出路边广告牌上所有字的时候，老师和小朋友赞赏的那一幕吗？要自信，儿子，你缺少“闯”的胆，但是你有谦虚学习的优势，谦虚学习则快速成长，你要取长补短，弥补不足。通过学习找回你的自信，一步一步踏踏实实地走下去。

早在两千五百多年前的孔子就有其清晰的生涯设计：吾十有五而志于学，三十而立，四十而不惑，五十而知天命，六十而耳顺，七十而从心所欲不逾矩。在孔子看来，人生的每个阶段应该达到一定的做人要求。爸爸妈妈同你一起，不断努力，不断学习，加强修养。

男孩要有男孩的爱

人的世界里，一切皆源于爱。爱是人生的主旨和核心。

儿子，男孩子总要成家立业的。一成家，就要承担家庭责任；一立业，就要承担社会责任。我们要培养爱的能力，而且是应该从小就培养的一种能力。儿子，妈妈常和你说的要爱护一草一木，爱护玩具，其实就是培养你爱的能力。

人只有具备了爱的能力，才能真正地爱他人、爱自己，也才能真正体会到爱带给人的快乐和幸福。儿子，只有具备爱的能力的人，才会有“大爱”，才会让你成为爱社会、爱国家的人。

儿子，虽然你现在不能完全读懂这封信，但是我相信，妈妈的这份心情你是理解的。

妈妈写这封信，是想告诉你“将相本无种，男儿当自强”的道理。爸爸妈妈不会给你买所谓的奢侈品，也不会送你去贵族学校，我们会带你一起旅行，会讲着故事陪你入睡。我们希望你勤奋、进取，依靠自己的努力积极向上，养成自强的良好品质和可贵精神，自我生活并且生活得很好！

爱你的妈妈：雷冬梅

2018年5月2日

你是人间四月天

刘　悦　北京局集团公司沧州车务段

春天的音符 | 范静　中铁集装箱公司

彤彤我的宝贝：

你出生的季节是那么迷人。若即若离的阳春，旋着落英缤纷，为你铺就花海地毯；将至未至的初夏，携着阳光雨露，为你织就金色罗帐。你仿佛是一只厄尔庇斯般的精灵，伴着百合的芬芳，为我带来希望。

从此，你成为我生命中最重要的乐章！

你还未出生时，我无数次幻想过你的模样。你出生后就静静地躺在我身边，那是我们第一次见面，小小的五官让我不敢触摸，你闭着眼睛熟睡，鼻翼微微翕动，柔和的呼吸轻抚我的脸颊，摸到你软软小手，我的心也暖暖的。

从我们第一次相见到今天，已经整整三年。这三年里，我看着你一天天长大，有欢乐与惊喜，也有苦恼和担忧。我惊讶于自以为准备好一切迎接你的到来，却在面对你时仍然有那么多不知所措。还记得你第一次叫“妈妈”时我是多么激动；陪着你迈出人生第一步，真心为你高兴；看着你从咿呀学语到能背出好多古诗，我无比满足与骄傲……不养儿不知父母恩，在成为母亲的三年里，我无数次想起我的父母——也就是你的外公外婆，他们的辛劳我虽不及万分之一，却也能感同身受；我也时常回忆自己的童年，我将尽一切努力把我儿时的快乐传递给你，让那些遗憾与不幸都离你远去。

但是，妈妈要告诉你：我只能为你挡一时风雨，却无法为你筑一世广厦。你的人生才刚刚开始，一切还要靠你自己！

还记得你第一次生病的样子，我心里说不出地疼。如果可能，我愿为你承担一切苦痛，但对不起，亲爱的宝贝，我无能为力。这只是你人生路上第一个小山丘，未来还有更多崎岖道路等着你，没有人能够一生坦途，你未来的生活中除了病痛，还会有各种磨炼与挑战，这些将会是你成长的基石，当你一步一步登临绝顶的时候，才能一览众山小。三岁的你学会了自己吃饭、自己洗漱，甚至自己洗衣服，虽然事后妈妈和奶奶要给你悄悄地重洗一次，看到你这样独立妈妈心里很高兴。女儿，以后你会懂得，不要因为自己身为女人，就产生依靠别人的想法，永远不要做自怨自艾的小女人，要做自信独立的现代女性，用睿智、坚强与果敢赢得尊重，赢得自己的事业、家庭和人生。

人生就是要一步一个脚印地前行，遇到困难决不放弃，勇敢面对，披荆斩棘。你的爷爷奶奶是这样，你的外公外婆是这样，我和你父亲也是这样。从祖辈在艰难时期勤勤恳恳、兢兢业业为国家开荒拓土，到父辈人敢闯敢拼、背井离乡创造更好的生活，每个时代都有自己的特点，每一代人都会经历不同的坎坷，但每一代也都会见证日新月异的社会和一天比一天强盛的国家。你要做国家发展的参与者而不是旁观者，在此之前，你要做好你自己。也许现在对你说这些还为时尚早，但随着你的成长，你终将会明白。

你的头发越来越长，每次出门妈妈都给你梳漂亮的发型，还会给你买漂亮的发卡，你也有了小姑娘的爱美之心。每天早上都要去自己的衣橱里，挑选当天穿的衣服。喜欢穿妈妈的高跟鞋，喜欢玩妈妈的首饰。在注重外表的同时，你一定要拥有一颗善良的心， 善良可以让你变得更加美丽，善良的女人似常青树茂盛的叶子增添新的风景线。善良的女人似阳光光彩照人，让人赏心悦目；善良的女人似雨露滋润大地，让人心旷神怡。要心存感恩，感恩父母给的生命，感恩祖国的培养，感恩帮助过自己的人，所以你要尊敬长辈孝敬父母，时刻怀着一颗感恩的心，好好学习报答祖国；心中要充满爱，要热爱大自然，要爱护小动物，对社会奉献自己的爱心，爱可以使你成功、使你赢得尊重。

喵，妙 | 高媛 铁科院集团公司通号所

你喜欢唱歌、跳舞、看书讲故事，尽管你并不识字，但这并不妨碍你根据图画的内容，用自己的想象编辑有趣的小故事，妈妈会考虑你的喜好来帮你选择兴趣班培养你这方面的天赋，因为多才多艺对你以后的人生会有很大的帮助，不但可以陶冶你的心灵还可以提升你的气质。要养成读书的好习惯，因为在书籍的海洋里，你可以吸收营养。喜欢看书的女孩，她一定是出口成章且优雅知性的女人。认真地阅读，可以让心情平静，而且书籍里暗藏着很大的乐趣， 它能够教会人很多哲理，以及会让你学会以一种平和的心态去迎接生活里的痛苦或快乐。只有多读书你才能学到很多知识，把自己变得强大，希望你能拥有比我们好的工作和生活。

人间四月天，承载着岁月的沧桑，承载着如诗的心语，四月是什么样并不重要，重要的是有你的季节，你如春天花朵般欣欣向荣，你的笑声如同百灵鸟一样清脆，在这个美丽的季节有你陪伴是我最大的幸福，希望在你的回忆里留下的都是美好的时光、充满快乐的童年。

彤彤我的宝贝，妈妈爱你！

妈妈：刘悦

2018年4月

你被写在我的故事里

李颢妮　南宁局集团公司柳州南站

布丁同学：

见信好！仍然是在这样寂静的夜里，前一秒还兴奋地和我谈论着学校趣闻的你，此刻已进入了甜甜的梦乡，止不住的笑意仍挂在嘴角，我忍不住俯下身去，亲了亲你的脸颊。

转眼间，你已是一名三年级的小学生。就在前天，妈妈受邀参加你们学校的开放日活动，从班主任樊老师口中得知，你作为一名班干部，敢管事、能干事，重责任、有担当，展现出同龄男孩子少有的成熟。妈妈确实没想到，离开父母的护翼，你竟然也是那个“别人家的孩子”。说实话，听到老师这样的夸奖，作为你的母亲，说不高兴那是假的。可是，在回家的路上，我并没有过多地表扬你，而是揪着樊老师有关你学习的评价，“成绩不错，可是如果再努力一些，以他的天赋完全可以在年级非常拔尖儿。”不停地追问你学习怎么不够上心，云云。直至你面露愠色，我才止住。

是的，在那一刻我忘记了“好孩子是夸出来的”，忘记了“母爱最高级的形式是给予孩子自由”，忘记了要适时地收起作为父母的那一套“一以贯之的世界观”，忘记了智慧这东西，在书本里、在学习中、在言传身教、在循循善诱，但最终这一切都需要靠你自己慢慢去理解、慢慢去消化。

儿子，请接受妈妈的不完美，因为我也是一个普通人，既不是内裤外穿的超人，也不是精致的猪猪女孩。还记得我们的约定吗？让妈妈变身“白、富、美”，我一直在努力，也请你继续监督。

选择做你的“白痴”妈妈。担心你受到任何伤害，可是生活从来不是一条平坦之路，所有经历都是成长的机会，所以爸爸妈妈不再凡事亲力亲为，而是选择适时的装傻与放手，总是鼓励你“去试一试就知道”，让你慢慢学会找寻这些问题的答案，人生是一个过程，忍耐和等待都是它的必修课。

努力做你的“富有”妈妈。在你很小的时候，爸爸妈妈就习惯不用“儿童语言”与你对话，我们坚信孩子的头脑是一个巨大的富矿，坚持将你临睡前的时间留给亲子共读，从《小王子》《水浒传》到《科学理财王》，你现在读过的书已经有整整一柜子了，真心希望这些都能成为你的财富。美国诗人史斯克兰·吉利兰曾说过，“你或许拥有无限的财富，一箱箱的珠宝与一柜柜的黄金，但你永远不会比我富有，因为我有一位读书给我听的妈妈。”

蓝天白云 | 朱武媚 南昌局集团公司宜春车务段

希望做你的“美丽”妈妈。毕淑敏奶奶说：“书不是胭脂，却会使女人心颜常驻。书不是棍棒，却会使女人铿锵有力。书不是羽毛，却会使女人飞翔。书不是万能的，却会使女人千变万化。”这也是妈妈希望教会你的，读书可以悦己，读书可以豁达，读书可以给平凡琐碎的生活赋予更多意义。开阔的思维可以让你拥有更广阔的人生，而扩展思维最好的方式就是读书。

儿子，爱是克制，对你的爱更加需要克制。我相信，你的到来，不仅仅延续了我的生命，更是丰富了我的生命，我尝试着借由你孩童般的心和眼睛，感受这个新世界的美好与神奇，也开始学习用文字记录下生活中的点点滴滴。教你咿呀学语，我写下《一名文艺女青年的“变形记”》；陪你读书，我写下《魔法，自然》；伴你成长，我写下《你被写在我的歌里》……只盼有一日，我也会记在你的故事里。

孩子，“艰难困苦，玉汝于成”。你要相信即使再平凡，再渺小，只要心有梦想，就像怀拥月光，默默坚持，终有一天会迎来属于你的光芒万丈。

晚安，宝贝！愿你永远是那个快乐的男同学。

爱你的妈妈

2018年5月

奋斗成就幸福

刘巧玲　郑州局集团公司郑州电务段

亲爱的儿子：

这是我第一次用写信的方式来与你交流，来表达我和你爸爸对你的期望与祝福。话到笔尖，万千思绪涌上心头，有好多话想对你说，却不知话从何处说，笔从何处下。

儿子，妈妈想对你说：自你出生之日起，爸爸妈妈就盼望着早日将你抚养长大，成为有责任、有担当、有作为的男子汉。时间如白驹过隙，一晃20多年过去了。在所有熟悉你的人眼里，你一直是听话、懂事、善良、有爱心的孩子；在爸爸妈妈心目中你永远是最优秀、最棒的，是世界上独一无二的，爸爸妈妈因为有你而快乐和幸福，因为有你而骄傲和自豪！

儿子，妈妈想对你说：人生的意义在于拼搏，人生的价值在于奉献，人生就像一张车票，没有回头路。我们每个人追求的人生终极目标不过是幸福、快乐，要有价值、有意义地生活，可是这样的生活不是等来的，而是奋斗出来的。

“宝剑锋自磨砺出，梅花香自苦寒来”，儿子，人生的道路要脚踏实地，持之以恒，厚德载物。

儿子，妈妈想对你说：遇事要沉着冷静，做事要善始善终，待人要诚恳礼貌。要学会包容，包容他人的缺点和错误；学会理解，理解他人的难处和处境；学会感恩，感恩父母、感恩老师、感恩所有对你有帮助的人，感恩身边每一个人。世上没有平坦的路可走，但只要不断积累、不断总结，我相信你一定能在人生的道路中越走越宽。

2016年8月16日，对于我们一家人来讲都是难忘的日子。因为你从一名象牙塔里的学生真真正正地蜕变为一名光荣的铁路职工，出色地完成了你人生中的第一次转变。作为母亲及一名拥有25年工龄的铁路职工，我要比一般职工家属更加了解火车司机的责任和其在铁路运输中的作用。

俗语说："安全是根绳，牵着千万人；安全是根线，连着亲人念。"安全，是我们每一位铁路职工共同的心愿。安全，对于个人，意味着责任；对于家庭，意味着幸福；对于你这个出生在铁路世家且从小对铁路行业耳濡目染的"铁四代"来说，更应该比别人懂得"安全大如天"的道理。

在此，我对你寄予两点希望：一是适应岗位，做好自己的本职工作；勤于学习，精于业务；岗位沉淀，把握机遇；二是立足岗位，做好自己的本职工作，通过现场看问题进而认识工作。在这里我和你分享一个小故事：上海市浦江电表厂有一个小工，这个小工总是在其他小工抽烟喝酒的时候学英语、背单词。因为不合群，他遭到同事们的群嘲：一个小工，学英语有什么用？学到什么程度也是个小工。面对同事们的冷嘲热讽，他无动于衷，十年如一日坚持学习英语。后来电表厂收到一些英文材料，全厂没有一个人能看懂，大家不约而同地想到了那个下班苦学英语的小工。令人大吃一惊的是，那个小工竟轻轻松松地翻译完了所有材料，这成为厂里轰动一时的新闻。过了一段时间，政府机关需要一个翻译，就把他调走了，就再也没回来，这个小工的名字是"杨洁篪”。希望你做好自己本职工作，勤学业务技能，机遇都是留给有所准备的人，是金子在哪儿都会发光。儿子，我希望未来的你能在自己的工作领域有所建树，展示所长。

儿子，我给予你生命，但不能替你生活；我能教你明辨是非，但不能替你作出选择；我能告诉你人生路该怎样走，但改变不了你要走的人生轨迹。每次你出车，我这颗心始终为你悬着，每次看到你平安回来，有一种说不出的幸福。你的平安，就是我的幸福，更是全家的幸福。

儿子，我能为你做很多，因为我爱你；我能为你付出一切，因为我们母子连心；我希望你一生平安幸福，因为我是你的妈妈！作为母亲，我希望你能在今后的道路上吃苦耐劳，踏踏实实，严于律己，宽以待人，立足岗位，永远幸福快乐！

爱你的妈妈

2018年5月9日

陪伴是最长情的告白

第二章

大美青海 | 张利红 太原局集团公司太原车务段

陪伴是最长情的告白

李瑞琳　呼和浩特局集团公司包头职工培训基地

亲爱的老爸老妈：

你们好！

记忆中最后一次书信是在我大四那年，已习惯了电话与家人联系的我在告知你们决定毕业要到外地工作后，在一个阳光和煦的周日，突然收到了你们的来信，老式牛皮纸的信封，厚厚的，很意外，更加意外的是信的内容。信是妈妈写的，打开之前还猜测着会是注意身体、学习、衣食住行的林林总总，可意外的是三张红线信纸齐齐整整写的是包头的变化，东大桥河槽在改造景观河、北沙梁在建设乔家金街、建设路在扩建增加车道、郊区在打造成吉思汗草原生态园、城市绿化成倍地增加……坐在校园的小石凳上，我，思绪万千。很难想象你们是怎样决定给我写这样的一封信，没有华丽的辞藻、没有苦口婆心的劝导、没有深奥的人生哲理，却让我静了下来。

在我而言，我始终认为你们是周遭父母中最古板、传统的，你们的生活简单、枯燥，爸爸除了上班就是鼓捣花花草草，妈妈除了上班就是柴米油盐酱醋茶，打小我的生活除了上学就没有远行的假期、没有欢乐的聚会，更别说漂亮的花裙子、美丽的花辫子。耳濡目染，我继承了

击不垮的坚韧 | 程颖 中铁集装箱公司

你们的生活和思想，一路平淡地从幼儿园到大学，没有特殊情况，我还将继承你们的事业，继续为铁路作奉献。

可是，你们知道吗？我不想这样！甭管放弃定向的铁路工作是不是明智的选择，甭管离乡背井是不是很辛苦，甭管未来的爱人家庭是不是美满，我想在20多岁的年纪任性一把，我想到外面去看看、去拼拼，即使头破血流。我自认对要去的城市和单位都进行了深入研究，对奋斗过程中的艰难险阻也进行了种种预期，甚至我对失败了要怎样继续生活都做了设想，但唯独没有考虑为我操劳半辈子而且即将退休步入晚年生活的你们。

小学，为了不委屈我一日三餐，妈妈骑着自行车一天四趟往返于站北路与二九一医院的家之间，单程五公里的路风雨无阻，有时甚至自己都来不及吃好；中学，为了让我有个更好的上学环境，爸爸从部队医院降级转业到铁路，举家搬迁，40多岁了又从零开始；大学，爸爸眼底血管硬化影响视神经行动困难，住在咱家看着我从小长大的姥姥因病离世，妈妈强忍着悲痛告诉我一切安好，这些都是我之后才知道的。你们的生命中满满的都是我，而作为你们唯一的孩子，在我的未来里却没有用心为你们规划，我，泪如雨下……

那封信我没有回。

2003年，怀着内疚、不舍，我大学毕业回来了。工作不顺心时我有过牢骚，与同学聊天时我有过羡慕，感情不如意时我有过迷茫，但是，我没有后悔。2012年我也当了妈妈，在汗水泪水和锅碗瓢盆中我渐渐地懂得，什么才是自己想要的。幸福其实很简单，不关乎金钱、地位，不关乎房子、车子，不关乎地域、文化，却与亲情、友情、爱情息息相关。

水天秀色
赵桂香 郑州局集团公司郑州电务段

感谢你们良苦的用心，让我在成长的道路上少走了很多弯路；感谢你们亲情的陪伴，使我面对工作和情感受挫时越来越坚强；感谢你们宽广的胸怀，这么多年忍受我火爆的臭脾气；感谢你们辛苦的养育，成就了今天在平凡中乐于享受生活的我。

从现在起，请你们把手放到我的手中，把自己的后半辈子交给我，一如我小时候你们教我走路、伴我长大；请你们在接下来的日子里听我指挥，认真完成我布置的任务，努力地做到健健康康，让我有更多的时间陪着你们慢慢变老。就算你们再唠叨花50元看场电影不如在家看电视随意、在外面吃顿西餐不如在家喝粥舒服，我也要拉着你们去；就算你们再“嫌弃”我和外孙吃饭挑三拣四难伺候、一回家就扰你们的清净，我们也会像打不走的“小强”，改天又厚脸皮地“卷土回来”。这么做的原因不是因为我懒，是因为在你们微怒的脸上我能看到你们眼底幸福的笑。

妈妈一直惦记着回老家再爬一次泰山，爸爸嚷嚷了好几回要去红旗渠看看，我们还没有去真正的草原吃一次地道的烤全羊，还没有在北方的隆冬时节到海南一起体验季节的变换……这些已列入了我的五年规划，我会尽全力一一去实现。

火车的轰鸣声不时萦绕在耳畔，已成为我生活中不可或缺的一部分，融入了我的生命、我的血液，成为我们两代人的情结。

亲爱的老爸老妈，感谢有你们！十五年了，我欠你们一封回信，今天补上。

爱你们的女儿：琳琳

2018年3月28日

今年春节　你会向我求婚吗

李　旺　沈阳局集团公司长春电务段

大家好，我叫李旺，2014年毕业后便工作在长春电务段，现为电子车间的一名信号工。我于2016年参加第二十届全局技能竞赛ZPW-2000A项目，获技术状元称号；2017年参加第五届全国铁道大赛轨道电路项目取得第三名，获技术能手称号。

今天，我有一封写给我男朋友的信，他叫郭立琪，是哈尔滨局集团公司海拉尔电务段海拉尔通信车间的一名通信工，希望大家能够帮我转给他。

郭立琪：

2018年春运开始了，戊戌狗年的春节也越来越近了。此刻，我盼望着过年的心情也是越来越急切，因为你终于要回到我身边了！

我们高中是校友，大学又成了同桌，毕业并未将你我分开。一名通信工与一名信号工跨越千里的爱情由此展开：恋爱五年，异地三年，这三年一直是聚少离多。

我们之间隔着1196公里、16个小时的车程，因为工作需要，你也只有节假日的时候能回来看我。可那时的车票又太紧张，所以你经常是站

精益生产 重抓细节 | 李霞 中国中车戚墅堰所

半宿坐半宿才风尘仆仆地到家。

异地的艰辛在于我需要的时候你总不在身边。每当下雨天看到同事有男朋友来接，心里就特别不是滋味。我也会经常抱怨自己就像和手机在谈恋爱。我们常常两个人都守着手机，感觉像是度日如年，其实时间已经悄然飞逝，我们又是几个月未见。

让我印象最深刻的是我们一次又一次地送别。去年我休假去看你，十月份的满洲里早已大雪纷飞，大草原都是干枯的黄，一点生机也没有。临别时，我又忍不住流眼泪，站台上的你，眼巴巴地望着我说："我多想和你一起回去啊！"可车缓缓地开动了，我在车里，你在车外，只能挥手告别。虽然只隔着一扇窗，但这大概就是世界上最遥远的距离了吧！

不在一起的日子太多，没人陪我吃饭、逛街、看电影。面对这样的现实，我发现努力工作、学习来填补生活的空白，反而是一个很好的办法。

其实，我以前也参加过技术表演赛，结果却是"颗粒无收"，败下阵来。再来参赛，我有目标。那个目标就是我心中的念念不忘、心中的不可言状，总有个声音在时刻提醒我：为了目标，你要努力。意念的力量常常是我们想象不到的。

准备2016年的全局技术表演赛时，我在高速场值班，所以经常是凌晨天窗结束没多久，6点的闹钟就催促着我起来赶班车。刚接触ZPW-2000A设备时，要花费很长时间才能看懂一张电路图。现在觉得它们就像老朋友一样，哪怕好久不见，也毫不陌生。

都说"念念不忘，必有回响"，可如果只停留于想，恐怕离实现会有很远的距离。为了缩短距离，我只有不断地作出努力。

调到电子车间后，还记得第一次参加施工的情景：那天起得很早，但路很远，大家坐车颠簸了很久才到小合隆。

那是我第一次去还没开通的站，跟想象中的太不一样了，机械室特别冷，根本没有取暖设施。放线、焊线、校线、改线……手上都是水泡，衣服上都是焊锡。我知道联锁无小事，细节决定成败。总是暗暗地提醒自己：一个焊点虚接都能引发故障，一条配线错误都可能引发事故。中午吃饭，大家都找个角落，站着吃一口。一天下来别说干活了，就是光站着都很累。那时也会和你抱怨辛苦，但现在想想，一个站的开通需要多少人的努力呀，在这个过程中，我也跟着一起成长。

我一直觉得联锁关系很难掌握，以前都是拿着表查电压的走向，现在变成信息走向了，真的是看不见也摸不着。为了帮我解决这一难题，在长白扩能改造的现场，组长杨宏伟耐心地为我讲解每个机柜的构成和信息走向。同时鼓励我："只要你愿意钻研，电子车间就能满足你对技术探索的各种需求，总有更多的新课题等你发掘。"

我遇到兢兢业业的老师，团结友爱的伙伴。车间给我积极进取的机会，电务段为我提供拼搏向上的平台，我只要足够努力就够了。

在迎接总公司比赛的两个月集训里，每天都会进行15个小时左右的高强度训练，早上一睁开眼睛马上就拿起枕边的书温习一会理论知识，天亮后就开始练习故障查找，有时晚上天黑了借着路灯也要把疑点难点弄明白再回宿舍休息。

轨道电路项目有13名来自各个电务段的技术状元经过层层筛选，最终只有3个参赛名额。经历一场场淘汰赛的我压力巨大，临考前总是紧张得吃不下东西，你就在手机那头安慰我，并查了一些克服紧张情绪的方法教我。后来我的理论成绩成了短板，为了给我加深对知识点的印象，你到哪都带着《维规》，每天早晚准时出现。

为了不打扰宿舍的同事休息，你就在凉飕飕的楼道考我。就这样，手机两端、两个人、两本书、两颗积极进取的心重叠到一起，凝聚起强大的动力。我反而觉得，手机的这头与那头，便是世界上最近的距离了。在我们共同的努力下，我取得了第三名的好成绩。

回想过去，一次次刻骨铭心的分别让我深知坚守一份感情的难能可贵。展望未来，新的一年我要努力让自己变得更好，希望我们不忘初心，早日结束这段艰苦岁月，长相思后长相守。

郭立琪，过完年，我都24了。弱弱地问一句：今年春节，你会向我求婚吗？

李旺

2018年1月

一定要生孩子

王志宏 沈阳局集团公司通辽车务段

我最最亲爱的女儿：

不要笑！收起你轻讽的嘴角。妈妈要和你说一件最最严肃、最最认真、最最正经的事。所以，妈妈不惮用这种古老的书信方式。你一定要一定要看完全篇。

女儿，你一直宣称要做丁克族，要完全拥有自己的人生，享受自由自在的生活。早些年，我只把它当作你人生成长的一个叛逆过程，一个年轻人的骄傲任性，并没有真正放在心上。但随着你年龄的增长、最佳生育期的流逝，我开始忧心了！我思考了又思考，从你的角度，从我的角度，从婚姻家庭的角度，从社会发展的角度，无论从哪个角度，我以一个过来人的身份，以一个母亲的名义，向你忠告：女儿，你一定要生孩子！

首先，孩子带给你的幸福胜过任何一种幸福！当孩子呱呱坠地，那澄澈的眼眸望着你，那细嫩的小手握着你，那柔软的身子依偎着你，特别是在哺乳的时候，那种幸福感、满足感，胜过任何一种爱情！

每一个孩子都是天使，而只有亲自哺育孩子的母亲才能深切感受到那是一种多么美好的境界。

其次，你养育孩子的过程，就是你重新活过的过程，就是你深刻体验人生的过程。孩子哭了，孩子笑了，孩子睡了，孩子闹了，牙牙学语，蹒跚学步，活泼好动的童年，气死人的青春叛逆……每一个，都丰富多彩，都生动饱满，无论是感官刺激还是心灵感受，都胜过你所说的任何极限挑战。

最后，也是最重要的，孩子是这世界上你唯一的信仰。父母终会老去，爱人也许有一天会不再爱，再辉煌的事业也会淡去，旅游、娱乐、美食、美衣，以至你最追崇的自由，有一天也会远去。没有生养过孩子的你，总有某一时刻会感到空虚！

但是，如果有了孩子，你对孩子的爱，孩子对你的爱，永远都不会远去。你的生命永远是充盈的，你的感情永远是有牵挂的，你的人生永远是有意义和有价值的。

纵然有孩子千般好，但是生、养、育孩子也有千般难……

女儿，我知道你要反驳妈妈的话。我再一条一条说给你听。

首先，是生。妈妈诚实地跟你讲，怀孕后的种种不适、折磨、桎梏，远超过你从网上看、听人讲的。到了生产时刻，那也真是鬼门关上走一遭，生死莫测。但是，那又能怎么样呢！我们生挨也好，硬抗也好，一切都会过去的。何况现在的生活条件那么好，医疗条件那么好，你的老公、公婆那么好。再换一个角度，一个经历过怀孕、生产洗礼的女人，必将成为一个独立、坚强、无畏的人，那她的人生路上还有什么不能战胜的呢，还有什么人生经历能比怀孕、生产更五味俱全、刻骨铭心的呢！

其次，是养。这固然会几乎占用你全部的时间和精力。这里，妈妈不说帮你养或者让孩子奶奶带养的话，我不赞成现在一些小年轻生下孩子后完全推给老人、自己不带不管的做法。你生下孩子一定要自己带，那是与孩子共同成长、享受天伦之乐的属于母亲的神圣权利，我怎么舍得让别人剥夺女儿的呢！养育孩子虽然琐碎，虽然劳累，但一点也不可怕，更不可憎，所有的乐趣都在这养的过程中。

最后，是育。现在一些不要孩子的人言论是，既然你不能给孩子一个好的环境，就不要生下他！我说，这完全是一个强盗加混蛋的逻辑。什么是好的环境，学区房吗？富二代吗？我认为，只要不是遗传病家庭，都有生育孩子的权利。你们常常责怪我们父母，逼孩子成功！那么轮到你们，怎么又同样逻辑了，培育孩子非得要优裕的物质条件和优越的社会条件吗？成功就是一种评价吗？除极特殊情况，绝大多数的家庭，只要父母尽心，只要家中有爱，孩子就会健康成长。

另外，不用担心孩子的出生会打扰、疏远你们夫妻的感情，相反孩子只会让夫妻之情更亲密更紧固！也不要瞎想什么万一婚变孩子是拖累或者受伤害，变化世上常有，但人总是向好而生的。

我亲爱的女儿，以上都是母亲的肺腑之言，难道你不想看到与你一样可爱的儿女在这世上陪伴你、萦绕你、延续你吗？

祝早日传佳讯！

妈妈

2018年夏

给未来老公的一封信

罗 卉 北京局集团公司张家口工务段

亲爱的未来老公:

你好！作为一名单身女工务人，请允许我如此不矜持的写一封信给未来的你。首先我必须要抱怨一下，为什么你还迟迟不出现，让我渐渐地开始冷眼旁观这个世界，不太敢轻易地为大家排忧解惑情感问题，工务段男子众多，身边认识的同事很多人和我的弟弟一般大小，我却无法作为一个知心姐姐帮他们排解忧愁，甚至怀疑自己缺失了对爱的理解。

心灵的鸡汤让我满足幻想，每当我理性地为大家分析情感问题时，人们就会对我表现出一种质疑，感觉毫无说服力。另外，逢年过节法定节假日必然逃不过被家人一顿热切期盼，从而被那如海的烦恼所淹没，为了直视家人关注的目光我的内心可真是坚不可摧呀。

你何时会出现呢？我必然开始满怀期待。也许到春花烂漫时我就会在你的身边依偎而立，感受幸福的降临。虽然现在你还未见我，而且还未说出爱，但是我仍是饱含深情，觉得自己还年轻，总有一天会和属于我的你不期而遇。

可能你会稍有介意，用你的认知去以为我可能早已经将所谓的淑女本质抛置脑后，但是这可能就是你未来要呵护我的那一片绿洲。

作为一名女工务人，工作辛苦我不怕，一个人风里雨里我也不怕，或许偶尔需要被关怀，但是从未感觉寂寞，我习惯了身边有同事的存在和相互关照，我也很喜欢这个为我创造未来的集体，但是，是可忍孰不可忍，被他们称为“俺的女兄弟”让我倍感无奈。

总是被大家用我开朗性格开涮，我想，在一个孔武有力的力量型单位中，再柔弱的女子看起来也是一副很强势的样子吧。

未来的老公你要谨记，你的老婆大人我，女儿身奋斗在这里，我倍感自豪，即使被调侃，但是爱这份职业初心不改。

尤其是看到身边的女同事们，真心觉得身为一名女工务人尤为不易，在她们身上看到的是对待工作兢兢业业、有条不紊，生活精致有爱。英姿飒爽的她们从未退缩，不论何时都是一条亮丽的风景线，能将工作和生活统筹兼顾，像女超人一般不知疲倦。

未来的老公，你要知道我虽然不是温室里的花朵，但是却需要你每天的呵护地爱我，因为我也曾在烈日下工作，经历风吹雨打。

犹记得刚刚入路参加工作时，工作在现场的时候不敢喝太多水，因为找不到厕所，很不方便。为了自己的形象还买了很多护肤用品，虽然收效甚微，但是我却不曾退让，工作让我身体素质很好。

从一开始工作我就意识到我根本不可能像师傅师兄弟们一样挥舞着撬棍，肩扛着压机大步走在1435mm线路上。但是自己始终牢记，再小的工作都是一种付出和奉献。

从刚开始自我认知的工务段这个力量型大家庭里女子的发挥有限，渐渐眼界拓宽，发现其实不然，有一天我突然明白了，譬如扣件虽小，但是它是有效保持钢轨与轨枕之间的可靠连接。

一个不起眼的扣件，仍是要做到具有足够的弹性、足够的强度和耐久性，这样才能将钢轨固定在轨枕上，保持轨距和阻止钢轨相对于轨枕的纵横向移动。

检查线路的女技术员
杨晓丹 哈尔滨局集团公司

不管怎样，总是要正确地看待自己，做一个小扣件也是很值得骄傲的创造自己的价值。

工作的认真并不代表小女人的本质会被磨灭，被爱依然是青春年华的我最深的渴望。

有时候朋友们开玩笑说，作为女工务人其实最不用担心的就是 “出轨” 啦。是呀，因为我就是养护线路的呀，这种事情是严格杜绝发生的。女性天生细致认真，定期的检查测量、超限后的维修是足以保证铁路万无一失的。对于路，我可是练就了火眼金睛的。

可能我也不会说什么柔情蜜语，因为职业，我觉得世上最美的情话就是：“铁路有多长我对你的爱就有多长”。在我心里铁路是绵延不绝的，它没有所谓的尽头，想去哪里就可以去到哪里。这就是我对你最真的告白！

爱你的罗卉

2018年2月28日

百善孝为先

崔俊霞　太原局集团公司太原通信段

亲爱的女儿们：

在2007年的正月，我和你们的爸爸第一次在医院的B超室里与你们相见，也第一次知道将会有一对双胞胎天使降临在自己家，我们异常高兴，但与此同时我们也感到了作为父母的重大责任。

在你们牙牙学语时，爷爷奶奶教你们念“香九龄，能温席，孝于亲，所当执”，也许你们当时还太小，不明白是什么意思，但在你们不断成长的过程中，香九龄的故事会一直陪伴着你们。

今年已经85岁高龄的太奶奶一直是跟爷爷奶奶一起住的，太奶奶耳背，腰痛，但好在腿脚还很灵便，时不时地还要操心重孙女的学习怎么样。虽然耳背听不清，但自说自话地很投入。

父母对长辈的照顾有时就像是在照顾小孩，需要时时叮嘱：该喝水了，该吃药了，该加减衣服了，吃过饭要散一散……听着这些叮咛，你们会笑着说：“太爷爷、太奶奶都变成老小孩了。”奶奶回答你们说：“有一天，奶奶也会变成太奶奶，走不动道的，会变成老小孩的。”你们异口同声地说道：“我们来照顾你，扶着你散步，喂你吃东西。”也许你们只是为了哄爷爷奶奶开心，但我相信孩子的心灵是最纯洁的，父母长辈的一言一行会无声地浇灌进你们的心灵，让你们在温馨和谐的家庭中，懂得什么是善、什么是孝，最终将会默默地开出灿烂、芬芳的花朵。

作为父母，作为孩子的第一任老师，很多优秀品质的养成，都与父母的言传身教分不开；作为子女，眼睛里看着父母对长辈无微不至的照顾，耳朵里听着“百善孝为先”，在落实到行动上就是水到渠成、必然之举。每年到爷爷、奶奶的生日，爸爸妈妈都会组织你们一起开家庭会议，我们一起出钱买生日蛋糕，当然你们只能从自己的零钱罐里取出5元或者10元，但我们共同“出资” 送给爷爷奶奶的生日蛋糕，其实已经代表了最真的祝福。你们画一幅画，或者唱一首生日歌，作为礼物送给爷爷奶奶，更是让他们喜笑颜开。退休后的爷爷奶奶赋闲在家，确是我们家最坚实的后勤保障，有他们在，我们都可以到点吃饭，你们上下学也大多是他们接送，爷爷奶奶很辛苦的，所以每年我们都会让他们老两口抽时间去旅游，去好好地放松放松，这也是我们作为儿女对他们无私奉献的一点回报。

我们之所以能来到这世上，都源于父母，是父母赋予了我们生命。生命是珍贵的，唯一的，我们只有谨记父母恩，以孝报之，以顺为之。父母不在意你所回报的锦衣美食，只在乎片言只语的问候，忙里偷闲的陪伴；为人父母后，只要孩子能健康地成长，幸福地生活，就是孝。

孝，是人生中最美好、最重要的品德，作为父母，我们只希望将良好的家风传承下去，给你们树立好的榜样，让你们可以拥有一颗善心、爱心、仁心、感恩的心，时时刻刻地感受快乐、幸福，有着满满的正能量。

爱你们的妈妈
2018年4月

执子之手 与子偕老

黄志伟 太原局集团公司原平车务段

亲爱的左先生：

展信好，见字如面。

时间过得真快，今年已经是你不能在家度过的第十个春节，马上就要元宵佳节了，提前祝你节日快乐。今天是我们一起走过的第2770天，不得不感谢缘分这种神奇的东西，让我们在盛夏的人群中多看了一眼。

从相识相知相爱，记不清我们通过多少次电话，发了多少条短信，写过多少封挂号信。从春到夏，从秋到冬，已有七年之久，在这短暂又漫长的七年中，我们每年都要经历短暂的相聚。“两情若是长久时，又岂在朝朝暮暮”，这是我们之间深刻的表达。幸运的是，我们在长时间互相细心的考察下和在家人真诚的祝福下修成正果。

咱们是普通人家，你能有机会在部队成长，家人时时为你这份幸运感到骄傲，感到光荣。经过多年的军校和部队生涯的磨炼，我感觉你变得更成熟、更稳重、更有想法了。

七年间，我也改变了很多，我不再追问你什么时候能休假，不再收集去看你的火车票和机票……时间前行，带走了我少女时期的懵懂和浪漫，还有那些自以为是的矫情与任性。

紫凝眉恋 | 周静 武汉局集团公司麻城车务段

七年间，你陪我经历了上大学的迷茫，保研时的犹豫，找工作的茫然，初入职场的困惑。为了追逐幸福，我不远万里来到你家的城市，时间不曾片刻地停留，我曾彷徨过，犹豫过，想要放弃不过是一念之间，但是有你的支持，给我安全，让我专注，让我快乐地坚持。我要感谢这七年，你还穿着年少时引以为荣的军装，初心未变，而我则学会了独立和自强，遇见了更好的自己。我的人生，幸好有你。

亲爱的，不得不说说你那纪律严明的作风。你一直要求我在平时的生活中保持良好的生活习惯，比如早起要把被子叠得整整齐齐，桌子和柜子要按时整理，床单被套要勤换洗，等等，而我是一个喜欢“凌乱美”的人，东西只要自己能快速找到就行了。每次我去单位找你，我就喜欢把所有行李都拿出来，你只能一边抱怨我把整个房间摆得乱七八糟，一边默默地把所有东西整理得整整齐齐。不过，在你的正确“领导”下，我现在已经进步了许多。

左先生，你是一个生活节俭的人，衣服不穿烂就舍不得买新的，而我以前比较喜欢稍微收拾一下形象，喜欢各种买。慢慢地，你也喜欢给我和家人各种买，而且“战利品”让大家都很称心如意，现在我和爸爸妈妈经常夸你是我们贴心的军大衣。

记得三年前开学你送我去，你到我宿舍把我一年四季的衣服都洗干净晾好，经过我室友的宣传，后来全班同学都知道你特别勤快，现在仔细想想这好像是一种“套路”。你是一个特别实在的人，相信你以后的“套路”也会继续深得我心。亲爱的老公，这样美好的事情还有很多，再讲上三天三夜也讲不完。

你现在在单位一定要照顾好自己，我也深刻体会过西藏生活环境的艰苦，你现在身体和精神都消耗较大，不能不注意，衣食寒暖，不能怕麻烦，千万勿逞年轻，任性随意。同时，我也希望你能继续保持不断学习的状态，积极工作，珍惜与战友们相处的美好时光，让青春在军营中闪现出璀璨的光芒。

建设幸福美满的家庭是我们共同的追求，作为你的爱人，我会为你分担寒潮、风雷、霹雳，也会与你共享雾霭、流岚、霓虹，愿你每天都平安、健康、快乐。

爱你的伟伟

2018年4月28日

感谢你的爱

王淑华　哈尔滨局集团公司哈尔滨工务机械段

永旺兄：

见字如面！好久没有用这个方式沟通了。记得今天是什么日子吗？

二十年前的今天，你我相识，你的沉着、睿智吸引了我，牵手相伴二十载。二十年来，风风雨雨，有过欢笑也有过泪水，但彼此的爱有增无减。感谢你对我的包容，对我工作的支持与理解，让我能走到今天。

记得吗？那时你经常出差，孩子从上幼儿园开始，每次都是第一个到，最后一个接。有段时间，孩子跟我说："妈妈，你能早点来接我吗？我们班的小朋友都被家长接走了，只有我自己一个人晚走。"听了孩子的话，说实话，挺心酸，可是没有办法，我也要工作。由于我的工作每周只能休一天，周末幼儿园放假，我只能带孩子上班。那天我带孩子去车间抽查弹条质量，我把孩子一个人放在了办公室里，临走时告诉她一会就回来，嘱咐她不要害怕。等我从车间回到办公室时，孩子已经哭成了泪人，告诉我："妈妈我害怕。"我哭着抱着她，我愧对她，我没能让她得到更多的关爱，不能早接、不能带她去玩，我把更多精力放到了工作上。对此，你没有埋怨过我，你理解我对工作的那份热爱。

还记得那次，也是唯一的一次，你下班早去接孩子，老师没让接，

坚守 | 曹玉洁 青藏集团公司格尔木工务段

后来老师给我打电话，并且查看了你的身份证后才让你把孩子接走。后来我和你开玩笑说："你这早出晚归，孩子都见不到你一面，如果再不陪陪我们，孩子都快不认得你了。"女儿还打趣地说："我怀疑你们不是我的亲爹亲妈"。说实话，前些年，你经常出差，而且早出晚归，每个月在家待不了几天。家庭的所有事务都是我来打理，我有过怨言。多希望你能管管家，带带孩子。但是更多的，还是理解你，为了这个家，你也付出了很多。

后来，你工作岗位调动，不经常出差了，有更多的时间陪我们，照顾这个家。可是，我的工作却有了变化。尤其是2013年，我们单位第一次迎接铁总的检查，这次检查是能否保住我们焊轨基地的关键，领导让我负责这次迎检的质量管理及总体协调工作。只有4个月的准备时间，我感受到前所未有的压力。一是我对焊轨不熟悉，30大项189项条款，我根本不了解；二是这次验收检查太重要了，是直接决定我们焊轨厂生死存亡的关键，而你给予了我支持和鼓励。我每天都加班到6点多，而且经常把未完成的工作带回家，工作到深夜。我们两人换了个位置，由你来照顾这个家，我把更多的精力都投入到工作中。经过大家的努力，我们顺利通过了检查，保住了焊轨基地。

工作上的事，你从来没对我抱怨过。前几天，单位连续几天要求加班，我打电话给你，说我要加班，不知道几点能回家，你去接孩子。你只是叮嘱我要注意休息，别太累了。对于我们一周只能休一天的事情，你更多的是理解，没有任何的埋怨。

其实细想想，这几年，我对家庭、对父母、对孩子的付出也是有限的。父母住院，陪在他们身边的是你；孩子成长，陪伴她走过记忆的还是你。有时我觉得自己不是一个称职的妻子，也不是一个合格的母亲，是你的理解与支持，让我无后顾之忧，安心地工作；是你的默默付出，让我们这个家和睦安详。

风雨二十载，感谢有你的陪伴！婚姻的命脉里，不知道还能拥有多少个二十年，不知还能拥有多少个相依相伴的日子，让我们珍惜拥有的一切，迎接每一个明媚的明天！

愿我们的家庭幸福长久，愿我们的孩子前程似锦，愿我们健康快乐、幸福永远！

妻：晓霞

2018年6月

纸短情长

魏雪佳 成都局集团公司成都建筑段

亲爱的爸爸、妈妈：

近来身体可好？最近，我时常想起你们，却都是那些年你们为了我披星戴月的时光。

光阴似箭，第一封来自女儿的信，竟然迟到了20余年。电话里的日常问候始终太过流于形式，心底的话却只能盘桓在胸口。

“流光容易把人抛，红了樱桃，绿了芭蕉。”妈妈您给我打扮的白色连衣裙、您通宵达旦为我织的毛线衣物、您教训不听话的我时眼里闪烁的泪花，在我纷杂的记忆里，拼凑出我最难忘的童年。那年盛夏，我因为摔跤骨折了，在去医院的途中，妈妈红透了眼眶。出手术室时，一滴水落在我脸上——那是我第一次看见爸爸哭。模模糊糊的视线里，我看不清你们的脸，而爸爸的那滴眼泪，却永远印在了我的脑海中……

我的这次意外使得原本拮据的家庭雪上加霜。爸爸不得已千里迢迢去福建打工。工地上成堆的重活，压得您挺直的腰板日渐佝偻。

上中学时，因住校开支增加不少，体弱的妈妈不得不踏上孤身一人的打工路，砖厂里取砖磨破十指，双手起了一层厚厚的老茧，脚底因走太多路磨起血泡。

江南水乡 | 杜鸣 中国铁建电气化局西安公司

写到这里，父母无言承受的苦痛像一根根针，狠狠地扎着女儿的心，泪水像大雾一样弥漫在眼前。

人间草木几度春秋。爸，您还记得送我第一次去大学报到吗？一路上您克扣自己、省吃俭用，可交完学费办完手续后，您连返家的路费都不够了。

我把您送到校门口，您却还一直叮嘱我在学校要好好照顾自己，吃饱穿暖，让你们放心，说学费和生活费您会按时寄来，要是不够就给家里打电话，安心学习。

您走时我没说什么。只看着您像个小老头一样，花白的头发，越显佝偻的身子，蹒跚着渐渐远去。

“昔孟母，择邻处，子不学，断机杼。”妈妈，您是那么朴实无华的一个人，在我心中，却又那么了不起。夏天的时候，您上班的车间里，热得像能把皮肤烤熟似的。每天12小时的高强度作业下来，汗水浸湿的衣服能拧出水来。有次您下班回家，我看见您眼睛红肿，忙问怎么回事，您只淡淡说："车间里太热，忙着打产量，顾不上擦汗，就滴到眼睛里了。"

妈妈，正是因为您这样夏天不辞燥热、冬天不屈严寒的执着与拼搏，公司领导对您的工作高度肯定，同事们对您认可尊敬，您也收获了一个又一个表彰与奖励，从而被选为值班领导，我真为您骄傲！

正是你们的辛勤付出，才换来了女儿安心完成学业，找到了学以致用的工作。女儿要把你们那种勤劳、坚韧、执着的精神带到工作中来，把它传承下去。

工作中时刻要以一个合格的共产党员标准来要求自己，严于律己，宽以待人，不懂就多学多问，把岗位知识和技能学懂、弄通，再把工作做细、做实、做好，争取在平凡的岗位上做出不平凡的业绩，不辜负你们的殷切希望。

"暮去朝来淘不住，遂令东海变桑田。"爸爸的头上又添了些许白发，妈妈的额上又增了一道皱纹，女儿只能眼睁睁看着你们的青春岁月就这么走远。

唯愿时光不老，你们永远年轻！亲爱的爸爸妈妈，女儿有个小小心愿：希望自己在这么优秀的工作平台上，不断努力进步、发展提升，在不久的将来，成为你们的依靠，避风的港湾，让你们享受天伦之乐。

"谁言寸草心，报得三春晖。"能做你们的女儿，我是幸运的、幸福的、快乐的！感恩你们含辛茹苦的养育和教诲之恩！

敬祝安康！

永远爱你们的女儿：雪佳

2018年4月8日

你陪我长大 我陪你变老

李 晨 郑州局集团公司新乡机务段

亲爱的妈妈：

三十年，光阴似箭；三十年，年华似水。转眼间，三十年已从身边疾驰而过，我踏入了生命中最美好、最灿烂的季节，而你们，用青春换来了我美丽的人生，一步步走向老年。在妈妈眼中，我始终是个孩子，像个永远长不大的孩子，但是，女儿在一天天长大，你们给我生命，给我一个幸福美满的家。我明白这份恩情，我永远也无法报答，我最不愿见到的是你们为了我而失望叹气，不愿见到你们无奈伤心的眼神，我一直很努力，曾经努力学习，现在努力工作，活好自己的人生。

小时候，有一次我坐自行车，被车轮卷着脚了，我痛得哇哇大哭，您赶紧以“闪电般”的速度送我到最近的诊所，把脚包扎好。到家时，您为了安慰我，就讲笑话给我听，我听了咯咯地笑，您也强装笑容。但我看到您心疼地看着我的脚，皱紧眉头，两滴泪水顺着脸颊往下流。在那时刻，我终于明白了您讲笑话的良苦用心。在这里，我要对您说：“谢谢妈妈！”

陪伴是小树成长所需的肥料，陪伴是雨中遮风挡雨的伞。妈妈，您陪伴我长大，三十度春秋，您的爱铺就了我人生的道路，现在我愿做您的雨伞和大树。

其实，我并不想长大，我仍愿意做一个永远长不大的孩子，放肆地笑，不用在乎太多。但是，时间不容我矫情，我要独闯属于自己的未来，我会在风雨中变得更坚强，会担起属于自己的责任和义务，无论将来面对多少风风雨雨，有你们做我强大的精神后盾，我都会朝着阳光努力“飞翔”。我不会忘记，我的身后，有一个温暖的家，有爱我的妈妈，有我永远也无法割舍的牵挂。

妈妈，你陪我长大，我陪你变老。意识到“妈妈老了”这个事实，我默然不语，突然就感觉到了喘不过气来的难过。不是这样的，妈妈是陪我去游乐园做高空项目的妈妈，是陪我一起看电影并且讨论电影内容的妈妈，是一起聊明星八卦、一起津津有味地吃瓜，还嫌弃我没见过世面的妈妈。妈妈怎么会老？妈妈变老了，这个事实让人害怕，又让人伤心。我要回家多陪陪妈妈。妈妈，您花了整个前半生陪我长大，我用我的一生，陪陪你慢慢变老。

此致

敬礼！

爱你的女儿：李晨

2018年5月

目光中幸福成长

蔡　凤　武汉局集团公司襄阳机务段

宝贝女儿：

在孕育你、等待你成长的过程中，妈妈坚持每天写日记。似流水账一般，记录着你的点点滴滴。妈妈希望用文字的“相机”拍摄下你的生活。正如作家杨照所说：“你生命的一部分，自己来不及记忆的部分，可以保留在我这里，不会消失，不会遗落。”

宝贝女儿，从确认你来到妈妈的肚子里开始，妈妈的人生也开始了新的篇章。你让妈妈深深地体会到孕育生命的神圣和生命得以延续的可贵。你带给妈妈许多的第一次。

第一次由于妊娠反应而呕吐不止；

第一次胎动，真正感觉到你的存在；

第一次拍三维彩超，看到你可爱的脸庞；

第一次一个月里体重增加26斤；

第一次觉得自己像只企鹅，走起路来左右摇摆；

第一次腹围达到110厘米，肚子像随时会爆炸的大皮球；

第一次手术室里听到你“哇哇”啼哭，我也泪如泉涌；

第一次护士把你抱到妈妈面前，让我辨别男女，我激动不已，哽咽着说：“这是我生的宝贝女儿！”

第一次把小小的你抱在怀中哺乳；

第一次笨拙地给你换纸尿裤，穿衣服；

第一次发现你长小牙；

第一次带你体检采血，你哭，妈妈也哭；

第一次听到你咯咯笑和咿咿呀呀的儿语，那是世界上最美妙的音符；

第一次听到你叫我“妈妈”，幸福的我哭了；

第一次看到你翻身、坐起、爬行、直立、行走……

其实这些你都可以在妈妈记录的小本本里找到。宝贝女儿，原谅妈妈的琐碎。这是妈妈新的体验，这些体验就像是老照片一样，岁月可以尘封，色彩可以抹去，可是印记却永远不会褪色，它是刻在脑海里的记忆，永远无法磨灭！

宝贝女儿，你知道吗？当护士把你抱到手术室外让你爸爸确认时，他激动地哭了！没有想到如此阳刚的男人，第一次与女儿见面也会如此柔情。宝贝女儿，你有一位非常优秀的好爸爸。在妈妈怀你的时候，他会经常抚摸妈妈的肚子，给你讲故事、唱歌。而每次你都会在妈妈肚子里蹬来蹬去，表示你的愉快。我们则会兴奋地讨论是你的小脚丫，还是小手，或是小屁股在动。

在你出生后不久，爸爸买回了很多保护宝宝的用品。玻璃面的茶几四周贴上了防撞条，家中所有墙面拐角处也贴上防撞条，抽屉贴上防开锁，电插座安上保护盖，还有十二扇防护围栏……我惊讶他的行为，深深体会到，不善言辞的爸爸做起事情会比妈妈更细腻，想得更全面。

爸爸每天工作很繁忙。尽管如此，他也会陪你读书讲故事，一起摆积木，一起唱歌。周末带你去游乐园玩。

宝贝女儿，你知道吗？你的到来让爸爸、妈妈更加相爱，你是我们共同深爱的人。你是快乐的小天使，爸爸、妈妈两颗爱你的心是你的翅膀，我们会用全部的爱为你护航！爱营造着我们温馨的小家庭。

宝贝女儿，你知道吗？你是幸运快乐的小公主！你还拥有一个温馨、和睦的大家庭。外公、外婆、爷爷、奶奶，还有亲属们都特别疼爱喜欢你。你是大家的“开心果”“小精灵”，有你的地方就会充满欢声笑语。其实一个人的成长，最重要的需求不是物质的吃穿和花费，不是精神上大起大落的恩爱与慈悲，而是物质和精神混合在一起的那种细雨无声的亲情与滋润。等你长大了，就会懂得。

宝贝女儿，你是一个特别喜欢看书、爱书的孩子。这是爸爸、妈妈最欣慰的事情。所以我们从来不吝啬给你买书。家中你的书大大小小就有上百本。每一本我们都一起阅读过，每一本的内容你也可以简单讲述。我们时常感叹，昨天咿咿呀呀儿语的你，今天能像“小大人”一样给我们讲故事了。成长是无尽的阶梯。妈妈认为三岁是人生的第一个转折点。这个阶段，你已经会发问、会思考、会选择。知道美与丑、错与对。有自尊心，喜欢得到别人的赞许和表扬。最主要的是上幼儿园，体验集体生活，进入了你人生中第一个“社会圈”。这时，你需要学会与小伙伴交流、分享。偶尔会小委屈、小伤心，但要学会坚强。

宝贝女儿，你聪慧伶俐，乖巧可人，有很强的适应能力。六个月的时候第一次乘坐动车去武汉；三岁的时候第一次乘坐飞机去厦门……外出时，你懂事听话，让妈妈感动。妈妈非常珍惜与你朝夕相处的时光，享受着你带给妈妈的一切。这种纯真、简单的幸福，让我觉得生活的安逸美好！

宝贝女儿，在你成长的过程中，妈妈想一直陪伴你、保护你，不愿你受到伤害，不愿你难过流泪。不过这只是妈妈美好的愿望。实际上，随着你慢慢长大，你会遇到许多事情，有喜有悲。接触到很多人，熟悉的、陌生的，有好有坏。在此，妈妈希望你无论发生什么事情，首先要保护自己。爱惜自己的身体，珍重自己的生命！

有一颗善良、感恩的心。懂得宽容，不必计较得失，只要自己觉得舒心就好。

做一个快乐的人，喜欢微笑。如果遇到不愉快的事情，不要压抑，钻牛角尖。要学会释放。偶尔的哭泣，会洗刷心中的不悦。

知道时间的宝贵。人的年龄是只升不降的数字记号。时间也是一去不复返的数字显示。人生就是一次没有回程的旅行。宝贝女儿，妈妈希望你的人生绚丽多彩，希望你能够享受和拥有属于自己的美好时光，没有遗憾，没有缺失！载着我们对你满满的爱扬帆远航！

爱你的妈妈：蔡凤

2018年4月

未来我们陪伴春光里

张春侠　上海局集团公司南京货运中心

爸妈：

当你们看到这封信时，应该早已回到了老家。我想，很长一段时间你们应该不会再来了吧！你们偷偷去火车站买了票，收拾了行李，默默地离去，当我进门后，每个垃圾桶都清理得干干净净，灶上的一锅炖菜，还是热的，我先是沉默，后来开始大哭。对不起，请你们原谅我的冷言冷语，原谅我这么多年固执的报复。

爸妈，你们知道吗，小时候每当我看着你们用宠溺的眼光看着你们的儿子时，我的内心对你们充满了鄙夷。二十世纪八十年代的农村，除了贫瘠的土地，就是无知的农民，在计划生育被写进基本国策的背景下，你们东躲西藏，为的是家中男丁兴旺。后来，你们如愿了，你们没日没夜的劳作，不知疲倦，为着你们的两个儿子做着各种打算，而我，你们的女儿，整个少年时期，都处在恐惧担忧之中，害怕随时都有可能辍学，因为妈妈说，女儿是替别人家养的。

我考上了重点高中，你们却不允许我再读下去，因为你们从土地里辛苦刨出的那点钱是留给你们儿子的，供了我，就白搭了。可是我不甘心，为了上学，我骑了两个多小时的自行车去姑姑家，想借钱读书，哭着告诉她，我以后一定挣钱还给她。我是多么天真，姑姑把我送回家就走了，留下我在屋里受尽你们的嘲讽和讥笑，那一年，我十六岁。后来，老师来到我们家，也许是因为我的倔强，也许你们心有不忍，竟然同意了。我努力地学习，不为崇高的理想，只为能够早日摆脱你们。

大学时，我每年都拿奖学金。在学校图书馆打起了工，到其他大学去推销小商品。每到周末，我比上课还要忙，我再也没有伸手向你们要过钱。当我拿到了第一笔实习工资，我没有庆祝，攒了几个月，存了5000元，我拿着这笔钱回了家，把它放在你们面前，想着我要讨回我那么多年的委屈和自尊。你们高兴的说话声音都变了，花白的头发阳光下异常明显，你们不停地向周围人炫耀你们的女儿，我却一脸的平静，心理满满的冷笑和悲凉，你们让我在最美的大学生活里，吃尽苦头，让我在本该快乐的童年充满恐惧担忧，做尽农活和家务。是的，我一直怨着你们，我想你们也是知道的。

你们住在这里，处处小心谨慎，每当我下班进门，你们都会赶紧从沙发上站起来，局促地看着我。爸爸，那晚你和你女婿喝酒，几杯过后，你告诉你女婿，你的闺女吃了不少苦，都怪当父母的没用，请他对我好点，你说你来一趟，知道闺女过得好，就放心了。以后就不会来打搅我们了。听了这些话，我背过身去默默流泪。

没想到你们说走就走，悄无声息。留下我一个人自责和后悔，厨房墙壁上有污渍，我只顾着嫌弃妈妈不讲卫生，却没注意到，您早已花了眼。爸爸跑到楼下去抽烟，我却冷言冷语地对您说，为什么不戒烟，害人害己。你们为什么要对这么不懂事的女儿如此隐忍，你们年轻时对我喝来喝去的精神去哪里了？是因为你们老了吗？

你们走后，我常常回忆以往。我想起那年我在医院生孩子，因为爸爸的工厂恰巧在附近，您一大早便拎着重重的东西来医院看我们，因为没到探病时间，您就在住院部的门口蹲了几个小时，直到我老公下楼买饭看到您，问您为什么不打电话，您说太早了，怕影响我休息。让您抱抱小宝，您连连摆手说道“我身上有细菌，不干净，不能抱，看看孩子我就高兴了”临走掏了一卷钱塞给我。

老妈，那年您送我去南京上大学，临走时，我们两个为了几十元钱在广场上推来推去，您非说自己已经买了火车票，路上不用花钱了，于是您掏空了口袋，所有的钱，零零碎碎都给了我，长长的绿皮车没有座位，开到徐州要将近7个小时，您只拎了个水杯……

你们给了我一个健康的身体，养育我长大，你们的辛劳换来我和弟弟的安逸生活，我却对你们的不完美耿耿于怀，都说读书以明理为先，我却如此的不成熟，对不起，从来没有说过我爱你们，我多想阻止时间的脚步，让你们好好享受得来不易的天伦之乐。多想经常看到妈妈脸上谈到儿女时满足自豪的笑容。

爸爸妈妈，原谅女儿这一声迟来的“对不起，我爱你们”。余生，让我们做回开心的父女、母女。请你们一定好好保重身体。祝安康！

女儿

2018年5月

我骄傲　我是军人的妻

潘小丽　广州局集团公司长沙南站

亲爱的军人丈夫：

最近训练累吗？休息得好吗？想家了吗？我们又有两个月零五天未曾见面了，我想你了。望着墙上鲜艳醒目的红色喜字与笑靥如花的婚纱照，拿着你在婚礼上亲手交给我的国防服役章，摸着衣柜中整齐笔挺的绿军装，记忆渐行渐远……

军人情结的开始源于父亲喜爱军事题材的电影及电视剧，从小耳濡目染，军人情结渐渐在心底生了根发了芽，我暗暗想我也要进军营，未来成为“不抛弃，不放弃”的“许三多”，成为《亮剑》的“李云龙”，成为徜徉祖国蓝色海洋的“火蓝刀锋”，成为历经磨炼最终化茧成蝶的“麻辣女兵”。遗憾的是，因为体重偏轻，最终无缘军营。

上帝关上了我参军有志的门，却为我开启了偶遇军人的窗。与君初相识，犹如故人归。

记忆回归冬夜火车站，难得的假期，却被满满的行李拖累了回家的步伐，满头大汗正想弃之不顾之时，耳畔传来清亮的声音：“我来帮你吧。”

一抬头，正撞上一双如清泉的双眸，你脸上挂着微笑，一袭沁人心脾的橄榄绿充盈了我的眼眶，我愣了下神，而你已接过行李，剩下我似一只欢快的小鸟蹦蹦跳跳紧随你的步伐。你可知，初见，那身橄榄绿便已入我心。

每个人来到世上，不过匆匆过客，有些人与之邂逅，转身忘记；有些人与之擦肩，必然回首。缘深缘浅，自有定数，幸运的是，我们有缘有分也有好的结局。

算了算，自恋爱至今已五年有余，但真正相处的日子不足五个月。你说你忙，却不告知我所忙何事，我也从不追问，只要你平安就好。

但去年，我浏览新闻时一张不起眼的照片却让我湿了眼眶，照片中一排身着橙红色救生衣的武警战士站在齐腰的洪流中传递着用来阻拦洪水的沙袋，墨色浓云挤压天空，战士们眉头微蹙，表情严肃……突然，我瞥见一个熟悉的身影，没错，就是你！我惊呼，一秒后却猛地压住了唇，眼泪却已无从阻挡，因为父母在身旁，回到房间，回想几天前你的短信："老婆，我最近几天有任务，勿念！"

如今一切昭然若揭，没有了因你新婚三天就离家的懊恼郁闷，没有了你不时常联系关心的委屈，留下的只有对你默默奉献的钦佩崇拜。

那一刻，我是心疼的，亦是骄傲的。曾有人这样比喻：如果人民军队是长城，那么军嫂就是稳固长城连接的垛口。也有人说军嫂是伟大的，是一首美丽的诗，是温柔的春风，是温馨的港湾。于我，以后能做的，就是你一回头，我就在你身后。

戎军九载，你从来都是报喜不报忧，这一点，我们之间有心照不宣的默契。妈腰疼的旧疾一直未愈，去年冬天病情突然加重，只能卧床休息，她却反复叮嘱我不要让你知晓。

于是我请了一个月假，通过阅读资料、咨询学医的同学，学了针灸、按摩；担心妈晚上睡眠不好，准备了热毛巾敷患处，白天就煲祛风除湿的汤；怕妈无聊，我买了触屏手机教会了她微信。

功夫不负有心人，妈腰疼终于缓解，她含泪说："我的腰不疼了，你却累瘦了！”我说：“妈，您儿子不能膝前尽孝，但他心里挂念着您呢，您就是我亲妈，我替他尽孝！”

这以后妈逢人便夸自己有个好媳妇。老公，你在部队就放心吧，家里有我呢！

你总对我说“一分耕耘，一分收获。”时间成为践行者，并回报你丰硕的果实。近年来，你凭借自己的刻苦训练先后获得四次优秀士兵，在抗洪抢险救灾中表现突出获得个人三等功，而你却从未张扬过。

你说你不累，可我听见的是你一沾枕头就如雷贯耳的鼾声；你说你不苦，可我看见的是你那因野营拉练早已满目疮痍的脚板。你说你是军人，肩上是责任，有家庭，有国家；你说下辈子，我做军人，你做军嫂，来弥补对我的亏欠！其实，嫁给你，我知足了。

有人说：“生命里有了当兵的历史，一辈子都不会后悔。”我想说，生命中成为一名“军嫂”，是我一世的荣耀。从此，你卫国，我守家。今世，我是你的妻，无怨无悔！

爱你的妻子：潘小丽

2018年4月16日

一个乘务之家的泪与喜

张丽英　广州局集团公司长沙房建公寓段

亲爱的老公：

时光飞逝，转瞬即逝。蓦然回首，我们携手与共20年。这20年，是我们生命中最绚烂美丽的20年；这20年，是我们从懵懂走向成熟的20年；这20年，是我们记录泪水、感动和欢笑的20年。

回首来时之路，往事历历在目。记得2002年8月20日凌晨两点钟，我腹痛难忍，羊水破裂，想上医院去生产，而你当时正在跑车。没办法联系，无奈之下，我和我妈敲开邻居家的门，求助左邻右舍帮忙送到医院，再打电话通知你们单位尽快联系上你。

等到第二天上午11点多钟，你风尘仆仆赶到医院时，我们的女儿已经平安降生。其实当我被推进产房的那一刻，我多想抓紧你的手，多希望你陪在身边安慰我，鼓励我。

都说女人生孩子是一次重生，虽然因为工作性质让你缺席了这一重要时刻，理智上我理解你，但在感情上我曾经怨恨过你。

2005年，3岁的女儿因为支气管肺炎需要治疗。当时我是公寓服务员，你担任礼茶线区间的机车乘务员，加上父母又不在身边，只好白天把她送到幼儿园，晚上接她到医院打针，就这样持续了半个月，女儿终于康复出院。

2007年，你当上了指导司机，终于不要开车了，可依然神龙不见首尾，每天只能通过电话寻到你的存在。于是我要你反思，是不是自己的工作执行能力差，效率低，导致经常加班。我跟你诉说有效的陪伴就是最长情的告白。

绣娘 | 李建丽 太原局集团公司原平车务段

记得2008年冰灾的时候，女儿放假在家，我每天上下班都如履薄冰，当时好想你可以陪陪我们，因为我们也需要你温暖的怀抱，可你依然毫不犹豫地奔赴你的“战场”，留给我们一个冰冷的背影。

随着时间的流逝，女儿慢慢长大，你们段领导多次召开家属保安全座谈会。我慢慢地试着理解你，包容你，也试着通过读书调整自己的心态，开始热衷报考会计证，晚上带着女儿奔波于培训学校。

都说“苦难是人生最好的学校”。正是因为我们的“不作为”，女儿从小乖巧、懂事，自己上学回家、自己煮饭热菜，学会管理时间，她懂得自己的未来自己负责，自己的幸福自己奋斗。

正是因为我们的聚少离多，甚至过节都难以团聚，所以我们三个人更加珍惜彼此在一起的时光。只要你在家会和女儿摆上棋盘杀上几局，一边下棋一边自我吹捧、互相调侃，家里充满了欢声笑语。

你会用诙谐的语言诉说你们单位的事情，让我们了解你。你会鼓励女儿竞选班干部，给她出谋划策，让她学会责任担当。

在我和女儿闹矛盾时，你会对她说：“妈妈在这个家里是最辛苦最伟大的一个人，我们俩要对妈妈好一点。”

所以女儿不管学习多忙，每天都会给我打一个电话。而我也因为你的原因，上班时对乘务员多了一份亲切、一份理解、一份包容，对自己的工作多了一份感恩、一份责任、一份务实。

我们的生活只是千万铁路乘务家庭中的一个缩影，有苦亦有乐，有泪也有笑。但我还是感谢在最美的青春，在特定的时区和你相遇、相知、相爱、相伴，我们的生活平淡而真诚。

未来不管你有多忙，我都会为你留一盏灯，照亮回家的路。

如今交通强国的征程已经起航，铁路先行的号角已经吹响，作为铁路职工，唯有夯实脚下，不忘初心，撸起袖子加油干，才能为铁路贡献绵薄之力，相信有了广铁大家庭的平安和谐，才有我们小家庭的幸福快乐！

爱你的老婆

2018年4月20日

八千里路云和月

杨柳臻　南宁铁路公安局

亲爱的妈妈：

展信安。

此刻我正坐在动车的餐吧里，一边吃午饭，一边录音以便写下这封家书。今天的乘务餐相当丰盛，是辣龙利鱼和醋熘土豆丝，典型的重庆味道。仔细一算，我作为一名乘警往返在南宁和重庆间，已经三月有余。

妈妈，我知道你的担心。担心我独自值乘，业务不甚娴熟，遇事慌张；担心我日常奔波，受寒挨冻，饥食不定；更担心我虚度光阴，浑浑噩噩，心有不甘。

我记得你以前跟我说过一个理论，说人生分为体验派和成就派两种。体验派总在探索世界的过程中得到满足，成就派总在与他人的比较中确定自己的位置，从而得到满足。

后来我就一直在思索：我到底属于体验派还是成就派，我究竟想过怎样的人生？

成就派性格中，坚硬会多过柔软，得过且过的时刻鲜有，大多数时候他们都想要站到山顶看风景。说实话，我向往成就派的人生。因为

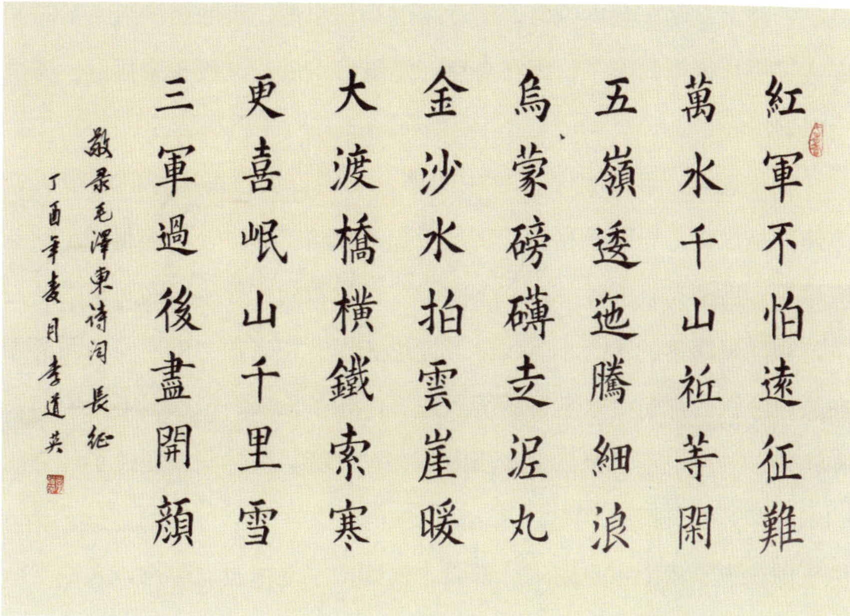

长征 | 李道英 北京局集团公司邯郸机务段

他们活得警醒，毫无累赘；他们直奔目的，不走歧路；他们从不浪费生命，他们也大多都能收获自己想要的东西。

可是体验派呢？

我也想过体验派的生活。体验派的人生看起来没多大目标，喜欢绕道去看风景，如果路上偶遇坑坑洼洼的水坑，明明可以绕过，也偏要抱着恶作剧般的心态踩上去。

因为在他们眼里，没有什么比深刻的人生体验更重要了。

人人皆背岳飞的“莫等闲，白了少年头，空悲切”，然而我更偏爱前一句“三十年功名尘与土，八千里路云和月”，虽然功名尘土尚且缥缈，成就看起来仍遥遥无期，但至少值乘时见到的各形各色的人、状况百出的事，让我觉得自己能在体验八千里路、览数省云月后，得到切切实实的进步。

一路上，动车翻山越岭，沿途路过小村小镇，车厢满满当当，时间变成了一片模糊的影子，跟在身后。雾霭青山后，“渡头余落日，墟里上孤烟”。

就在遵义，我看到了人生中的第一场雪。贵州多山，隧道很长，车速又是极快，一瞬光亮后就又是漫长的黑暗。那时，动车正好走到隧道尽头，后排有人惊呼一声“下雪了”，我看向窗外，迎面而来的是白茫茫和满天飘落的雪。小时候学《世说新语》，老师会讲谢安和谢道韫在园中咏雪，那句“未若柳絮因风起”，句子极美，但我极不认同。雪和柳絮，一点也不像嘛。但我当时坐在车窗旁，突然间就明白了什么叫“未若柳絮因风起”。

除夕夜，晚上六点到站三都县，傍晚的空气清冷而凛冽，天色半明半暗。我给你发微信，问家里吃完年夜饭了吗，然后走出车厢，不早不晚，刚刚好看到了远处正在燃放的明明灭灭的烟火。那几朵烟花并不盛大，隔着很远，绽放在天空，像是浅色的布上用颜料泼了几朵，也像夜空被扎了一些小孔，透出缤纷的光。

我想在以后的很多日子里，我都会想起这几朵烟花，在我经过了七百公里之后，在我抬头的那一刻，它不经意间给我的慰藉和惊喜。

路途中，我还见过很多人。有在车上素描的年轻姑娘，有从摩洛哥千里迢迢来中国旅行的蓝眼睛小哥，也有外出务工返乡背着川渝特色的竹篓，带一两岁的孩子回家过年的青年。一路上有人上车，有人到站，我们见过几面，聊过几句，彼此只有一段路的缘分。

春节前我遇到过一个小姑娘，她跑到车厢衔接的那块不停抖动的板上，小小的身体跟着它摆动，在上面跳舞。我跟她说：“这里不安全，回座位上坐着吧。”小姑娘扬起缺了颗门牙的笑脸，乖乖应答：“好的，姐姐。”车上车下，到处都是提着行李箱行色匆匆的过客，赶着回家过年，每个人都把自己裹在大衣里，低头看手机，沉默不语。而那个跳舞的小朋友，好像藏在风雨中窥探但不久就会出现的彩虹。

我还遇到过一个列车员，脸圆圆的，笑起来很甜，在南宁站看到我上车，远远地就挥手打招呼，看起来可开心了。吃晚饭时我忍不住问她为什么那么高兴。她说："全局技能考试我考了第五名，马上就要转成正式工了。说完自己就红了红脸，抿着嘴害羞地笑起来。"

这可能是她这一年里最骄傲的事了。

妈妈你看，你总是担心我在车上过得沮丧，一腔抱负无处施展，可我每每失去信心时，总能遇到这样的事激励我。就像《你一生的故事》后记里引用冯内古特的话："你的未来将会来到你面前，像只小狗一样躺在你脚边，无论你是什么样，它都会爱你。"只要你肯努力。

跑车的这几个月，让我明白"值得"两个字就是体验派对人世间的全部注解。人生像是一场浮生羁旅，在认清了生活的限度之后，我时常觉得体验派的人就像黑暗中的火光凝视者，就像温柔覆盖这个世界的细雪，他们总是将勇敢、热情和忠贞都义无反顾地托付给光明又荆棘的人生，将一颗真心毫无保留地奉献给精明又吝啬的生活。尽管，可能会很笨拙，可能会被辜负。

妈妈你说，做这样的人，体验八千里路云和月，又何尝不可呢？妈妈，别担心我。

祝平安喜乐。

女儿

2018年5月1日

此情何需朝与暮　笑看花开云起时

张　燕　成都局集团公司贵阳客运段

亲爱的：

此刻我在去往公寓的巴士上，车窗外路灯昏黄，人烟寥寥，夜色里寂然的街道勾起了我的思绪。要开学了，大宝的假期作业做完了吗？小宝儿脸上的湿疹好些了吗？家里一切都还好吗……

每次出乘，早上六点半我就要从家里出发，晚上十二点才能归家。穿梭在奔驰的车厢中我都几乎快忘了自己是谁，“贵在坚持，客在心中”，这些年如果不是对这份工作刻骨的热爱，如果不是有你在背后强有力的支撑，我怕早就坚持不下去了……

亲爱的，我想说，人海里遇见你，是我的幸运。就像张爱玲说的那样，不早不晚，不急不缓，就在对的时间里遇上了那个对的人。虽然当时有人对你说，娶了我们这种职业的女人，将来是顾不上家的。但你依然坚定地把我揽在怀里，淡定地说：“她顾不到家，我来！”你是这么说的，也是这么做的。短短十年，我从列车员到广播员，再到进京高铁商务座的乘务员，我一步一个脚印走来，每一步都凝结着你的辛劳，每一步都见证了我们爱的誓言。更幸福的是，我们爱的结晶，两个可爱的宝贝，在这十年间前前后后地来报到了。

大宝七个月时我就回到了岗位，一出乘就是五六天。漫漫长夜，你独自带着还在襁褓中的孩子。孩子生病，你一个人带着孩子辗转在医院，白天还要振作精神去公司上班。短短一两年，你就仿佛老了五六岁。每次听到你在电话那头用沙哑又疲倦的声音给我报平安时，眼泪就在我眼眶里打转……你知道我的不容易就像我知道你的不容易一样，在我们彼此守望的岁月里，我们孤独又忠诚的身影都凝固成对方心里最美好的模样。

记得有一年春运，天特别冷。我一直在加班，你工作也很忙。大宝感冒发烧一直不好，我的母亲又查出了乳腺癌，公公婆婆彻夜守着大宝，渐渐力不从心。那一次，你第一回冲我发了火，问我哪有一个母亲和女儿遇到这种情况还不及时赶回家的？那也是第一次我被你质问得如此哑口无言和愧疚不堪。但事后，你仿佛比我还要内疚……在医院的走廊里匆匆相遇的我们望着对方挂满血丝的眼睛，都想给对方挤出一个笑容来。后来你调侃我说，那是你见过我笑得最难看的一回。其实我想说，当时看见你憔悴不堪的面庞我真的好想哭……

这些年孩子太小不记事，每次出乘回家看到大宝怯生生的眼神我就忍不住黯然神伤。为了让儿子了解妈妈，你经常把刊登了我们工作信息的报纸、杂志读给孩子听。记得有一次《贵阳晚报》刊登了我在列车上捡到旅客丢失十几万元现金上交的事迹。那一次当我回家时，大宝扑上来紧紧抱住我的脖子奶声奶气地说："你是个好妈妈，我和爸爸都爱你！我们会乖乖在家一直等你回来！"那一瞬间，我一下子哽咽了，透过泪光看到你们父子傻傻可爱的样子，我所有的辛苦委屈、后悔疲倦都烟消云散。

女儿出生后，我努力地学着在家庭和工作中找到一个平衡点。在有点闲暇的空隙，我学着制作点心，每次出乘前都会做好多，只是为了能让孩子们在妈妈不在身边时，也能感受到妈妈的温暖。看着俩宝吃到

解语花 | 常悦 乌鲁木齐局集团公司乌鲁木齐供电段

甜点的满足表情，我就觉得特别幸福。出乘时我也把这些小点心带上一些，在旅途中看到哭闹的孩子，我就拿出来送给他们吃。看着小朋友吃着小点心止住哭泣时天使般的模样，我就恍惚看见了我的大宝和小宝。对我而言，这也算另一种对家人补偿的方式。这么多年，对于旅客和工作，我从无愧于心；对于深爱的亲人，却觉得亏欠太多。亲爱的，如果还有来世，让我们调个儿，我来给你可以一世依靠的胸膛和臂膀！

时间过得飞快，就像歌里唱的：时间都去哪了，还没好好感受年轻就老了。转眼，我们即将褪去青春的印记跨入中年。我总和你开玩笑说，别人都是“望夫石”，你是个“望妻石”，玩笑的言语中满是掩不住的愧疚。可你一如既往淡定地说：“宁可我等你，也不想你等我，因为我舍不得！”

前几天，你发给我儿子写的一篇作文，题目是《我的理想》，儿子写道：“我的妈妈是一名光荣的、美丽的动车乘务员，我的理想是要成为和妈妈一样美好的人！”那时，列车正停靠在一个遥远的城市，我仰望着一碧如洗的蓝天，有鸽子从天空掠过，站台外的山坡上繁花似锦，而你们仿佛就站在我的对面，这真是个幸福的场景。欢喜的泪水模糊了我的视线……我再次打开钱包，看着夹层里的全家福。那是春天的背景，我抱着小宝，你搂着我和大宝，我们一家四口笑得极开心。我知道，我们都知道，这些年我们所有的汗水和泪水，在这一刻都有了意义。

情深字浅，今夜我终于把我长久以来想说的话轻轻地说给你听。也许你看过这封信终会明白，你的妻子，是多么热爱她的工作。呼啸的列车，承载的不仅仅是她的生活，还有求学的学子，远行的旅人，探亲的孩子，重逢的恋人。以她一个人的孤单，换来这一列车人的团圆。她觉得值得！而你，一直都是她生命中最了不起的角色，在四季更迭的时空里，无可代替！

爱你敬你的妻

2018年春分之夜

与君书

朱婷婷　兰州局集团公司陇西车务段

羊先生：

你好！婚后的很长时间我都在想，我该以一种什么样的方式跟你谈谈我对婚姻生活的看法。面对面谈心太直白，打电话太遥远看不到你的表情，微信又太简短，想想还是写家书最贴切了，现在的我都能想象到你拿着家书认真地阅读，我窝在旁边的沙发上仔细偷窥你表情的画面。

记得你问我，有没有那么一瞬间觉得离婚是一件特别美好的事。当时正在做饭的我白了你一眼，没有回答。现在我想回答你，有。当我大休回家，看到垃圾桶里堆得快溢出来的垃圾，你扔在洗衣机上等着我洗的铁路服，狗在屋里跑圈，狗毛满天飞时，我都恨不得把接了一夜车还在睡觉的你从床上拽起来，连着结婚证一起，分分钟给扔到民政局去。其实，把所有的美好打碎了，揉在生活里的每一天，屈指可数。生活，归根结底是残酷的。

可是，我们为什么没有离婚？因为婚姻很复杂，还好你很可爱。醒来的时候看见你在厨房忙，阳光打在阳台你养的马蹄莲上，被你喂得饱饱的狗打了一个哈欠，就觉得你所有的不好也微小归尘。你下班的时候，我去火车站接你，站在出站口看着一大群人往外走，想想里面有一

牡丹 | 张红 成都局集团公司成都北车辆段

个你，就自己站在那傻笑，然后听见远处的你唤我名。我爱追着你满屋子叫你羊先生，因为你属羊，对我也像羊一样的温柔。过日子，归根结底是和你一起追求幸福，你说，谁的生活里没有琐碎、委屈和不甘？关上门，柴米油盐酱醋茶，日子还得好好过。

我问你怎样过一个快乐而不油腻的中年。你说，很简单啊，有事干，有人爱，有所期待。

结婚后，我以为一切就归于稳定，我以为自己围绕的生活无非是买菜、做饭、上班、带孩子，可谁曾想我嫁给的你是这样的一个男人：在婆婆和亲人要宝宝的催促声中，我嘟着嘴跟你抱怨说我感觉自己都还没成熟，怎么能带好宝宝啊！你一脸宠溺地揽过我说：“那就先不要，等你想要了，我就陪着你去上产前辅导课。”谢谢你羊先生这么努力地去做一个责任感爆棚的好爸爸。事儿精的我又转头问你：“那不要小孩，现在多无聊啊，一天天的都没事儿干，就像我妈说的一样——只能弄个小狗养。”你“扑哧”一声地笑道：“没有啊，我才不要娶一个这么无聊的老婆呢！你可以去考驾照，然后我们开车坏游，你可以去学跳舞，那不是你说的从小的愿望吗？你可以继续学英语。”就这样，我有了很多计划。

有时候在想，我一点也没有当妈妈该有的沉稳和韧劲儿。是你告诉我：你想让未来孩子成为什么样的人，你就该成为什么样的人，孩子跟你学的都是你跟生活、跟这个世界相处的态度。而我，我喜欢你打开世界的这个方式。人到中年后，不可能不“油腻”，总有艰难的生活催着你，可是，我们还是要热爱生活，恰恰婚姻到了这个时候也显得格外可爱，它让你我有点理想，有点拼劲，继续前行。

前几天，我在网上买了一大堆的书，收到快递的你发微信问我，你看得完吗？现在我想告诉你，我没准备看完，我准备我看一半，然后让你看剩下的那一半，看到有趣的地方，我们就互相讲给对方听。一个人总能看完上百本书，但是，我更喜欢有一半是从爱人嘴里听说的，可能这就是婚姻生活的乐趣，足以对抗“油腻中年”里那些无聊的日子。

很多人说，婚姻生活很无聊，走着走着就想散了，然后再找一个能有激情，会过日子的伴侣。可是，羊先生，是你让我知道，婚姻生活都会逐渐地从热恋归为平静，不归的是你我去创造情趣和惊喜的那两颗心。我们活在压力里，也活在期待里，生活“遍地是沟渠”，抬头却仍繁星满天，生活总是柴米油盐，间隙中也可以有诗和远方，婚姻生活的有趣与无聊是自己选的。

谢谢你，羊先生。

妻

2018年5月10日

平安是福

郝思婷　青藏集团公司青海路兴物流集团有限公司

老公：

展信平安！

我们已不是第一次用书信这种方式进行沟通，联络感情。对于我们来说分居异地，也只能用书信、电话来传递彼此的思念之情。每次我都会用平安两个字，因为你特殊的工作性质，我也时常祈求这两个字时时刻刻围绕着你。

不知不觉我们已走过了三个年头，很幸运，我遇到了你。在我人生最低谷、最脆弱的时候，我认识了你；在我最需要支持和依靠的时候，你给了我重新开始的信心和勇气！我很感谢这些年，你为我和女儿做的一切，感谢你重新给了我们一个家！一个可以为我和女儿遮风挡雨的避风港！尽管我们在身处异地，但从一开始就坚定了信心，始终相信我们可以克服所有问题，可以走到最后。

异地的孤独、生活的琐碎、竞争的压力会让我们发生争执。有时，那种有了委屈却不能依偎在你怀里寻求安慰的失落感，也只有经历过异地恋的人们才能懂得。其实，我并非一个脆弱的女子，也并不是受不了什么委屈，只是在你接通电话的那一刻，我才会发现自己的脆弱、孤独与无助，只言片语显得那样苍白，唯有一个拥抱抵过千言万语。

奶奶过世的那一天，天都是灰色的，我抱着孩子哭得不知所措。你开了一天的会，手机静音，我打不通你的电话。而这天陪伴我的是专用线的领导和同事们，他们安慰我，照顾我，让我觉得大家庭是这样呵护着我。恍恍惚惚的白天，等着你回来。晚上，当你匆匆忙忙回了电话，我却只会哭，一个字也说不出来，当我告诉你奶奶过世的消息时，你急忙打电话请假。在那个特殊时期，任何人都不能出部队的时候，你想尽办法离了队。短短的二百公里，因为没有夜班火车，你走走停停，一会自行车，一会汽车，一会火车，竟走了一夜。在第二天的凌晨，你开了家门，出现在我面前，你只说了句："我回来了，有我在，别难过。"而这样的依靠对于我是那样的温暖。

去年，我被集团公司推荐到东北学习半年，这半年对我们来说是一种考验，我出发前，你对我说："要努力学习，学习过这半年，你会有新的成长，回来后你就能更加胜任自己的岗位，对工作、对家庭都是极大的帮助，等我在部队锻炼完成，我们就再也不会分开了，异地军恋，坚持到最后，回报我们的必是一份纯真的感情。"离开家的这半年，你每周都会回家带女儿出去玩，会替我照顾爸妈，哪怕你只有短短的几个小时，你也会毫不犹豫地回家，带着女儿和我视频，你说学习是枯燥的，可学到的知识确是自己的，不许偷懒，回来还要教教孩子呢。那是我最开心的时候，也是我每周最期盼的日子，你从未给过我什么豪情壮志的誓言，也从未给我说过甜言蜜语，但每一件事你都会做好。你不善言语，但你却用行动告诉我，你爱我，默默支持我的工作，你爱女儿，你爱我们的家。吉林培训接近尾声的时候，天天下暴雨，吉林受灾，发了洪水，我们失去了联络，那狂风暴雨让我害怕，停电停水，没有信号，宿舍后面的山体滑坡，我用充电宝充满了手机电，抱着手机，一晚没有合眼，我多么希望有一丝的信号，可以给你打个电话，报个平安。

集团公司为了我们的安全付出着巨大的努力，我想让你看到我背后这样强大的支撑，因为我知道，你打不通我的电话，你会多么的着急。后来，第三天，通信有了些许的恢复，手机有了微弱的信号，你给我陆续打了98个电话，你发疯似的找我，你找我的朋友，询问一起同行的同伴电话，看看能不能联系到我。结果，很遗憾，我们还是没能取得联系。后来，我给你拨通了电话，你哭了，你说你都已经准备启程来吉林接我回家，我说我很安全，公司给我们安排了住宿，还有返程的火车，有食物有水，只是没有你。我让你放心，可你还是会忐忑地问我有没有受伤，有没有安全的落脚处，问我什么时候回家，你不停地嘱咐我，要我在撤离的时候跟着大部队，跟着集体，如果可能还要照顾别人。我默默地听着你的嘱托，让你放心。你说，没有告诉家里，怕爸妈担心，让我也不要跟家里说太多，自己注意安全。要挂电话的时候，你说，你想我了，让我不要怕，我们很快就能见面了。你给我的这些感动，我都记在心里了，这是你给我的爱，也是无私的爱。

你曾经问我，是爱你的军装还是爱你的人，我很坚定地回答你，爱的是你的人，等到你转业退伍回来，我依然会爱着你，到那时，我们就可以天天在一起，用心工作，经营家庭，教育孩子，孝顺老人。现在，你身在军营，我只希望你每次执行任务的时候，注意安全。虽然我知道你的责任和使命，都要求你会在执行任务的时候冲在最前头，在发生危险的时候，把生的希望给别人。但是，我还是希望你可以为了我和女儿，一定一定保护好自己。我和孩子在家等你。

兵哥，嫁给你，我和女儿只能默默地站在你的左手边，因为你说，你敬礼的右手属于祖国！

爱你的婷

2018年4月

妈妈在哪儿 哪儿就是家

苏 萍 中铁二十四局浙江公司

亲爱的表姐：

你好!

我前天中午去看望了躺在家中病床上你的母亲，一进家门看见她睁着双眼痴呆呆地盯着屋顶像是在寻找什么，她一见我把目光转向我轻声说道：“姑娘，你来了啊。”快半个多月没见，她又消瘦了许多，我和她说了好多话，虽然她说话的声音很轻，甚至好多话我得把耳朵凑到她嘴边才能听清，但从她的表情上看，她挺开心的，也愿意和我聊。旁边照顾她的阿姨对我说：“她最近不太好，吃不下饭，晚上觉也睡不好，经常睁着双眼看着屋顶，也很少说话，今天你来了她才说了这么多。”我问了阿姨你们姐弟三人经常来看她吗，阿姨说：“来是来，不是经常来，有时半个多月或一个月才来一次，但来了会买好多东西。”

表姐，听了阿姨的话，我心里很难过。我从小随着你和二表姐叫你母亲“妈妈”，我们也像亲姐妹一样无话不谈。你还记得我们小时候妈妈经常带着我们出去玩，每次买好吃的都是以你为重点，只要你喜欢的妈妈就买，为了这事二表姐还经常生气，嫌妈妈偏心；你还记得妈妈年轻的时候是怎么照顾我们外婆的吗？本来外婆一直住在我家，由于我妈工作忙没有时间照顾她，你母亲就把外婆接到自己家里，精心伺候一直到外婆终老。

那时妈妈曾说过:“久病床前无孝子。”你听了后,还埋怨她乱说话,并说:“等你老了我们会好好照顾你的。”这一切你还记得吗?孝敬父母,关爱帮助父母是中华民族的传统美德,是先辈们传承下来的宝贵精神财富,是我们每个儿女应尽的义务,也是义不容辞的责任。现在妈妈病了,长期躺在床上生活也不能自理了,这时候正需要儿女为她做点什么了。其实她想要的真的不多,她并不需要我们送去多好的水果、多么贵重的补品,她需要的只是我们的孝心和关爱,能够经常回家看看她,陪她唠唠家常,聊聊由她一手带大的外孙和孙女,这些都足以让她感到欣慰和温馨。以前你也曾向我流露过妈妈太烦,一件事说了又说,但是你可曾想过,我们已长大成人,妈妈却越来越老,她记性没以前好、思维开始迟钝,说过的话总以为没有说过,反反复复,唠唠叨叨。做儿女的现在能做的就是让她幸福快乐地度过余生,给她创造一个充满爱的和谐的家庭以安享晚年,这既是她的幸福,也是我们的幸福。我们要像小时候妈妈对待我们一样,耐心、温柔地对待她,体谅她的唠叨。老舍说过:“失去了慈母便像花插在瓶子里,虽然还有色有香,却失去了根。”

表姐,最后我要说一下,我临走时妈妈始终紧紧地拉着我的手说:“姑娘再坐会儿。”我当时眼泪就止不住地往下流,看着她依依不舍的神情真让我心疼。要不是下午上班时间快到了要赶回去,我真想多陪她聊会儿。

看了信后请你三思,母亲是没有什么可以替代的。妈妈在哪儿,哪儿就是家,就是最快乐的地方,多去看看她陪陪她。

此致

敬礼!

表妹:苏萍
2018年3月9日

致我愿携手终老的爱人

宋 敏 中国铁建港航局

亲爱的：

最近在公司纪委来项目部进行廉政建设交底的时候，谈到那么多的警示案例，令我感慨颇多。今天是礼拜天，你像往常一样，值班、加班。为了博览城配套工程能够如期交工，我已经记不清你上次陪我和宝宝共度周末时光是什么时候了。有那么多话，那么多忠告，想要与你诉说，可是，即便是在同一个项目部，我们也见不了几面，说不了几句话，思来想去，便提笔给你写了这封信。

2015年5月，你来到现在的公司；2016年11月，你凭借自己出色的表现，赢得公司领导的认可，从一名技术主管成为项目部总工。相对于同期入职的同事，你的发展速度可是说是比较快的。可也是从那时起，你身上的担子更重了，需要处理的工作更多，接触的人，自然而然，更多面了。在最初那股为你升职感到雀跃的热度退却后，我换了一个角度，开始重新“审视”你。

作为项目部领导班子成员，你拥有着不大不小的“权力”，而我的担心也随之到来。日常工作中的“蝇头小利”可能会与你相伴，“办事经济”也可能会给你带来一些或大或小的甜头。但一个人如果不能很好地约束自己、端正自己的位置，很可能会让自己陷入生活的泥沼，不能自拔。

“妻贤夫祸少，子孝父心宽”，作为愿与你携手一生的妻子，我明白，我肩上又增加了一重责任，那就是我不仅要做你的“贤内助”，还要当好你廉洁从业的“廉内助”。

亲爱的，我一直都知道，你是一个家庭观念很重的人。你说，现在年轻，苦点累点没关系，学到的都是自己的。你说，现在努力工作，是为了给我和宝宝创造更美好的未来。可是，你一定一定要记住，是通过脚踏实地的工作，来换取我们一家的幸福。因为现实生活中，有太多人经受不住物质的诱惑与考验，为了一时的邪念、贪念，毁掉了原本幸福温暖的家！

与港商、私企老板进行肮脏交易，谋取钱财1800多万的云南省原省长李嘉廷，在检讨自己腐败的动机时说：“其实就是想在退休前，利用职权给孩子谋点利。”可结果，他的爱子李勃被判有期徒刑15年。这或许是他这个做父亲做梦都不愿想到的吧！

腐败者就如过街老鼠，人人喊打，甚至以诛之而后快！而廉洁者则如高山流水，处处受人景仰。于国于家，我们都不应做那千夫所指、让人唾骂的“过街老鼠”；于家于国，我们为何不做那廉洁队伍中让人钦佩的一员。

亲爱的，你知道吗？当初选择嫁给你，看中的就是你的老实本分、心地善良。而作为爱你的妻子，我并不求你官袍加身、腰缠万贯，要的是一辈子的平安、幸福与温馨！在我们耄耋之年，能够相互扶持。

老公，我要你廉洁奉公，按照党员干部的要求做好自己的工作；我要你好好珍惜现在的工作岗位，不做违背良心的事，不要因为点滴的“利益”而做对不起党、对不起家人的事！我要你在工作中尽职尽责，做最好的自己！你一定能做得到，我相信！

白头偕老 | 晏萍 中铁二十三局

亲爱的，今年是我们结婚的第五个年头，五年来，我作为你的妻子，心安、幸福。漫漫人生路，我们还有第二个五年，第三个，第四个……我要与你并肩而立，看海上生明月；我要与你伏案而坐，陪儿子泛舟书海、埋头苦读；我要与你携手同行，看最美夕阳红……

最后，我想用《习近平关于党风廉政建设和反腐败斗争论述摘编》中的一段与你共勉：一个人能否廉洁自律，最大的诱惑是自己，最难战胜的敌人也是自己。一个人战胜不了自己，制度设计得再缜密，也会“法令滋彰，盗贼多有”。希望同志们“吾日三省吾身”，做到严以修身、严以用权、严以律己，谋事要实、创业要实、做人要实。

爱你的小霸王

2018年4月15日

感谢你擎起这片天

王爱茹　中国中车洛阳机车公司

孩子他爸：

夜色更深了，那些温暖又明亮的万家灯火正在渐次熄灭，疲累了一天的人们都渐渐沉入梦乡，而辛苦的你，还未归；等你的我，难入眠。桌上的饭菜，热了又热，我站在窗口，看了又看。

荏苒的时光流逝，深深地感知身为男人的不易，已然到了上有老下有小的年纪，肩上的担子越来越重。每每看到忙碌疲惫不再年轻的你，内心都会充满深深的疼惜和感谢。

感谢你，为了这个家，每天闻鸡而起，披星而归，百般的辛苦不易，只为用勤劳和努力挣得菲薄的收入，支撑起我们这个平凡的家。每天的柴米油盐酱醋茶，滴滴粒粒结晶着你的汗水和付出。每次劝说你停下来休息休息，你总是说："不年轻了，能挣一点是一点，儿子大了，上学、结婚，今后用钱的地方多着呢！"这些年来，你休息的周末和节假日，真的是屈指可数。可是我，从来没听到你说过一句怨言。

感谢你，无论多忙多累，你始终没有忘记自己身为子女的责任和义务。每周总有几个晚上，你要留在你的母亲身边，照顾偏瘫的老人起夜大小便，第二天清早，还要张着布满血丝的眼睛给父母亲做好饭，再匆

星空 | 王颖 国家铁路集团总公司宣传部

匆忙忙地去上班。有时我会问你累不累，你总是说：“还能陪他们多少日子？累点心里踏实。”你的话总是这样，从来没有华丽的语言，既不风趣也不幽默，可是总能生发我深深的敬意。

感谢你，几年来，一直力所能及、无怨无悔地帮我照顾我的父母。父亲因为脑血栓后遗症，行动愈发迟缓，身为女儿家，不禁让我为父亲今后的洗浴犯了难，可是你轻描淡写地说：“只要我有空，就带爸去洗澡。”于是，父亲的洗浴任务就成了你和妹夫的责无旁贷。偶尔连休的节假日，你总是开车让我拉着爸妈出去转转，看看这个城市的变化，吃点他们没有吃过的美食。你所做的一切，我从不曾说过感谢，可我的内心从来没有停止过感谢，所以我也会对公公婆婆加倍地好，回馈你的善良真诚。

感谢你，为了我，改变了那么多，隐忍了那么多。二十多年的朝夕相处，你对我极尽包容忍让，事事不争锋，处处有相让。脾气急躁的我，常常对你大呼小叫，百般挑剔。作为家里独子从小被宠大的你，却总是云淡风轻地一笑而过，每每让我尽情发泄，满足我小小的“控制欲”。用你的话说，是打不过我呢，还是吵不过我？你的大度和无言，是我们这个温暖的家里最长效的“灭火器”。原本单调木讷的你，为了附和我的浪漫文艺，记住了所有的节日、生日、结婚纪念日。一束鲜花、一盒巧克力、一场电影、一顿刻意安排的饭局……所有琐碎的片段，让我们平凡的日子变得熠熠生辉，充满生气，让我们不再年轻的生命始终保持着鲜活和生机。

孩子他爸，对你的感谢，三言两语难以道尽。我多少次内心暗暗庆幸在茫茫人海中遇到了你，虽然没有丰厚的财富、犀利的口才、游刃有余的能力，甚至有着过多的单纯和憨直，可我们的小日子始终过得踏实、心安、舒适。良好的家庭氛围，让孩子一直觉得自己是个幸福的人，你的所作所为，潜移默化地让我们的儿子也出落得阳光、正直。

小区的路口闪起刺眼的车灯，那是晚归的你吗？让我把饭再热热，端给披星戴月的你。

老婆大人

2018年5月

我陪您变老

赵宇鹤　中铁物资华东集团钢板桩公司

亲爱的妈妈：

您好！

当我写下这封家书，脑海中浮现着两个字——感恩。

感恩您将我从牙牙学语的孩子培育成人，感恩您教我品味生活，感悟人生，更感恩您将家风家教深深地刻在我的脑海里。

说到家风，我们的家风一定是“独立”二字。在我出生后，爸爸因为工作调动到另一个城市，您独自陪我度过了襁褓中体弱多病的时光。这段经历也成了之后您在家中“炫耀”的资本，记得您经常得意地笑道：“我对自己说再坚强一点，等你长大了什么都值得。”

就这样，我上小学了，爸爸回来了，可从小教育我要独立的您，开始了早出晚归的创业生活。创业是辛苦的，创业者的孩子也是坚强的。因为爸爸不会给女孩扎漂亮的头发，我早早学会了自己扎起长长的辫子；因为不想让您担心，我努力学习争取拿优异的成绩换您的笑容；因为“独立”的家风印在每个人的心中，我们的家庭仍旧和谐快乐，我也迅速地成长。

当您的事业步入正轨时，换我离开了家。我到了另一个城市读大学，而后又在你们支持与鼓励下去到另一个国家继续学习。周围的人很不解，你们就一个女儿怎么舍得让她出去呢？可听到这个疑问时，您也十分不解，为什么女儿要留在身边？妈妈您从小教育我，女性要有自己的思想，不依附于任何人。在这种思想下我努力充实自身，细致生活，努力成为和您一样的人。

妈妈，还记得我们的第一所房子在铁轨旁，你们经常抱着小小的我站在铁轨边，看着一列列火车疾驰而过。我在列车的轰鸣声中长大，而你们在慢慢变老。

我经常想，时光能不能走得慢一些，这样我可以把你们的每一缕发丝、每一处皱纹都看得仔细。工作后我经常往家里邮寄各类保健品、护肤品，一次电话中您却悠悠地对我说时间在身体上留下的痕迹哪是能用这些保养品消除的，这是我第一次意识到时间的残酷。那周我买了回家的车票，您很惊讶我回家的突然，我却只想给您这个“独立”女性一个拥抱，告诉您“我爱你”。

上个月看了一篇文章，“假设你现在30岁，你的父母60岁。每年法定节假日回家看望父母，一年待在家里的时间总共不到一个月。假设你和你的父母还能再相处30年，那么你真正能陪你父母的时间加起来只有两年半。”看完之后我几乎崩溃，却也下定决心努力工作，争取将你们接来我的身边，及时尽孝，一起度过余下的人生。

妈妈，您陪我长大，我陪您变老。

最爱您的女儿

2018年4月12日

谢谢您　老男孩

周梦娟　中铁特货乌鲁木齐分公司

亲爱的老男孩：

此刻夜深人静，窗外仍是淅淅沥沥的雨声。25年前也是在这样的雨夜我第一次遇见你，此刻回忆涌现，往事成为时光中最温暖的念想。

时间的脚步匆匆，转眼间25个花开花落已从指尖悄然溜走，而你也从一个风华正茂的小伙子，变成了一个成熟稳重的老男孩。过去常想：我于你意味着什么？现在，25年的四季轮回已经告诉了我答案。

1993年的秋天，是一个收获的季节，你说，这也是你生命中硕果累累的秋季，因为你收到了上天赐予你最好的礼物。我从呱呱坠地到咿呀学语，从步履蹒跚到雏鹰于飞，你付出的不仅是时间和精力，用你的话说，你是在用生命感受新的角色，在用岁月衡量爱的深度。那一年，你用你的青春开始扮演生命中另一个重要的角色。

1997年，我4岁，全家人住上了新楼房的5楼。由于年纪小，又缺乏"锻炼"，每次到3楼就上不去了，你就左手抱着姐姐，右手抱着我，一口气到家门口，你说当时就感觉手里抱着全世界，幸福得很。那时候家里条件不是很好，为了给我们更好的生活，你白天上班，晚上跑出租车，把所有的精力和时间都倾注于我们的家，脸上却是满满的幸福。那

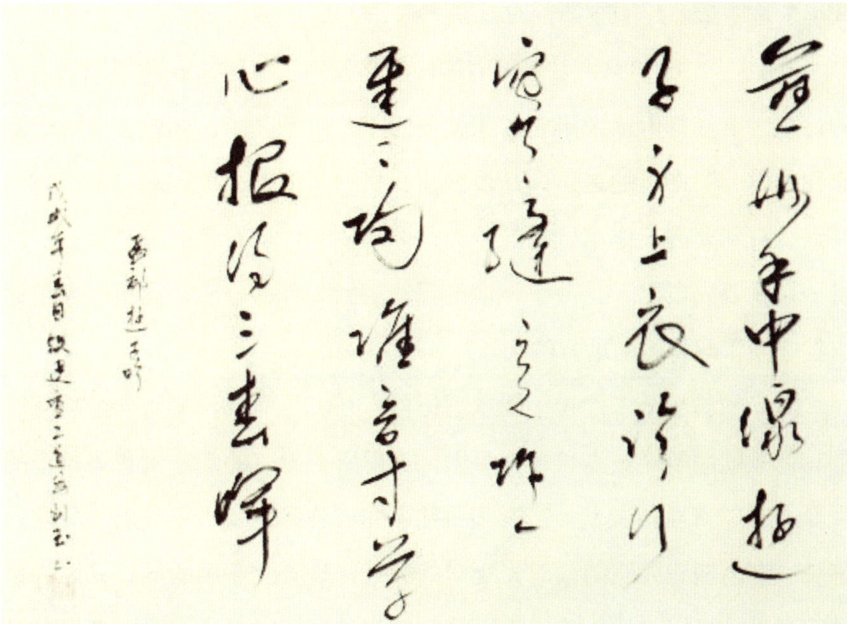

游子吟 | 刘玉 中国铁建重工道岔分公司

一年，你努力地用你坚实的肩膀为我们撑起一个家。

1999年，我7岁，被开水烫伤脸，你没日没夜地照顾我，包起我的十指，收起所有能让我看到自己东西，你让我坚强。可是在那个酷热难耐的午夜，我分明听见了你哽咽的声音，看见了你红色的眼眶，你怕留下伤疤后我会一辈子不自信。以后你到处打听伤疤恢复的方法，不厌其烦帮我敷脸，谢谢你的用心良苦，现在的我和别的女孩子一样，自信也爱美。那一年，你用你所有的付出留住了我对未来美好的憧憬。

2012年，我19岁，正在准备人生最重要的一场考试，也许是压力太大，几次模考都不尽人意，就在那个假期我说要放弃，你什么话都没说，收拾行李带我去旅游，站在城市的高处，看着万家灯火，我清楚地记得你说："有一天，我希望远处的灯火有一盏是属于你的。"我的心突然就平静了，因为我不想让你失望。那一年，你用你生活的智慧照亮我追梦途中最黑暗的黎明前夕。

2016年，我23岁，看着周围的同学都找到了工作，我急得像热锅上的蚂蚁，给你打电话说毕业后我就要回家“啃老”了，你说：“行，回家我养你。”幸运的是，离开校园前我找到了工作，但我却看不出你的高兴，直到要去工作单位的前一天，你喝多了，拍着我的肩膀说：“以后一切就要靠自己了，孩子，你是我的骄傲。”那一年，你用你鬓角的银丝守候着即将飞向远方的我。

时光的脚步从未停止，我永远记得，在我生命成长的每一个瞬间，都有你默默地陪伴。漫长的岁月里，你用所有无言的爱守候着我整个的青春。25年青丝转白发，当时间将往事变成陈酿，我终于品出了父爱的悠长。渐渐地我才明白，时光蜿蜒的深处，是脸上布满的皱纹，以为褶皱间爬满的是岁月的伤痕，然而缝隙间都是深沉的爱。亲爱的老男孩，感谢你陪我走过的每一天，未来的日子里，让我们用对彼此的陪伴来品尝生活的甘甜，无论走到哪里，都会是生命中最美丽的风景。

遇见我，在你的青春之年，陪伴我，却在你生命中的每一个晨曦与黄昏。感谢那个陪我走过青春的老男孩，是你让我懂得，简单的爱，最长远；平凡的陪伴，最温暖。

你的小女儿：俏
2018年4月19日

有爱才有家

赵婧娟　中铁快运太原分公司

敬爱的姥爷：

每当逢年过节，看到一家老小其乐融融的样子，就想对您道一声“感谢”；每当您艰难抱起瘫痪在床的姥姥时，每当您为了子女，甚至是子孙的事情奔走忙碌时，特别想对您说一声“感谢”。可是这么多的感谢，都被自己忙碌的生活遗忘，这么多的感谢，让您等到白发苍苍。这么多说不出来的感谢，我不想一直埋藏在心底，今天就用这种传统的方式，写信告诉您，倾诉我对您的感激和崇敬之情。

姥爷，听妈妈无数次自豪地说，您是那个年代的高级知识分子，一辈子都住在垂柳依依、河畔青青的大学校园里。您和姥姥的爱情，应该也是在那里邂逅的。虽然我不知道你们有着怎样一个幸福的青春，但我看到的是一个特别浪漫而辛苦的晚年。

姥爷，如今您已是87岁高龄了，日复一日在做的事情，就是给瘫痪在床的姥姥打针、测血糖，一天3次，从不会忘记，从不敢怠慢。一年就是1095针，一打就打了30多年，手越来越抖，眼越来越花。年事已高的您，估计连您自己也不知道多久没迈出过学校大门了。还记得吗？去年夏天，您给姥姥测血糖，血糖试纸显示了一个血糖高到测不出来的符号，说明书上也写到了这个符号，证明得马上就医了。慌乱中您不知道该怎么办，一次一次地给姥姥测着血糖，把姥姥抱到轮椅上就往学校外推，这么多年没出过校门的您，凭着很多年前的记忆，把姥姥往附近的医院推，一对白发苍苍的老人，等候在医院长长的走廊里，您就像一座山，屹立在姥姥的轮椅后。当母亲讲这一幕给我听的时候，我潸然泪下，质疑地问姥爷为什么不寻求孩子们的帮助，妈妈说您怕影响我们的工作，就选择了所有困难自己扛。

想起您，脑海中总是不停跳动着这些画面。拼尽全力给姥姥翻身的那一瞬间；在洒满阳光的午后推着姥姥轮椅的一回眸；早餐在小摊给姥姥买一碗老豆腐回家时的笑容。一辈子保持节俭的您，把好吃的好穿的全部买来给姥姥，我们带去的新鲜水果，您过生日的蛋糕，都要先给姥姥尝一口。您对姥姥的爱，胜似神仙眷侣的浪漫。您常说："老伴老伴，老来是伴。"久病床前，您倾尽所有的付出。谢谢您！您让我懂得了什么是爱，如何用一生去践行爱的诺言。

还记得我哥在大学期间，因为是子弟，不好好学习，经常挂科，家里无人知晓。毕业时因为有一门成绩不及格，不能按时毕业。记得当时您气得满脸通红，硬是代替儿女教育起孙子来，严厉批评了哥哥，并且责罚他写了一夜的检讨书。您说："国有国法，家必须有家规！"哥哥当时很不服气，如今却很羞愧。因为后来他才知道，是您迈着蹒跚的脚步在学校里给孙子寻找一个补考的机会，一次次地去找挂科老师询问孙子的问题出在哪里。桀骜不驯的姥爷，那个自信到高考都不给我母亲查分的父亲，那个说一不二、为人师表的倔强老师，却默默地为孙子放下了尊严，在责备、不满意之间付出您的关爱。谢谢您！您让我懂得了什么是家规，什么是慈爱。

在我记忆里，您可是每天凌晨四点就要出门锻炼的人，是个精神矍铄的老人。可是您呀，太会隐藏了。我父亲近期腿疼，一直在吃药，您知道后试探地问我父亲能不能给您吃点。我们这才恍然大悟，言语的逞强，表面的刚毅，难以掩盖岁月的无情，看似健壮的姥爷真的已经老了。我们赶紧给您买了一副拐杖、在家安装了一排扶手。您常说：“打铁还需自身硬，靠谁不如靠自己。”谢谢您！您让我懂得了什么是坚忍，什么是刚强。您的岁数渐渐大了，请让我们把爱给您奉上。

姥爷，我感谢您，也爱您，您所做的一切，我看在眼里，感恩在心上，更要去继承和传承，续写爱的无私和无畏，给您一个幸福的晚年。

祝您身体安康！生活幸福！

爱您的外孙女

2018年3月20日

妈妈 我爱您

王宇潼 铁科院集团公司环保所

亲爱的妈妈：

提笔写这封信的时候，我才发现已经很久没给您写信了，上一封信还是我在上小学时写的呢！

不知不觉中十几载从身边溜过，我不禁感叹，时光如白驹过隙，那个曾经懵懂无知的小孩在慢慢长大。如今，我已不再稚嫩，不再依赖您的呵护，顺利完成学业后走入了职场，也开始学着您的样子经营自己的事业和家庭。不经意间我发现，细细的皱纹已悄悄地爬上了您的眼角。我不由得叹息，今天的您已不再年轻，不再身姿矫健！可是您知道吗？在您面前，我永远是那个您从幼儿园接回家时坐在自行车后座上唱一路儿歌的小孩儿，一直都是被您捧在手心里无忧无虑的孩子……

在我的记忆中，您永远是那样的忙碌。因为您和父亲工作都很忙碌，不能按时下班，我从小就习惯了放学后自己回家，写好作业后等您回来，而您总是在《新闻联播》结束后，才会“姗姗来迟”。来不及歇会儿，您就一头扎进了厨房又忙活上了。常常是吃过晚饭，我就该睡觉了。有好几次我从睡梦中醒来，朦胧中发现您还在台灯下伏案工作。后来，等我长大了，您告诉我，当时您是在查阅字典，翻译资料。我常不解地问，您难道不累吗？您总是笑着说，时间留给有准备的人，只有不断地学习、不断地充实自己，机会降临之时才能挑起大梁担起重任。现在我终于明白，要不是当时您的坚持和积累，一步一个脚印地努力勤奋工作，您哪会有日后出色的工作成绩和得到领导的肯定、同事们的称赞。

记得在我上初中时，学校要举办14岁青春礼让家长给孩子们准备一份礼物。同学们收到的大多是平时许愿而不可得的玩具、书籍等，而我收到的礼物却与众不同——您精心制作的一本相册。相册里装满了从我出生到14岁每一个成长阶段里最有代表性的照片，张张照片都附有详细的说明，我如获至宝，珍爱至今。您在相册扉页上写满两页纸的《写给女儿的话》，细数了我成长中的点点滴滴，字里行间流露出您对我的关爱、赞美和期许，如爱的涓涓细流，滋润着我的心田，伴随着我成长，也督促着我一直努力前行，直至今日。

记得在2009年，高中毕业的我远赴重洋开始了留学生涯。此后，每次出发，让我最难受的是承受着您饱含不舍、期望和关切的目光，我咬着牙不回头，走过长长的旅客通道。让我最开心的是放假回北京，在首都机场到达处看到手捧鲜花、笑颜如暖阳的您。让我最痛苦的记忆是2013年的一个平常的周末下午，我跟往常一样和您视频聊天，说着说着，您突然哽咽了："之前跟你说我把头发剪短了，其实是骗你的，其实我头发都掉了。"一刹那，前几周您在并不清晰的镜头前闪烁的眼神、经常戴着的帽子……突然清晰地连成了一条残酷的线，勒得人喘不过气来。我从来没有想过，一直都说"我身体可是很强壮健康呢"，遇到体力活或辛苦劳累工作时永远冲在别人前面的您，竟然会患上"不治之症"！这一刻，我们隔着千山万水，对着视频崩溃大哭。还是您主动安慰我，告诉我病情不是很严重，只要配合医生积极治疗是一定可以战胜病魔的，我的心情才稍微平复些。在治疗结束后，您在第一时间回到了工作岗位上，每天的工作量相比患病之前一点儿都没有减少。您又回到了从前忙里忙外、昼夜少休的状态。您乐观积极的态度，直面病魔的勇气让身边所有人都对您充满了敬意。我钦佩您坚强的毅力，但更担心您的身体，心疼您！

妈妈，我想对您说，您曾用坚实的臂膀为我撑起了一片蓝天，让我展翅翱翔。而今，我也要用日益丰满的羽翼为您遮风挡雨，报答您的养育之恩。谢谢您对我潜移默化的影响，让我变得更加成熟、自立、坚强。妈妈，您总说："我得再多陪你们几年呀！"我却想让您再陪我几十年！妈妈，在母亲节到来之际，我想对您说，我希望每年都能带着您去旅游，让我紧紧地拉着您的手，就像小时候您拉着我一样。我愿拉着您的手，直到您慢慢变老……

妈妈，我爱您！

爱您的女儿：宇潼

2018年5月

嘿 小伙儿

李 婷 中铁特货济南分公司

嘿，小伙儿：

认识七年了！还清晰记得第一次把你抱在怀里软软的感觉，转眼间你就长到了我的胸口，何其有幸让我成为你的妈妈。从最初那个陌生的小人儿到如今让我牵肠挂肚的你，从最初的牙牙学语到如今的伶牙俐齿；从最初的蹒跚学步到如今的跆拳道小子、足球小将，我又何其有幸见证着你一点一滴的成长。

一路走来，你给过我那么多措手不及，又带给我那么多惊喜。闲暇时我喜欢一遍遍翻看你小时候的照片和录像，并常常想如果没有你这七年将是多么的无趣，是你让我懂得生活可以“鸡飞狗跳”，也可以如此美丽。虽然我赔上了睡懒觉的时间、赔上了逛街娱乐的时间，甚至赔上了我的意气风发和雄心壮志，但我一点也不后悔，因为我拥有你。

每天早上准时叫醒你，还没完全睁开睡意朦胧的双眼，一句“妈妈，早上好”，便是我一天好心情的开始。吃完饭，背上书包离开家门，你总忘不了说上一句“see you”，望着你开心的背影我的满足感油然而生。

每天下班后回到家是你的汇报演出时间，你惟妙惟肖地讲述一天的趣事，手脚并用的各种模仿秀，同学间的快乐与不悦，不管你是气愤的还是开心的，在我看来都是一部轻喜剧。偶尔你会耍点性子，有时也会歇斯底里，我一压再压我的火暴脾气，准备和你对抗到底。

嘿，小伙儿，当你妈妈，也着实不容易。其实作为妈妈本身就是一个矛盾体，我多想盼着你长大，我又多么不舍得你长大。七年，养育是一段艰辛却又快乐温暖的旅程，陪伴是我能做的也是心甘情愿为你做的事。

嘿，小伙儿，总想让你长成我想要的样子，所以我变得唠叨又啰里啰嗦，有时自己都讨厌自己，你反感也是有些道理。总教你吃亏是福，又一遍遍告诉你与同学要搞好团结，珍惜友谊，“大度、大气、大方”的理论你还是似懂非懂，这也不能完全怪你。

对于学习，我一直说是你自己的事，你要从此刻起养成好学的习惯，在读书中、在求学时、在旅途上、在和小朋友的嬉戏玩耍中，都是你学习的好时机。就像我们小时候学走路、学说话，长大后学文化、学本领，成人后学习立身之本、处世之道一样，把学习当成一种习惯，把好学当成一种技能。珍惜你现在的美好生活，珍视时间的宝贵，珍爱值得你学习的每一个人。

你现在的努力都是为自己拼个好的未来，我能帮的就是提醒你、监督你、约束你。当然，你的不断进步也让我很欣慰，你的优异成绩甚至让妈妈有点小得意。每每拿出你的书法作业、你的考试试卷，看到你矫健身手的跆拳道、越来越像样的足球，妈妈的笑都是发至心底的，你是我的骄傲，这一点我从未怀疑。

但是小伙儿，我还是想叮嘱你几句。你已经是个小男子汉，从现在起需要对你做的一切事情负责。

首先，你要学会自立。有了足够强的自立能力，你才能从容面对生活中的各种困难，这一点可以从现在做起、从生活中的点滴努力。

其次，你要学会自信。你要相信自己是最棒的，很多事情是可以通过自己的努力做到的。不要把“我不行、我不会”挂到嘴边，不要害怕，一定要去尝试，哪怕失败了，最起码你努力过了，在失败中也能有所得。

最后，你要学会自强。自强是一种“威武不能屈，贫贱不能移，富贵不能淫”的气度，自强是一种困难压不倒，厄运不低头，危险无所惧的靓丽操守。对于现在的你自强就是在面对困难时勇往直前、奋发向上、积极乐观的态度。同时，妈妈也要学会放手，给你自由的空间，让你尽情展现本性，快乐成长。

嘿，小伙儿，是不是我说的道理都太大，离你貌似都有些遥远，你一时理解不了也有道理，这是为娘的未雨绸缪，当我儿子你也确实不容易。但孩子，你的人生是你的，你一定要有自己的主见，自己的看法，走完你人生的永远只能是你自己，每一个抉择都只有你自己来做，任何人替代不了你。我能做的只能是做你助飞的翅膀，想要飞得高飞得远，只能靠你自己。但你永远记得，只要你是快乐的，我们就是幸福的。

嘿，小伙儿，我又开始怀念把你抱在怀里的感觉，乌溜溜的黑眼睛和你的笑脸。我也憧憬你长大后的模样，可以把我搂过来，拥在怀里，再说一句：“妈妈，你在我眼里最美丽！”

永远爱你的妈妈

2018年4月

陪儿子一起慢慢成长

李　苓　成都局集团公司成都生活管理段

亲爱的阳儿：

近期我们铁路工会开展了一项活动，写一封家书。妈妈作为一名老的铁路基层工会工作者，在组织职工积极参与活动的同时，也有了提笔写一封家书的冲动。

回想起来，在现代网络发达、通信便捷的今天，妈妈一直都没给你写过一封家书，借此机会正好和你交流一下你成长过程中的点点滴滴。

儿子，你今年24岁了，作为一名清华大学硕博连读的学生，妈妈及家人一直为你取得的成绩而感到骄傲和自豪，也一如既往地关心和支持你。你的小学母校“电子科技大学附小”将你纳入杰出校友荣誉室，还请妈妈作为学校“家长资格认证”的专家评委。还有许多亲戚和朋友常常夸奖你，向我们“取经”谈谈是如何教育你的。

儿子，在你24年的成长经历中，妈妈就自己慢慢陪你长大中感触最深的几点和你交流，了解你的感受，好吗？

在你成长的过程中，妈妈认为首先是“好习惯”，树立你良好的习惯，受用一辈子。

你出生时，家里和你同辈的都是女孩子，你可谓是家里的“贾宝玉”，生活在众星捧月中，大家都惯着你，当时的妈妈是真的怕，怕你被惯坏了，只能像“后妈”一样坚持“原则”，下决心从小给你养成应有的好习惯。

记得你刚两岁时，妈妈就让你去幼儿园上学，这件事情让你爷爷、奶奶以及你爸爸都不理解，甚至反对，他们觉得才两岁的小孩子，在家里有大人的照顾和宠爱比在幼儿园让老师照看要好太多。但在大学当教授的二姨、中学高级教师退休的外婆以及铁路局党校退休的外公，三名教育前辈强有力的支持下，力排众议坚持了下来。我清楚地记得二姨一再说，从小养成好的习惯，长大了他就会主动学，你想不让他学都不行。当时我还将信将疑，但依旧认真地去执行。

记得妈妈一直告诉你，你也有一双小小手，自己的事情应自己做，学习是你自己应该做好的事情，我们每个人都应该做好自己的事情，家才能更好。

在我们的一再帮助教育下，你能够较好的树立良好的习惯，譬如我们协商好你自己在每晚临睡前检查收拾好第二天需要的课本、红领巾等，如有遗忘家人绝不请假送到学校。可上学才刚十几天，你就因第二天调课，没带音乐书被老师罚站，出现几次错误我们都没有给你送东西到学校，你就慢慢懂得了，自己的事情自己负责，不等不靠。

还有，妈妈一直告诉你做作业必须自己认真做、认真检查，说实话当时妈妈检查你作业时，发现你做错了，并没有给你指出来，只要是你认为检查好了就签字。那时班上同学的作业因为有了家长的检查基本上都对，你却经常出错，回家很不高兴，总希望家长帮助你检查，但我们坚持只有靠自己，不能靠家长，久而久之你学习的事情便不再依靠我们。

所以妈妈认为“好习惯”的养成很重要。后来你上高中，特别是你在浙江大学上学时，一直是“学霸”，年年拿奖学金，妈妈有些时候都认为学得差不多就行了，但你始终能够对自己要求严格，努力做最好的自己。

在你成长过程中，妈妈认为其次是“赏识”，表扬有佳，做到赏识教育，引导你树立自信心。每个孩子都有他自己的优势和闪光点，家长要善于发现，这样才能树立孩子的自信心。

从小家族里面几乎周末都会组织孩子们进行各种表演，手工、唱歌、讲故事、吹萨克斯等等，凡是孩子们自己愿意分享的都可以，全家人津津有味地观看、鼓掌、点评，给你们一个充分展示自己，树立自信的广阔天地。妈妈感触最深的是你报考浙大这件事，你高一的时候告诉我你的目标是考浙江大学，并且在你手机提示语一直写着——浙大等着我。说实话，当时你在成都七中一百名左右的排名和浙大的录取分数线真的有较大的差距。高三你参加浙江大学自主招生失败，加之学习进入瓶颈，你慢慢地降低了自己的目标，手机提示语也变了。这时我很冷静地和你认真分析原因，制定出解决问题的办法，虽然心里很急但没有对你有任何的埋怨，支持你坚持自己的最初目标，圆满完成自己的高中生

交相辉映 | 付佳 南昌局集团公司厦门工务段

涯。

最终，在我们的“赏识”下，你不负众望，高考成绩在七中名列前茅，实现了自己的目标，圆梦浙大。

在你成长过程中，妈妈认为还有就是“兴趣”，“兴趣”是最好的老师，“路”由你自己选择。2012年，在你高考成绩出来后，我们全家人都很高兴，家里搞教育的人也多，都帮忙出主意报学校选专业，而你却选择了应用生物科学专业，你很认真地问我们“是你们学还是我学？”于是我们都尊重你的第一志愿填报浙江大学的应用生物科学。

因为“兴趣”，上大学你果然能门门功课全优，在专业排名第一，并且保送清华大学硕博连读。

儿子，这是妈妈第一次给你写信，唠唠叨叨地谈了一些你成长中的感受，你认可吗？不管怎样，阳儿你永远是妈妈的好儿子，妈妈永远爱你。

妈妈真心希望你永远像你名字中的“阳”一样阳光灿烂、阳光明媚，不仅要学有所成，更重要的是要过好每一天，开开心心、快快乐乐一辈子。

儿子，妈妈很开心，在陪你慢慢长大的过程中，妈妈也和你共同成长、共同收获了成功的喜悦！

爱你的妈妈：李苓
2018年4月20日于蓉城

你的生命对我很重要

第三章

粉墨人生 | 王峰 济南局集团公司铁路文化宫

你的生命对我很重要

马庆立　济南局集团公司济南西机务段

女儿：

见字如面！这不是妈妈第一次写信给你，却是第一次和你沟通生命这一令人生畏的话题。

就在上个月，你们学校初二的一名女生，不知何事，或许因为学习辛苦，或许因为父母、老师对她的关心少一些，或许因为其他不起眼的小事情，她竟然无所畏惧地从十三楼跳下，结束了花一般的生命。我惊诧于她的无知，心痛于她的鲁莽，更被你谈及此事时的轻描淡写所吓倒。你可知，她这纵身一跃，带走的不仅是父母的半条命，还带来了她妈妈的啼血含泪、她爸爸悲痛欲绝的后半生。

宝贝，妈妈依然清晰地记得：2005年9月29日19时19分，你来到这个世界上的那一刻，我们母女四目相对，尚在全麻状态浑身动弹不得的妈妈感动得热泪盈眶。感谢老天爷把你赐给我。因为你，我们是如此的幸福，你是爸妈一生中最大的骄傲。

一晃之间，你已经由一名蹒跚学步的小丫头，长成了比妈妈还高半头的大姑娘。作为母亲，我一直尽最大努力给你最好的，可是，我依然做的还不到位。因为我发现你的成长中严重缺失了非常重要的一部

心有猛虎 细嗅蔷薇
周丹 太原局集团公司晋太公司

分——对生命的敬畏。

宝贝，发生在你四岁那年的走失事件，不知你是否还有一点记忆？可是，对于妈妈而言，却一直是一个梦魇般的存在。请容许妈妈慢慢揭开这份有着撕裂般疼痛的记忆，希望能为你补上对生命的敬畏这一课。

那是一个春末夏初的周六傍晚，爸爸出差在外，从老家来看望你的姥爷带你去三里之外的菜市场买菜，妈妈像往常一样收拾家务，准备晚饭。大约在你们离开家半个多小时以后，我接到一个陌生号码打来的电话，里面传来你姥爷焦急的声音："我不小心把颜颜弄丢了，我找了二十多分钟，一直找不到她……"我的脑子"嗡"的一声乱了，我听不清他下面的话，冲着电话咆哮："你在附近继续找！我马上就来！"我骑上电瓶车飞奔到菜市场，看到你姥爷满脸大汗，听他讲了你不见的大致经过。我跑遍了菜市场的每个角落，我大声地呼唤你的名字，一个多小时过去了，还是不见你的踪影。伴随着天色慢慢暗下来，妈妈像一个溺水者，感到越来越窒息，我不知道你去了哪里，我也不知道何时才能找到你，妈妈浑身发冷，身体开始发抖，双腿开始发软，我怕到了极点。

为了发动更多的力量，我又骑车飞奔回家，找出你所有的照片，打算拜托左邻右舍以及菜市场的好心人一起帮忙找你。我一进家门一股烧焦的味道直冲脑门，原来是妈妈着急出门，忘记关掉煤气，灶上的稀饭已经被烘干，差一点酿成火灾。就在我拿了照片准备乘右边电梯下楼，眼睛余光看到左边电梯徐徐升上来，我转念一想，我要先看一眼电梯里有没有我的女儿，才能放心。万一女儿自己回到家，找不到妈妈怎么办呢？电梯徐徐地打开了，我简直不敢相信自己的眼睛，站在电梯里满脸泪痕的小人，竟然真的是我的女儿！没等你的一声妈妈喊出口，我一把把你拽到怀里，用尽全身的力气抱紧你，我号啕大哭，我长跪不起……我感谢天，我感谢地，我更感谢自己找回家的你。

我不敢想象，刚刚四岁的你，是怎样从距家三里之外的菜市场，穿越两条车流不息的马路，通过一个没有红绿灯的大路口，一步一步地走回家。后来，你奶声奶气地告诉我："妈妈，我在菜市场玩了一会儿，抬头就找不见姥爷了，就凭着自己对道路的认识，慢慢地往家走。路上累了，还和幼儿园的同学玩了一会儿。我听见妈妈喊我的名字，可惜，妈妈没听见我的声音。过马路时，我走得特别慢，这样开车的人就可以看见我……"在你断断续续的讲述中，我再次泪流满面，女儿，你知不知道，你的机智勇敢，不仅令你自己免于危险和灾难，更重要的是，你拯救了你的妈妈。妈妈不敢想象，找不到你，我该怎样活下去！

那件事过去很长一段时间，妈妈还是多次半夜惊醒，用手抚摸身旁酣睡的你，确认你安然无恙，才敢再入睡。宝贝，再次感谢你，拯救了自己的同时拯救了妈妈。未来的人生有你想象不到的精彩，无论如何，要珍惜自己的生命。孩子，不管世界怎么变化，你的人生路还很长，请牢记一句话：你的生命对我很重要，重要到比妈妈的命还重要！

最后衷心祝愿：健康、快乐，做不可替代的自己！

你的妈妈
2015年5月2日

滴水成泉的爱

周姿君 西安局集团公司绥德工电段

亲爱的妈妈：

您好！

现在算起来和您共同生活已经有十二个年头了，都说婆媳关系难相处，起初我们的关系也并不是很融洽。您是中学数学老师，退休的人民教师。老师这个职业是神圣而又严肃的，可能是您和学生们在一起久了，平时也是不苟言笑的表情，使我见到您总有些许畏惧，也总感觉您没有我自己的妈妈那样和蔼可亲。我也是家里的老幺，被家里的爸妈哥姐宠大的孩子，到了您家也总觉得父母宠爱孩子是天经地义的事情，也许是心理上作祟，总感觉不到您对我的亲昵和宠爱。刚开始相处的那段日子，感觉自己的心中总有一道无法逾越的横沟，使我不想也不愿意主动去亲近您。

自从我怀孕后，您一天至少打三个电话，叮嘱我这样那样的注意。怕我嫌烦就打给您儿子，从您儿子那打听我的喜好。每次只要一回家，不管多晚您都会把我喜欢吃的早早备好，坐在那里等我们，只有看到我吃了，才会安心地去睡。生完孩子后，您怕对我照顾不周，请了一个月嫂来家里帮忙，但您还是不放心，每天晚上都要亲自照顾我，只要我一翻身，就赶紧问我需要什么。每天变着花样给我做各种补品，您说一个女人生孩子本来就是在鬼门关上闯了一遭，更别说我还是剖腹产，更需要细心照料，不能留下任何后遗症。整个月子里，我除了上厕所下床，基本上全是在床上躺着，您根本不让我下地，生怕我留下一丁点不好。一个月子下来，我夸张地长了近三十斤，您却瘦了十几斤，本来就瘦小的您，看着更加单薄，人也比之前看着憔悴了许多。

孩子慢慢地长大，我也逐渐深刻地体会到生养孩子的不易，养儿方知娘艰辛，养女方知谢娘恩。想着公公早逝，您一个人含辛茹苦把7岁的儿子抚养成人，要经受多少艰难和不易，感谢您倾尽所有的付出，让我遇到一个有责任感、有爱心的好老公。

十二年的相处，看似漫长，其实现在回想过来却也是一眨眼的工夫，虽然我们之间也有过一些小的磕磕绊绊，但更多是让我们真正地融入成了一家人。您从刚开始单只叫我的姓，到后来也亲昵地叫起了我的乳名；我从刚开始和老公说“你妈”，也很自然地转变成了“咱妈”；从刚开始一同上街时各走各的，转变成我和您挽着手，儿子和老公跟在身后当保镖……

家庭以爱为根，生活以和为贵。我们工作在沿线，在家待的时间很短，您现在又一个人艰辛地帮我们带两个孩子，您不仅在生活上给了他们最好的，在学习上您更是仔细认真不厌其烦，教育两个孩子从来不马虎。工作在沿线的人，最担心的就是孩子的学习问题，而我却从来没有为此担忧过。每当我听到院子里的邻居夸赞糖糖、果果的时候，您知道，我是有多么地感激您帮我们把两个孩子抚养得这么好。在这里，我想深深说一句：“谢谢您妈妈，您辛苦了！”我在心里暗暗发誓，我要好好地待您，就像对自己的亲妈一样。您没有女儿，我就是您的女儿，挽着您逛街，给您买新衣服穿，带您去吃好吃的，陪您去看从未看过的风景，凡是您儿子没时间陪您的，我都想尽量给您补回来，让您体会有女儿的感觉。每当别人夸您衣服漂亮，您是那么骄傲自豪地说："这是我儿媳妇给我买的。"获得别人的称赞更是喜笑颜开，像个孩子似的。

我们大部分时间在沿线工作，回家的时间真是屈指可数，每次回家不仅没有替您分担家务，还都是睡到自然醒再起床，可您总是早早地把早餐放在桌子上，新鲜的蔬果也已经买了回来，我不好意思问您为什么不叫醒我们陪您一起去买菜，您却总是说："回来就好，回来就好，平时工作那么忙，难得休假，回来就好好休息休息。"心里眼里满是对女儿的溺爱。

亲爱的妈妈，希望咱们家就像歌词里唱的那样，"都是一家人，才进一家门，前世的缘分，今世的恩情，老人是根，夫妻同心。兄弟相挺，儿孙相亲相敬。"您对我们的好、对我们的爱，我都会和老公教育儿子从内心深处感谢、感恩您，想对您说的话太多，无法用文字来表达，只能在今后的日子里用孝顺来报答您。

愿您一切安好！

儿媳：周姿君

2018年3月20日

爱的诉说

孟颜颜 济南局集团公司济南车辆段

亲爱的父亲：

您好！在夜深人静的时候，我有点想您了，几度泪眼迷蒙，只因莫名哀伤；几度心神憔悴，只因雨梦无痕。今天给您写信，内心五味杂陈，不知道您是否还认识得了这些字。从小到大，我们的交流并不多，我常年在外上学，每次打电话也大多是打给妈妈，但您在我心中永远是不怕苦、不嫌脏，勤劳坚强的父亲，您用行动诠释着什么是父爱，您用行动教会我生活再不易，也要坚强、坦荡地努力生活，所以从小我就懂事，学会了独立。

小的时候家里穷，我很清楚地记得，你一天下来就挣10块钱，然后给我1毛，我去买4颗纸包的糖果，就非常满足了。有一次小朋友们都去放风筝，我也想买风筝，您说："我给你做一个，绝对和他们的不一样。"然后您就用高粱秆和红纸给我糊了一个纸风筝，用糖纸做了一条尾巴，那时候我心里觉得丑，还是想买新的，但当您陪着我一起去麦地里放飞时，没想到您做的红通通的纸风筝竟然是所有小朋友里面飞得最高的，我高兴地在一旁又蹦又跳地喊："爸爸太厉害了！"小时候最让您头疼的应该就是我那恼人的鼻炎，从小学一直到初中得有七八年的时间，鼻炎一直让我头疼、头晕、流鼻涕。那几年您用大梁自行车带着我不知骑了多远多难走的路，去过多少个村多少个县城寻找良方。有一次我坐在自行车的后面，突然有几条野狗疯狂地在后面追，您拼命地骑，但是狗还是咬到了我的腿，您自责了好久……小时候的事想起来都历历在目，那时候虽然穷，但是简单快乐。

生活总会给我们带来一些意想不到的困境。去年您严重脑溢血又没得到及时的治疗，您的这场重病给我的人生上了深刻的一课，让我重新审视了生活，认真思考了什么是人生，去年是我成长最快的一年。当我得知您生病的消息，在火车上哭了一路，心里想到了医院一定不要守着父母掉眼泪。但当我赶到医院，看到病床上的您满身的管子和监测的仪器，脸部浮肿，吸着氧气，50岁的您头发竟然全白了……我没有忍住，一句话都没说，跑到病房门口号啕大哭，我内疚自责，我心疼您，我是多久没回家看看您，您怎么苍老得这么快？这还是我的父亲吗？在医院治疗了20天，小医院医疗水平有限，您还是容易昏睡，不会说话、不会动，我和母亲都想给您转院，但医生说现在水肿特别严重，如果转院，病人很容易在路途中再次出血导致死亡。我和妈焦急万分，她一直问我怎么办？我头一次面临这种生与死的抉择，没有人帮我，我孤独、害怕、恐慌，如果转院途中出现差错，我会自责一辈子。挣扎了几天后，我决定拿着你所有的检查报告自己去大医院挂专家号，听听他们的意见。路途中我是有所期待的，我希望专家诊断后会有不一样的结果。凌晨4点我就出发，3个小时的车程，挂号排队，终于轮到了我，医生说已经过了最佳手术治疗期，这么大面积的出血，以后自理的可能性为零。医生的话再次将我打入低谷，我拖着疲惫的身体，怀着沉重的心情回到您身边。怕你们过于担心，只跟您和母亲说等缓和一下再转院治疗。后来我们转院了，我每天陪您练习说话，按摩师按摩完了，我再接着给您按摩，我觉得您可以再站起来。旁边临床的阿姨还说：“这闺女这么孝顺，跟父亲关系这么好，说不完的话。”是啊，那时候一天说的话都赶上以前好几年说的话了，开始我真的听不懂您说什么，后来慢慢地就能猜出来了。到3个月的时候您还是不会动，我真的有些担心了，但我不甘心，好好的一个人不能就这样倒下了、瘫了，我开始加倍地鼓励你，让您从心理上克服，让您自己主动地去想动。终于您现在可以自己走一段路了，这对您对家人来说都是最大的安慰。爸爸，我说的这些事您都不记得了，我之所以说这么多，是想让您知道当时您对我和妈妈来说是多么不容易。我现在回到家看到您还是一脸不高兴，也不愿意多说话，像变了一个人一样，我还是一样自责难过。假如以前我多给您打个电话，让您按时吃药，可能就不会这样。可是人生哪有如果，您能站起来对医生来说都是奇迹，对我和母亲来说就已经很欣慰了，我们最难的时候已经熬过来了，所以我希望您珍惜现在，希望您能找回原来的自己。

爸爸，也许人这一生经历的磨难都是有定数的，上辈子您受的苦已经够了，下辈子就由我来照顾您吧！因为人生最大的意义就是生命的延续。我们都爱您！

此致

敬礼！

爱您的女儿：颜颜

2018年5月6日

给我亲爱的妹妹

刘　敏　济南局集团公司济南机务段

妹妹我来保护你，拉钩

丁烁　铁科院集团公司深圳院

亲爱的小妹：

刚刚翻看你的朋友圈，知道昨天你又带爸妈出去赏花了，还录了好多视频。画面里，爸妈笑得好开心，简直就像个孩子……

一种说不出的情愫，似感动，似欣慰，在我的心里涌动，我知道，你真的长大啦。

与一般家庭的姐妹不同，从小到大，咱俩的关系似乎总是那样紧张，你害怕我的严厉，我讨厌你的倔强。三十年前，你的出生没有让我感到丝毫的快乐，虽

玉兰花开 | 孙天娇 中铁集装箱公司

然咱妈总说，我一个人太孤单，所以要给我生个“伴儿”，以后她和爸爸不在的时候，我们可以互相依靠。或许，这就是很多二胎家庭最美的心愿。然而，对于我来说，竟是那样地排斥和各种的不喜欢。

小时候的你，脾气超级不好，总是爱哭、爱闹。因为你的到来，大你八岁的我，放学后便多了一个“繁重”的任务——帮妈妈照看你。一不高兴就哭的你，饿了、渴了、拉了、尿了通通都要哭，让我原本无比美好快乐的童年时光戛然而止，我再也不能自由自在地出门去找小伙伴玩耍。从小就胃口极好的你，像一团“肉球”，整天压在我的背上，“残忍”地剥夺了我大把大把的课余时光。只要我不能满足你的各种有理的、无理的要求，你就会哭。你一哭，耳边立刻传来咱妈的唠叨：“她是妹妹，凡事你要让着她。”那时候的我，真的感觉自己好委屈，在我幼小的心里，悄悄地怨恨着你。

上学时候的你，不喜欢学习，成绩一向不好，这对于从小就“品学兼优”的我来说，是最不能接受的。于是，我总是严厉地批评你、督促你，甚至是吼叫你，目的就是让你学有所成。然而，顽皮的你最终还是仅仅取得了一所职业中专的文凭就草草了事，结束了自己宝贵的学习生涯，匆匆地走进了社会。而我，愈发地不能接受你。

后来，求学、工作、结婚，我早早地走出了家门，离爸妈越来越远，反倒是你，虽然学业无成，可是却一直陪在爸妈的身边，那个自小就不让爸妈省心的你，多年来却一直未曾远离。

那年你生了一场大病，来势凶猛，被医生下了病危通知书，爸妈哭倒了，他们无法接受可能会失去你的残酷现实。那一刻，我心里只有一个念头：无论如何都要救活你！尽管这么多年，因为年龄的差距，我们少有沟通，可是那一年，陪在你的病床前，我们说了太多的知心话，看着你被病魔折磨的痛苦样子，我深深地感受到血浓于水的道理。我想尽一切办法救你，我四处打听治病偏方，中药、西药，不知道给你吃了多少，我知道，咱们这个家不能没有你。万幸的是，我和爸妈终于拼尽全力，把你从死神那里夺了回来！

那一年，你结婚了。你要求爱人一定要给你办一场风风光光的婚礼。由于我嫁得太远，爸妈未能参加我的婚礼，这是爸妈最大的遗憾，所以你选择了陪伴。结婚、生子，你的每一个人生重点，都有爸妈的身影。你总说，要让爸妈体会女儿的每一个精彩瞬间。多年来，一向不曾让父母操心的我，一直以为这就是对父母最大的孝顺，然而直到后来我才慢慢明白，对父母最大的爱和回报，就是陪伴。

还记得我生完孩子的那两年，婆家太远，无法帮我照看，不忍心让爸妈辛苦，刚刚毕业准备工作的你毅然来到我的身边，帮我照看孩子，直到孩子上了幼儿园。做饭、喂饭、洗尿布、洗衣服、下楼玩……不到二十岁的你干得有模有样，得心应手。你常问我，是不是你小的时候我也是这样照顾你的。直到现在孩子都和你很亲，一声“小姨”喊过无数遍。

如今的你，已是为人妻、为人母，日子过得普普通通、平平淡淡。这么多年，你的臭脾气虽然改了不少，可还是会因此经常与爱人吵架。

我和妈都劝过你很多次，你的脾气来得快，去得也快，常常是把别人气得还沉浸在懊恼当中，而你却“雨过天晴”了。用“刀子嘴豆腐心”来形容你恐怕是再合适不过了。小妹，不是每个人都会像爸妈和我一样，可以一再包容你的坏脾气，很多话一说出口，就再也收不回来了，尤其是那些伤人的话，万万说不得。

前几天跟咱妈通电话的时候，她说你又买了牛肉，打电话让爸妈过去吃。自你结婚以来，只要有一口好吃的，总会想到父母。你总说，小时候让爸妈为你操了太多的心，尤其是那场大病。那一年，咱妈的体重减了近二十斤，头发白了大半；那一年你几乎花光了家里的积蓄，也因病错过了自己的爱情；那一年你忍受了极大的病痛，更懂得了生命的宝贵。如今，已完全康复的你要用自己的实际行动，好好回报爸妈的养育之恩。听到这些，我和妈都哭了，我们真心地为你的成长感到高兴。

昨天，你从咱妈的口中得知我感冒了，立刻给我发来微信：“姐，别太累了，照顾好自己，家里你就尽管放心，爸妈有我呢！”

“儿时嬉闹长相伴，今朝已作秋蓬散，始觉至亲是此情，心心相印语相传。”

我最亲爱的小妹，感谢这一生有你相伴，让我的人生道路上增添了那么多的景色。未来的日子还很漫长，让我们继续相依相伴，携手共成长。

爱你的姐姐
2018年5月4日

雨　诉

妥　君　呼和浩特局集团公司集宁车务段

亲爱的爸爸、妈妈：

你们好，早已踟蹰写一封家书，心中千言万语，提笔时却不知言。外面起风了，雨点也随风打得树叶沙沙地响，忽然想起了离咱们家老房子不远处的那座高高的水塔，雨点落在塔上面也是这种声音，滴滴答答的伴着沙沙地响，只是可惜，老房子不在了，高塔也不在了。

今晚，女儿坐在办公室里，突然想爸爸和妈妈了，想和爸爸妈妈说说心里话。女儿参加工作已经五年了，时间过得好快，感觉昨天还在家里撒娇嫌弃妈妈做的饭盐放多了，一转眼，连妈妈做的饭也不能经常吃到了。时间总是这么无情，带走了稚气，带走了青春，也带走了爸爸妈妈的陪伴。不过，值得安慰的是，女儿找到了归宿，工作还舒心，同事们很友善，日子虽然波澜无惊，但也过得有滋有味。

让我欣慰的是，爸爸妈妈你们的身体还硬朗。女儿知道爸爸是个闲不住的人，不过，毕竟年龄不饶人，妈妈帮我劝劝爸爸，不要再去当保安了，毕竟耳顺之年了，在家里和楼下的叔叔们下下棋、“拌拌嘴”不是也挺好的么，每次回家看见楼下老人们聚在一起，吵吵闹闹的，感觉好快乐啊，爸爸也加入那样的快乐多好。同时，爸爸帮我劝劝妈妈，不要再省钱了，妈妈喜欢出去旅游，就去吧，女儿和女婿赚的钱蛮多的，你们自己的钱就花在自己身上吧，不用为我们考虑，你们为女儿辛苦了大半辈子，老了就活活自己吧，儿孙自有儿孙福，也该你们享享清福了。如果你们的钱不够，女儿这里有。真的，爸爸妈妈，女儿知道你们爱我，想给我最好的，我也爱你们，爸爸妈妈，我也希望你们过最舒心最舒服的老年生活。

倏忽抬头，外面的雨不知何时已经停了，只有屋檐上的积水一滴一滴打在窗台，溅起满窗的水花。看着这水花，女儿突然有点伤感，人生在世，总是很多无奈，就像这满窗的水花无法与它的家人在河渠相聚一样，女儿也没法像以前一样天天和爸爸妈妈相聚了，也没法和爸爸吵架了，也没法和妈妈常常讨论哪件衣服好看了。不过还好，幸运的是，女儿离爸爸妈妈不远，偶尔还能去看看你们，没有望断天涯的伤情。

远处突然传来一声火车的汽笛，稍稍惊醒了我，窗外除了站台的灯光，远处黑乎乎的什么都看不清，原来夜已经这么深了。女儿不和爸爸妈妈说了，要去接车检票了，这些夜深冒雨来赶火车的旅客中，也许有人也像女儿一样想着早点回去见见爸爸妈妈吧，女儿虽然回不了家，但心情何尝不是像他们一样呢？爸爸妈妈，等我下班，等我下班和你们的女婿买好多好多好吃的，开车去看你们，你们等着女儿。爸爸妈妈，我爱你们，很爱很爱！

此致

敬礼！

爱您的女儿

2018年6月

爸爸　我不喜欢您

张　丽　上海局集团公司合肥工务段

爸爸：

您好！

第一次以写信的方式和你说话，一时我竟不知道怎么开口。人人都说：女儿是父亲上辈子的情人，因为前世未尽的缘分，才有了今生还情的缘由。前世无缘，今生相伴。可是爸爸我想和你说，我不喜欢你。

我不喜欢你，大概是因为你和别人的爸爸不一样。别人的爸爸总是给女儿买布娃娃，买好看的玩具，你却无论到哪都会给我带几本书回来，你让我一遍遍地抄写诗歌，并让我试着领悟其中的意思。当我遇到不懂的问题去问你时，你告诉我“书犹药也，善读可以医愚”。你让我去请教“无声老师”——字典，说这样才能记忆更深刻。

我不喜欢你，在小时候我因为冬天寒冷下大雪不想去上学的时候，你把我从被窝叫起来，拉着我的小手送我去学校，还告诉我“黑发不知勤学早，白首方悔读书迟”，你说小时候不用功努力学习，不多读书，等头发一白老了，就会恨当初没有努力的自己。所以少年时代要拼命刻苦地读书，老了才会有收获。

我不喜欢你，因为你让我自己学做饭，学淘米，学切菜，我不以为

泸沽湖上 | 邓炜 成都局集团公司重庆电务段

意地和你说我都会。但是当我手指被刀切出口子流血哭鼻子的时候，你也没有心软，还告诉我“纸上得来终觉浅，绝知此事要躬行”，不要自以为自己看着就什么都会了，别人的经验不一定适用于自己，最终要想认清事物或事情的本质，还必须自己亲手实践，去试着做一做，只有将直接经验获得的知识与书本知识结合在一起，认识的事物才是深刻的，学到的东西才是自己的。

我不喜欢你，因为那天穿了漂亮的裙子兴高采烈地问你好不好看时，你一本正经地和我说：“不好看，因为人无书气，即为粗俗气，市井气，而不可列于士大夫之林。”我还记得你坐在书桌前认真地告诉我：“粗缯大布裹生涯，腹有诗书气自华，当你饱读诗书的时候，满腹经纶，即使是平凡的衣着也掩盖不住一个人的气质与内在素养。”

我不喜欢爸爸，因为你总是唠叨，你总是对我提各种要求，你总是对我很严厉，但是，没有爸爸你，哪有我呢？

我是不喜欢你，因为，我爱你啊，爸爸。因为是爸爸你，在我出去看大千世界的时候，当我看到夕阳余晖、孤雁翱翔时，我的脑海里浮现的是“落霞与孤鹜齐飞，秋水共长天一色”，而不是“哇，太好看了！”在我和朋友一起饮茶时，轻呷一口可以说出“此茶汤色橙红透亮，气味幽香如兰，口感饱满纯正，回味甘醇，齿颊留芳……”而不是“哇，真好喝！”

纸短情长，诉不完件件琐事，我的故事都是你啊，你养我这么大，我陪伴你变老，我爱你，胜于昨日，略匮明朝。爸爸，以后的日子里，我要像你当初拉着我的小手一样，拉着你的大手，陪你一路走下去。

爱您的女儿

2018年6月

与时光握手言和

周水欣 上海局集团公司南京供电段

亲爱的婆太太：

很想给您写封信。虽然我们说话蛮多也都很敞亮，但是，写信这个形式还是很不一样，更加慎重，也更具仪式感。这一年与往年有所不同，您好像忽然从人生的壮年一下子进入了老年。77岁生日刚过去不久，您忽然脑出血中风，艰辛时刻差点没挺过来……还好，现在，这些磨难暂时停滞，应该说，您用个人智慧和勇气，抵挡住了病魔的进一步入侵。因为您的顽强抵抗，也让我们这个家，没有支离破碎。就是单为了这个，也要给您送一把大红花。

您是一位非常善良单纯的人。是的，具有20世纪50年代人的那种虽经历坎坷却对世间充满善意的特质。年轻的时候，工作与生存让您精神紧绷、拼尽全力。退休后又一直照顾高寿而身体不好的婆婆与母亲，无法抽离。终于轻松下来的时候，又去深圳到私人医院打工。那辛苦的三年，在您嘴里却成了无比快乐的时光。您说，工作虽然辛苦，但是受人尊敬，医术得以发挥，治病救人得到最大限度的实现，有一批拥护的医护人员和病人。虽然总要加班，但是人人对您众星捧月般。您说，最喜欢下班后，没有急诊，在诊所食堂吃完饭，散步到不远的海滩边上，跳跳岩石、蹚蹚海水，出点汗，直到夕阳在海尽头落下最后一丝光芒，才在暗夜里回去单身宿舍。虽然经常一天要工作十几个小时，但您却说：“说明我们医院口碑好啊，邻近方圆几十里地的人都来看病，进来会跟护士说，要找徐医生。”您经常谈论那段时光，每次都笑得像花开放一样。对您来说，身体的辛苦不值一提，精神的快意才最重要。一直不够伸展的人生，在那遥远的深圳郊区，焕发了异彩。

出淤泥而不染 | 赵楠 西安局集团公司延安车务段

可是，这样辛苦而甜蜜时光，也只过了短短三年。老公公忽然中风，将您急召回家。比您大将近8岁的老公公，连着两次中风，渐渐变成行动不便的老年痴呆病人。您开始照顾他，不得须臾离开，这样整整8年。您仍旧笑呵呵，说：“看来我就是照顾人的命哦。”“以前你爸爸总是脾气不好还不听我的，你们看现在，哈哈，离开我一分钟都要叫。”言语间，居然还有几分自得。

可是，您也在变老啊，虽然您总是说：“哎呀，一不小心我也70几岁了，我都不觉得哎。”岁月真的严酷，饶是您这样不畏艰苦的人，也被老公公越来越严重的病症搞得焦头烂额。家里长期雇着保姆，可是保姆经常就换掉了，您却是铁打的营盘。老公公情况越来越糟糕，无法行动，大小便失禁，胡言乱语。他不记得我们大家了，经常出现幻听幻想，出现精神分裂的状况，亢奋得整夜整夜搅闹。一次又一次频繁送医，后来医院都不愿意接收了，认为老先生就这样了。可是您还是乐观，认为一定会有所好转。这天早晨，闹腾了一夜的老父拉了一身，保姆打着哈欠去打热水，您去抱他往下出溜的身体，自己忽然歪倒在一边，眼斜口歪。这个时候，您心里明镜一般，叫慌得没了主张的保姆针刺耳垂放血，然后拨打120紧急入院……

等到我们赶回家的时候，您已经在重症监护室里……

生命 | 王晓燕 中铁集装箱公司

您挺过了最危险的关头，但是左边的身子无法动弹，偏瘫了。您不能接受这样的状况，觉得生活跟您开了一个大玩笑。您不相信自己就这样了，刚脱离危险，就接着开始艰难的康复治疗。从扬州到南京，辗转征战，不懈努力。康复的过程是漫长而磨人的，伴随身体的疼痛与精神的气馁。您总是去问医生能恢复几成。其实您自己是医生，心里也有数的。医生说，作为77岁的老人，能活过来，神志清醒，口齿清晰，半边身子虽然不利索，但能拖着走动，已经很好。早晨洗脸的时候，您无法用两只手拧干毛巾，呜呜地哭了。我心里好难过，我也不愿相信，觉得自己还有好多将来，还列了好多计划的您，居然就这样了。

可是您一转头，对我又展颜道："幸亏是左手不灵哦，要是右手，岂不更糟！"我被您的乐观思想逗乐了，眼泪生生地憋在了眼眶里。

由于您一直的坚持努力，您的进步也是惊人的，康复科的医生都拿您当典范来给其他病人励志。虽然您仍旧行动不便，但比起当初的半身不遂，已经是质的突破。您的乐观与豁达，让我对您更加钦佩与敬重。

这一年，您过得不平静，从某种程度上来说，也是您的新生。您为家庭，也为社会，奉献了一生。而今，也是您慢下来，歇下来，重新调整自己的生活状态的时候了。很多时候，坏事和好事都是相对的，这还是您曾经教育我的话呢。

母亲节这天，我们陪您登上了牛首山。推着您的轮椅在那条上坡的路上奋力前行的时候，您对我说，以后的人生，都是爬坡路，要做好准备。终于到了山上的观景台前，您俯瞰着山下整座城市。这座城市曾经是六朝古都，经历风霜雪雨、沧桑巨变，却从未被击倒，而是愈加强盛庞大，并且，正以锐不可当之势继续勇猛向前。我们都是这城市的一员，感受到了他不屈而坚定的信念和勇气。您凝视着这一切，脸上泛起久违的笑意来。

从今往后，让我们婆媳联手面对岁月侵蚀，接受时光带来的一切。对抗病魔的同时，最大限度地享受生活。

我们会陪着您一起迎接人生的新阶段，并试着与时光握手言和。

您的儿媳：水欣

2018年5月1日

注：婆太太是苏北地区媳妇对婆婆的敬语。

一封家书寄心语

刘燕花　南昌局集团公司漳州车务段

亲爱的爸爸妈妈：

你们好！

第四届书香铁路女职工读书活动给了我一个机会，把许多平时当着你们的面说不出口的话以家书的形式向你们表达。为了给我一个舒适、安逸的生活环境，你们总是那么地辛苦，这份真挚而深邃的爱是我一辈子都还不清的。转眼之间，女儿工作已经快两年了，蓦然回首，过去的点点滴滴涌上心头，父母之爱深如大海，让我由衷地对你们说一声："谢谢。"

我无法将你们对我的爱与恩情用这支笔完完整整地记录下来，亦不知那些动人心扉的故事该如何说起，提笔如有千言万语，泪水更是弄湿了我的脸颊。感谢你们多年来的教诲造就了今天活泼可爱率真的我。

我能如此健康快乐地成长得益于你们长期的言传身教。小时候，我并不喜欢看书。为此，妈妈特地买了好多故事书，每天晚上，我都是在妈妈的故事中睡着的。

渐渐地，我越来越喜欢听故事，妈妈告诉我："书上的故事是讲不完的，要自己去慢慢阅读。"于是，我翻开了书本，借助着拼音，开始

黄金铠甲 | 张婀 中铁特货大件公司

了我的读书旅程。

如今，我家的书架上摆满了各种各样的书籍，站在书架前，仿佛来到了一座百花园。感谢爸妈的支持，不厌其烦地为我提供书籍，让我在百花园中吸取了各式各样的营养，然后茁壮成长。

你们教会我：“一粥一饭，当思来之不易；半丝半缕，恒念物力维艰。”小时候，牙膏挤到难挤的时候我就把它扔到垃圾桶了，可每当我再刷牙的时候，就发现它在妈妈的牙杯里面了。我惊讶地问妈妈为什么我都扔掉的东西还要捡回来，妈妈总是语重心长地跟我说：“我们要勤俭节约，不能奢侈浪费，你知道吗，你扔掉的这支牙膏啊我还可以再刷十次二十次呢。”

听完妈妈的话，我似懂非懂地点点头。后来，我从无数的小事中，渐渐地明白了什么叫作勤俭节约。现在的我也和你们一样，生活中处处都有勤俭节约。

爸爸妈妈你们的性格非常开朗，平时家里总是洋溢着欢声笑语。虽然有过很多不如意的事情，你们却从来不拿别人的错误惩罚自己。

妈妈您经常和我说："做人，要懂得知足常乐，在不开心、不如意的时候，想起自己拥有的幸福就会开心很多，人活一世不可强求太多，这样会觉得很累，也将错过很多满足的时刻。"

因为你们的谆谆教导，知足常乐便成为我面对困难和错误时的心灵调和剂。每当我遇到挫折和失败，你们的话就会回响在我的耳旁，我便会想到我所拥有的，重新振作起来，以更加高涨的热情和乐观的心态去面对工作与生活。

鲜花感谢雨露，因为雨露滋养了它的成长；苍鹰感谢长空，因为长空赋予了它自由；我要感谢我的爸爸妈妈，是你们引导我成长，给了我一个温暖的家。

看遍了星空，却没有发现哪颗星星比妈妈您的笑容更加灿烂；踏遍了大地，却没有发现哪个地方比爸爸您的肩膀更加宽厚。

我亲爱的爸爸妈妈，女儿爱你们!

燕花

2018年5月

一种点滴在心头的爱

杨 洁 南昌局集团公司龙岩工务段

亲爱的弟弟：

你好！自春节分别后，我们已经有快两个月没有见面了，不知现在的你是否长高了，学习还跟得上吗？有没有回老家看望爷爷奶奶呢？

弟弟，你知道吗？当年爸妈说要生下你时，我是十分反对的。因为我害怕爸妈因你而冷落了我，他们常年在外打工，一年里也只有过年那小半个月的时间在家，如果又多了一个你，能够陪伴我的时间就更少了。记得你刚从医院回家时，躺在婴儿床上，通红的小脸皱巴巴、红彤彤的，我觉得你长得“好丑”，怀疑爸妈是不是抱错了。一直到你满月时候随爸妈去广州，我都不曾抱过你。

弟弟，你知道吗？真正开始接受你，是你四岁那年，从深圳回老家念书。刚到家你就冲我笑，怯生生地叫了声“姐姐”，打那时候起你就围着我转。我洗衣服，你会提前搬好小板凳让我坐；我从学校放假回来，你便老远跑过来迎接我；我写作业，你就坐我旁边拿着一本书装模作样地在那儿看。

弟弟，你知道吗？当你不搭理我时，我很伤心。上大学后，我回来的次数变少了。当我知道你学习跟不上的时候，很着急，害怕你考不上好的大学，找不到好的工作。每次从学校回来，我都要监督你写作业，你在那儿磨磨蹭蹭一个简单的题目都要想很久，急性子的我有时候就忍不住动手打了你。大概就是从那时候起你开始讨厌我了，每次打电话告诉你我要回来，你都不高兴，还不和我说话，让奶奶转告我别回来了。

弟弟，你知道吗？当你这个小鬼懂得关心姐姐，我十分欣慰。参加工作实习后我第一次回家，你说了一句让我感动到现在的话。我刚回到家，你就让老妈给我做红烧肉吃，对老妈说："姐姐瘦了，要多吃点肉，长胖点。" 每当我从外面回到家中，你都缠着老妈帮我做好吃的，还特意把好吃的留到我回家和我一起吃。还记得我跟家里说找了男朋友，你就急匆匆地问："哥哥对你好吗，对你不好的话，你要告诉我，我帮你'报仇'"。然后你又问我 "姐姐你什么时候结婚呀，我到时候要背你下楼，现在我是不是要开始健身了，有肌肉了才能背得动你"。俨然是个小大人了，姐姐由衷地高兴。

弟弟，现在我就只有一个愿望，希望你每天都开开心心的。愿你能健健康康，做一个勇敢、自信面对生活的人。

祝你一切安好！

爱你的姐姐

2018年5月

致我爱的家人

杨思绮　南昌局集团公司新余职工培训所

高尔基曾经说过：“没有太阳；花朵不会开放；没有爱便没有幸福，没有妇女也就没有爱；没有母亲，既不会有诗人，也不会有英雄。”

女人在一个家庭中的重要作用被越来越多的人所重视，但是身为妻子、女儿的我，却要对家人报以无比的歉意，趁此机会，我想对我挚爱的家人说几句话。

致我爱的丈夫：

对不起，没有更多的时间陪你！人们曾说，最好的爱情就是相互陪伴，而我陪伴你的时光却寥寥无几，在异地工作的我，不管是对你关心、照顾还是体贴，都远远没有做到一个妻子的本分，这是我的“失职”。

我们之间的交流在如今还停留在电脑、手机、邮件上，我们看不见对方的表情，感受不到对方的喜怒哀乐，品尝不到对方所尝到的酸甜苦辣，以异地恋般的生活状态过着每一天，丝毫没有享受到婚姻带给彼此的安全感。但是请你相信，我会为了在一起而不断努力，请给我机会，以后的日子一定会越来越好，今后的生活必然有我。

致我爱的父母：

对不起，没有更多的时间照顾你们！很怕听到的一句：树欲静而风不止，子欲养而亲不待。

我多么希望能在你们身边工作，至少在你们需要我时能立即出现，而不是像如今这样，以“怕你赶回来不方便，怕单位考核你，怕影响你的工作”为理由，连生病都不敢告诉我。

很多话说出来就是让人心酸的，你们不说，但是我懂，现在的我只能说出一句抱歉，我不配为自己找任何理由，是我还不够优秀，不够努力。但是请你们相信，我会为了回到你们身边而不断努力，请给我机会，未来在身边，常伴膝下。

致还未到来的孩子：

对不起，我还没准备迎接你的到来！一个人孤身在外，我没有把握能给你什么样的生活，我无法想象把你带到这个世界来，该如何照顾你。现在这种状态的我，连最基本的家庭和工作之间的平衡都无法顾及，若再加一个你……

你的成长我不想缺席，强行带在身边却因孤身在外无法周全，对我来说太艰难了。但是请你相信，我会尽力回家，回到家人身边，做好充足的准备迎接你的到来，我会做一个好妈妈，陪着你健康成长。

在一个家庭里，母亲、妻子、女儿的角色至关重要，我明白生活赋予我的身份和责任，也明白我身上肩负了家人的希望与期待。

狄更斯曾经说过：“善良的女人会把生活里的黑暗变成光明。”我挚爱的家人们，尽管在这艰难的时期，我也不会放弃希望与快乐，昂首挺胸，朝着你们身边，奋力向前！

思绮
2018年4月

我爱执着的你

陶 静 广州局集团公司株洲车辆段

亲爱的老公，尊敬的文老师：

想给你写封信的想法由来已久。你在铁路职工培训的岗位上已经干了十多年了。第一次见到你，感觉你是一个很亲切、很随和、很普通的文老师。

可随着日复一日、年复一年看着我身边这个普通的你，对待工作的执着，钻研业务的投入，不计得失地帮人，不辞辛苦地下现场考察学习，甚至听到你偶尔所讲的看似普通，细想之下却蕴含深刻哲理的话语，都深深地触动着我，让我再一次认识爱岗敬业、为人处世、无私奉献的精神。

记得前几年，集团公司安排了你们基地较多的电务专业培训班，你本是机务专业的授课老师，你们基地当时还没有电务专业授课师资，基地本着专业相近的原则，任命你暂时担任电务专业的项目负责人，负责与现场单位的上课师资进行沟通。说实话，就专业而言，隔行如隔山，我当时也替你捏把汗，至少我认为进入另一个专业是一件很困难的事。可你毫不犹豫地接下了这个工作。为了做好电务专业的项目负责人，为了能更好地与外聘师资进行专业化的沟通，你整整一个月闭门钻研，

喜鹊迎春 | 周洁 南昌局集团公司南昌电务段

啃读电务专业书籍，整天整天地看书，不是紧要的电话，一概让同事帮你回绝。没想到，一个月以后，什么ATP、CTCS、ZPW-2000、GSM-R就挂在了你的嘴边，与现场师资谈起授课内容的那份自信，让人全然不知一个月前，你还是一个门外汉。

担任机务教研室主任的你，每年都带领组里成员下现场学习考察。你们分别去了广州机务段、长沙机务段、株洲机务段、怀化机务段、广州动车段。足迹几乎遍布集团所有的机务段，对每个单位的生产情况进行实地考察学习。你十分珍惜每一次下现场学习考察的机会，力求通过下现场学习，将所得经验和知识运用到教学中，将课程讲到学员的心坎里去，努力上出更多的接地气的精品课程。

你所做的这些，我是看在眼里，反观自己，因常年重复性的工作而产生的惰性，再看看你虽已步入中年，却仍然一丝不苟地刻苦钻研、勤奋学习。在你的身上没有那些工作中的躲懒耍滑、应付了事。只有着对待工作的严谨执着、对待专业的精益求精。你曾说过：教师是一个永远都要往肚子里装知识的职业，只有进去的知识越多，才能在上课时越自信。所以，只有逼着自己学更多的专业知识，甚至是专业以外的各种知识，才能在三尺讲台上挥洒自如。现在，每当我在工作生活中遇到难题时，都能更深地体会到你这句话的内涵，执着不懈、做好充足的准备，一切难题都会变得容易解决。

从2006年至今，你一直担任机务专业技师培训的教学工作，虽然每年你都参与技师培训，但你每次上课，依然重新备课，总希望将更新更有用的技术知识传授给学员。每次有技师班，你准会推迟下班，不分昼夜地帮助学员修改技术总结或技术论文。很多学员在一次次的技术总结修改中读到了职教工作的不容易。正是你这些不辞辛劳地付出，才受到许多学员的尊敬和认可。你总说：帮助学员，就是提高自己，教学相长。多给他们一点阳光，他们的将来会更加灿烂。 在你的身上，我看到了关爱学员、乐于助人的可贵品质；在你的身上，我看到了专注教学、不求回报的可贵师德；在你身上，我看到了学员尊敬、同事赞扬的优秀教师的动人形象。

去年3月，集团开展优秀精品课程比赛，指定由运输专业派出师资参加赛课。基地领导非常重视，要求运输教研室选派最优秀的教师参赛，并任命你负责这次赛课的磨课、研课指导工作。你欣然接受，利用休息闲暇时间，组织参赛老师一次次反复磨课，对课件反复斟酌，力求完美。每一次磨课，你都从专业的角度指出他们的瑕疵和弱点。从授课的语气、讲课的用词，甚至到老师讲课时走动的步法、停留的位置，眼睛的转动、目光的扫视，各种细节的变化，各种时段的把握，都通过自己多年的授课经验，向他们一一表述，亲自示范，反复研磨，还有一些你多年积累的授课小窍门，你都毫无保留地传授给了他们。

我看在眼里，有无数的疑问，无数的不解。俗话说“教会徒弟，打跑师傅”。你们这些当老师的，靠的除开手里掌握的专业知识，就是多年的授课经验和这些年在教学实践中揣摩出的授课窍门。我满怀疑惑的问询你，可你总有那么多蕴含哲理却又平凡的话语。你说能够把自己的经验传授给别人，通过别人的成功来证明自己的经验可行性，是让人快乐且自信的事情。听着你的话，我从内心深处感受到自己的狭隘，也更让我感受到你的无私和敬业。

正是这样的你，才多次撰写教学课程研究论文，多次获奖；正是这样的你，才能在参加集团精品课程比赛中，多次取得好成绩。看着你身上的每一处闪光点，也让我自身的心灵得到了一次滋润，抛开计较，远离攀比、拒绝惰性是我在即将给你写完这封信后油然而生的一种想法。在将来的工作、生活中，我们都应脚踏实地地去珍惜眼前人、干好眼前事，执着地做好每件事。

执着的力量是巨大的，我爱执着的你！

祝你工作顺利，桃李芬芳！

爱你的静

2018年4月10日

感谢你成为我的家人

邓叶灵　成都局集团公司重庆车务段

我英俊帅气、玉树临风的弟弟：

你好啊！快两年没见了，你现在有没有长到一米九，你的“田字格”腹肌有没有变成八块？

读书的时候，在学校写了十多年的作文；上班后，在单位写过那么多的通讯稿、征文，但是我从来没有给你写过信。今天提起笔来，我发现要对你说的话太多太多。好啦，我又要开始啰嗦了，你要认真看哦！

你出生的时候，我才三岁，我只模糊地记得当时我在母亲卧室里看着一家人都在逗着襁褓中的你。我指着你问母亲：“他是哪儿来的？”母亲逗我说：“我在外面给你捡回一个弟弟。”那应该算是我和你第一次见面，之后的情景我就记不得了。几年后，我上小学了。印象中你真的是一个非常爱哭的臭小孩。你一哭，母亲就说：“再哭，就把你卖了哦！”好家伙，哭得更厉害了。我每天去上学你都要一边哭一边跟着我走好长一段路，等我快到学校了，母亲把你往回拽你还是不依，哭得惊天动地，哭得我心烦意乱。慢慢地，你也上小学了，父母的宠溺让你变得不讲道理、不可理喻。你今天把我的作业藏起来，明天撕烂我的语文书，或者把“红岩”墨水倒我枕头上……我们经常“厮打”在一起，当然，你是打不过我的，可是你有绝招啊，你一哭，我就又少不了母亲给的一顿“竹笋炒肉”。综上所述，你简直是我童年的噩梦，我真的一点也不喜欢你，巴不得父母说要“把你卖了”这件事早日实现。

时光就像沱江河的水，匆匆从门前流过。转眼我们先后都跨过了十八岁的门槛，岁月改变了我们的体重、身高和饭量，但仍然没能改变我们“冤家路窄”的境况。记得我刚上班的时候，有一天需要在家里赶一篇通讯稿，我在电脑前写得好好的，你非要说你要用电脑。争执中，你把电源关掉，恶狠狠地对我说：“那大家都别用！”你知道吗，要不是那天怕打不过你，我真想提起你的衣领，一个过肩摔把你甩楼下去。你那些气得我咬牙切齿、泪如雨下的“英雄”事迹还有很多。不过也算扯平了，小时候你打不过我，你哭；长大了，我奈你不何，我哭。

前年的中秋，你终于收到了入伍通知，你去当兵啦！接到这个消息，我比你、比父母不知高兴多少倍，因为终于没有人跟我争了。可能是从小到大以来我们争执的次数太多了，我竟然忘了你走之前我们究竟是因为什么吵了架，导致我气得没有去车站送你。就这样过了一个又一个漫长的寒冬，我“享受”着好不容易得来的期盼已久“独生子女”般的生活。我常常从我的卧室晃到你的房间，把你电脑上的游戏统统卸载，把那些小女生给你写的情书拿出来读了一遍又一遍，笑到肚子痛都还是要看。可是，你，怎么还不回来……

前不久，你抓紧休息时间和我视频，你眉飞色舞地跟我炫耀你们领导很欣赏你，经常送你参加各类培训。你还说，你以前喜欢的那个小女生跟别的男孩子交往了。我和母亲都安慰你，嘱咐你好好历练，以后会找到更好的。你噘噘嘴，附和着：“那是肯定的，我这么帅的兵哥哥可是很抢手的哟！”视频那端的你，轮廓被边疆的风沙吹得硬朗了几分，眼神也坚定了不少。不知道是距离产生美还是部队的历练让你更懂事了，你慢慢变得不像小时候那么“讨厌”了。今年春节，我“煽动”

父母瞒着你录了一段视频发给你们领导，你打电话回来说在部队的春节晚会中看到了我们。你那天感到很惊喜，像小时候一样“难缠”地刨根问底问我们怎么录的，又怎么发给你们领导的。你顿了顿跟我说道：“姐，父母在，不远游，幸好家里还有你在，让我在这边少了很多后顾之忧。”我真是受不了你这么煽情，借口你那边风声太大，迅速挂断了电话。耳边时常吹来边疆的风，你是不是很想念我们啊？

你在军营里成长的这些年，我也渐渐成熟懂事。回忆起小时候的吵吵闹闹，我不再恨得咬牙切齿，而是上扬着嘴角细细品味童年的乐趣。我想象不出，如果我的童年时光没有你的陪伴，我会怎样长大，那种孤单的感觉让我觉得心像突然沉入了谷底一样。经常在单位里听年长的师傅们说我们这一代是幸福的，但也是孤独的，因为不像他们有好几个兄弟姐妹陪伴着一起长大。这个时候我总会很得意地说，我可不孤单，我有个从小打到大的亲弟弟。

弟弟，谢谢你在二十一年前来到这个世界上和我成为一家人。正如发给你的新年视频里说的一样：“你在边疆保家卫国，我在后方照顾父母。”我们等着那个顶天立地的你回家！

祝工作顺利，万事胜意！

你美丽动人、温婉大方的姐姐

2018年4月13日于山城

外公的庭院

曾子人　成都局集团公司绵阳工务段

亲爱的四季豆外公：

你好！我想给你写封信，一封不会寄给你，也不会读给你听的信，不然被你知道的话我该多别扭啊！

最近睡眠不好，夜深醒来，常常想起你和外婆，你们都已经八十多岁了，陪伴了我26年，不知道还能陪伴多久，每每想到这里，总是捂着被子没出息地哭起来。

如果你看见我哭，怕是会笑话我吧！在别人眼里，你是一个不进油盐的倔老头，所以我送给你一个称号——“四季豆外公”。每次我这样叫你，你都会举起巴掌作势要打，最后又忍俊不禁地笑起来。对我来说，你就是一个老顽童，你不仅是我外公、我最亲的家人，也是我最好的朋友。

我出生的时候你就已经退休，赋闲在家，我是在你的院子里长大的。

在学校里第一次认字，我学到了“木”字，得意扬扬地跑来向你炫耀，问你“木”字怎么写，你用石笔在花台上写下，“木”字的一竖被你习惯性写成了直勾，我笑话你写错了，你也不争辩，只看着我呵呵地

春天小院 | 黄汉慧 南宁局集团公司南客段

笑，说我也是文化人了。盛夏时节，你在院子里摇着蒲扇，卧在躺椅上小憩，不一会儿鼾声如雷。我瞅准时机，用力在你肩膀一拍，你倏然惊醒，一脸茫然地看着我，我笑嘻嘻地告诉你，我帮你打苍蝇呢！然后迅速逃开，这样的游戏我乐此不疲，你从不会斥责我顽皮。

我不是在农村长大的孩子，可是我从未疏远过大自然，你的庭院就是我的小小天地。院子里有葡萄，葡萄树下有鱼池，鱼池里有摇曳的鱼尾，勤劳的蜜蜂正停在花蕊上。

我和小孩子在外面疯玩了回家，看见你正守在蜂箱旁边，鼻梁上吊着老花镜，手里捧着一本《养蜂知识》，你望了望腕上的手表对我说：“我数了数，一分钟只有60只蜂子进出。采花的地方太远了，把我的蜂子饿得只有苍蝇大了。”

在我眼里你是无论做什么都肯下功夫，无论做什么都能做好的人，你种的蟹爪兰像一只只艳丽的蜂鸟，随时要从枝头飞走；你养的金鱼有4条大尾巴，拖着长长的裙摆，在水里翩翩起舞。你从葡萄沟里选了好的品种剪了枝，插在院子里；你从山里背来土，在大缸里将每一次的淘米水存着，你松土施肥，修剪枝叶，拔除杂草，直到一串串紫玉缀满枝头。你种的葡萄和别人不一样，别人的葡萄一颗颗有硬币大小，你的葡萄一粒粒只有指甲盖那么大，况且那紫太浓了，仿佛虽有霞光未散，却已入夜。我一开始嗤之以鼻，不敢轻易尝试这奇怪的葡萄，直到小鸟飞来将串串葡萄啄得只剩空壳子，我才突然明白这不起眼的小葡萄应是多么香甜。我坐在葡萄藤的绿荫下，摘下一串，用衣服擦擦就塞进嘴里，葡萄皮很薄，没有籽，我连皮带肉一起吃。它有层次分明的味道，先是轻涩，再是微酸，最后是醇厚的甜蜜席卷而来，唇齿留香。

那时我热衷于套圈，小摊上的东西五花八门，有陶瓷摆件、塑料玩具和洋娃娃，让人充满期待和惊喜。有一次我套了一只玩具蜘蛛，黑色的外壳，打开之后肚子里有糖，我把糖吃掉，便随手将蜘蛛扔在沙发上。那天我看到你在院子里紧盯着一处不放，顺着你的视线望过去，花台里有一坨皱巴巴的报纸，我上去就要一探究竟，你连忙拉住我，神神秘秘地说：“别去别去，那里面有一只大蜘蛛要咬你的手。”我听完哈哈大笑，告诉你那只是一只玩具蜘蛛。你虚惊一场，怒目圆瞪，要是别人看了会觉得可怕，听妈妈说她小时候带小伙伴来家里曾被你吓得尿裤子。可我只觉得好玩，学你的样子跟你做鬼脸。你和往常一样笑起来，我也以为那只是一个有趣的、稀疏平常的日子。我只笑话你分不清真假蜘蛛，却没发现从什么时候开始你已经老了。

大一点的时候我住校，一周只能回来一次。我打了电话说要来，你总是早早地站在公路边等我，穿着整洁的旧衣服，黑着脸站在汽车扬起的尘土中，望着我来的路，直到我都站在你面前了，你才猛然发现。你兴高采烈地拉着我去院子里给我看新种的月季，告诉我你种植的秘籍。

再后来，外婆病了，有一次晕倒了。

她一直身体不好，吃大把的药，去医院检查回来幸好并无大碍。你每天晚上将核桃花生剥好，搭配燕麦小米装好，第二天早上起来打成米糊给外婆吃。你害怕她老眼昏花把药分错了，于是你拿来说明书把每种药核对分好装在瓶里，再拿给她。为了照顾外婆，你荒废了你的小院。

而现在，房子要拆迁了，你搬了出来。藤枯了，花谢了，鱼池干了，你的院子不在了。

幸好你还在啊，谢谢你还在啊！

你最爱的孙女

2018年4月24日

宝贝　妈妈想对你说

周　娟　昆明局集团公司

亲爱的宝贝：

夜深了，此时此刻，看着你熟睡的脸庞上还挂着泪痕，妈妈的心里有些难过，但是，有些话，有些道理，妈妈必须提早告诉你。

2012年2月29日，在这个闰年才有的特殊日子里，你的降临给久旱的昆明带来了一场甘露，医生说你天生自带福气。记得那天夜里，窗外的雨点滴滴答答打在玻璃上，我和现在一样，躺在你身边，听着你均匀的呼吸声，心里十分愧疚，觉得自己没有用尽全力让你顺利生产，最后不得不改为剖宫产。初为人母的日子里，除了激动，更多的是不知所措，一听到你哭就紧张，不知是饿了、尿了还是哪里不舒服了，也就在那个时候，真真切切体会了母亲的伟大和不易。如今，你已经6岁了，从你开始会笑，学会说话喊爸爸妈妈，学会走路，直到开始上幼儿园……你的每一个成长变化妈妈都记录下来了，因为这些不仅给妈妈带来无数的惊喜和感动，也让妈妈尝到了付出的艰辛和收获的幸福，真实感受到“上帝创造女人，赋予其神圣的职责，我变成造化的一部分，心里充满了幸福”。

宝贝，妈妈想对你说，这世界，越努力，越幸运，越能收获好的结果。记得去年的“六一”儿童节，幼儿园组织的亲子活动中有一项是孩子攀越软绳，这个项目对于身材矮小的你而言难度较大，可就在妈妈认为你不可能完成的时候，你却远比妈妈想象中更加勇敢、更加努力，你的脸上虽然“写”满了害怕，小脸紧张地发红，可你的双手却紧紧拽住绳子，小脚依然用力地往上蹬、往上跨，其他小朋友2分钟完成的项目，5分钟后你终于成功了，当看到你藏在背后的小手又红又肿时，妈妈既心疼又欣慰，把你抱在怀里亲了又亲。事后，幼儿园老师专程告诉我，说你每天下课后都自己跑去练习，一个人在那爬呀爬，爬不过去的时候，还会着急地蹲在地上哭，哭完又接着爬。宝贝，你真的很棒，妈妈为你的努力感到骄傲。通过这一次的经历，你也许明白通往成功的道路真的没有任何捷径，唯有学会坚持，学着忍受，才有可能到达希望的彼岸。

宝贝，妈妈想对你说，快乐的童年有多种方式，不仅是单纯的吃喝玩乐，也不只是每天守着好看的动画片，更多的是可以通过书本汲取知识、学习技能而获取愉悦；通过每一次努力收获好的结果而感受乐趣，这样的童年才会快乐、充实而又丰盈。还记得，在参加云南省少儿舞蹈大赛的那段日子里，正赶上昆明气温骤降、天气持续寒冷，每次要出门排练时，你都故意赖在家里不肯走，找各种理由不去排练，这时“凶”妈妈总是扯着你往外跑，上车后你还把头埋在厚厚的羽绒服里，不肯和我说话。接连两个月，你的“偷懒”从未成功，尤其是比赛当天，天还没亮，妈妈就把你从暖和的被窝里拽起来化妆，哼哼唧唧的你跟着我出了门。但是，宝贝，当你站在台上捧着“金奖杯”和“全勤奖”证书时，我看到你脸上露出了甜美微笑，妈妈比你还高兴。我的孩子，你会渐渐明白，吃美食、玩玩具、逛儿童乐园固然可以得到乐趣，但通过自身努力获取成功得到的快乐却能够更持久、更深刻、更有意义，尤其在这个充满竞争的社会，只有学会控制自我、克制自我，才能比别人走得更远更高。今晚，你一直躲在房间玩，怎么说你都不听，迟迟不肯关灯睡觉，妈妈重重地打了你的小屁股，你才哭着躺下睡觉，睡梦中希望你能包容我这位严厉的妈妈。

宝贝，妈妈还想告诉你，凡事要学会感恩，懂得珍惜，要怀着一颗热爱和感激之心，勇敢地大步向前走。今年3月3日，妈妈带着你一起走进电影院观看了《厉害了，我的国》，当看到在西藏扶贫女孩（驻村第一书记）落措哭着讲述自己操心的事太多，有时候群众还不一定理解那一段时，我情不自禁流泪了，而坐在一旁细心的你，用你的小手轻轻地帮我擦眼泪，并告诉我你也差点哭了。观众看到中国桥、中国路、中国车、中国港、中国网等一个个非凡的超级工程，被一幅幅震撼人心、壮丽恢宏的画面所感动，电影院里时时爆发出阵阵掌声，我看到宝贝你也被扬起的一面面五星红旗和浓浓的爱国情怀感染了，并用稚嫩的声音问我："妈妈，你什么时候可以带我去坐高铁？"我重重地点点头，说："要去，妈妈周末就带你去坐！"宝贝，我们真的要感恩生活在这个先辈们用鲜血和生命换来的和平年代，感恩成长在一个日益强大的伟大国家，感恩这盛世太平的好日子。永远不能数典忘祖，永远不要忘记自己从哪里来，而是要接过历史的接力棒，秉承"幸福都是奋斗出来的"理念，用双手和智慧去拼搏，为我们的祖国更加繁荣昌盛作出贡献。

我的孩子，长长的路，妈妈陪你慢慢走，我们要彼此尊重，一起努力，怀着一颗感恩的心自信前行。

妈妈

2018年4月

宝贝 我想对你说

牛密密 昆明局集团公司玉溪供电段

宝贝：

谢谢你成为上帝派给我的小天使，时至今日已3年有余；谢谢你无限地信赖，让我感受人生不同，处处充满喜悦；谢谢你的天真烂漫，洗礼我的心，让我从你眼睛里看到新世界。每一个苏醒的清晨，看着你安静沉睡的脸庞，感受岁月静好的那份安详，多希望时光永驻，你就这样陪在妈妈身旁，但又希望你快快成长，去开创属于你的人生，现在，妈妈想对你说——

孩子，我希望你永远善良。

就像当初我义无反顾地离开你外婆，踏上求学旅程一样，学习和成长是每个人必然经历。我们俩也从一开始贴身不离到现在的我上班你上学，一天中相聚的时光在减少，在幼儿园看见你和小伙伴们欢愉相处，开始明白你的生命中有了更多的人来来往往，那么，妈妈想对小小的你说："孩子，我希望你永远善良。"生而为人，总要经历种种不可揣测的事情，也许在你年纪尚幼时，不明白善良为何物。善良就是一颗本真，不自私、不自利，不把自己的满足建立在伤害别人基础上的心。如你现在，不怀恶意地去接触小朋友，不怀目的去欢笑和玩耍。

也许你会问："善良可以换成棒棒糖吗？"妈妈会说："善良不能换成棒棒糖。"但善良可以换成许多珍贵的东西，善良可以换来心安，可以让你无论经历富贵贫贱，无论身处何时何地，无论遇到艰难险阻，无论经历挫折打击，都能用坦然无畏的心去经历、去感受、去克服。善良可以换来美好，就像一个爱笑的人运气不会太差一样。善良是与美好相伴而生的，因为善良，世间一切丑恶在你的眼底都不复存在，映入你眼帘的是真、善、美，你可以触摸这世间一切美好的事物，白云苍狗、风雨变换、萌宠鲜花、挚友亲情，因为善良会为你打开世界瑰丽的大门。

孩子，我希望你保持健康。

记得这样一个故事，一个年轻人垂头丧气地走在大街上，迎面碰上一位胡须发白的老者，老者关切问道，是否遇到了难事，年轻人说，自己投资遇到金融风暴，工作被领导责骂，女朋友又分手，觉得自己一无所有，已对生活丧失希望。老者问道："你怎么会一无所有呢？我出500万，把你的双手给我，你愿意吗？"年轻人摇摇头，"我出600万，把你的双脚给我，你愿意吗？"年轻人依然摇头，"我出1个亿，把你健康的身体给我，你愿意吗？"年轻人惊恐起来，"那怎么行，没有健康的身体我要那么多的钱又有什么用呢？"

是的，没有健康，再美的风景无法目睹，再多的金钱无福消受，再恋恋不舍的人也无法相依相守。毛爷爷说"身体是革命的本钱"，本钱在，一切都可以重新开始，所有的梦想和奋斗都为时不晚。所以，妈妈希望你首先养成良好的作息习惯、饮食习惯，早睡早起要做到，水果蔬菜吃起来。其次养成一个健康心理，用澎湃的激情对待每一天的生活，像个小牛犊一样，有力、健康，向着每一天的朝阳"飞奔"而去。

孩子，我希望你拥有快乐。

刀口的疼使我躺在床上动弹不得，但每次侧身回望你嘴角的笑容时，妈妈都会忘记疼痛，你的笑是圣洁的光，在愉悦自己的同时也把快乐洒向了大地。情绪有无数种描述，喜怒哀乐爱恨嗔痴，妈妈知道，无法为你阻挡所有的风暴，仍希望你在受到委屈打击时能用最短时间忧伤，更多时间快乐。

生命是短暂的，不由人的，很多时候我们无法脱离社会环境影响，甚至不知道未来会成为什么样的人，要去何种地方，但妈妈依然希望你可以微笑着面对一切。若在严寒的北极，就笑着去看绚烂极光，去观漫天飘雪；若在烈日炎炎的非洲，就光着膀子去和黑人兄弟踢球打闹；若远离家乡亲人，就用快乐的心去感受异域的风，他乡的草；若面对生离死别，在感念的同时，用乐观的心去想重新开始未尝不是一份美好。千万不要让泪水蒙住眼帘，不要让阴霾遮住阳光，不要让悲伤做太长时间的主角。

宝贝，妈妈诚心祈求你一世安好，做一个善良、健康、快乐的普通人就好。那些世人吹捧的，不尽然都是美好，脚下有着看不见的荆棘；那些闪光夺目的，有太多我们不知的千回百转，要付出太多的辛酸苦累。妈妈希望你可以成为你想成为的人，做你喜欢做的事，只要你开心就好，我会为你鼓掌，为你守候，在家时为你收拾好小窝，远行时为你装好行囊，让爱充满你的心，伴你书写新未来。

爱你的妈妈
2018年4月

致我最亲爱的人

常芳芳　昆明局集团公司昆明北车辆段

我最亲爱的妈妈：

不知不觉你离开我已经4年零9个月了，不知道你在那边过得好不好，还有没有忍受病痛的折磨，我好想你。你走后的日子我不敢回头想、也不敢回头看，我怕自己会撑不下去，我只能向前走向前看。妈妈，我有太多的话想对你说，我知道作为你的女儿我不够孝顺，没能见上你最后一面，可是我不后悔，我知道你所有的心愿，一直都知道。我毕业走上工作岗位时，你已经是乳腺癌中晚期，做了手术在放化疗，弟弟在学校读书，这都需要钱，我的收入是我们全家人的希望，我省吃俭用，把挣到的钱全都寄给家里，可我知道这远远不够，可是我一直在努力，从来没有放弃。再后来你的身体恢复比较好在家调养，弟弟也大学毕业了，我没有放松，我知道你有一个心愿，想把家里漏雨的房子翻修一下，所以我在努力挣钱，终于帮你实现了这个心愿。你还没有好好体会一下住新房子的快乐，病情再次恶化，而我还是没能陪在病床前照顾你，我要上班挣钱为你治病。不管我多么努力，我还是没能留住你，你走了，不知道有没有在怪我。但是你走后家里看病借的钱、翻修房子借的钱，我都一笔一笔记下来，我都还清了。妈妈，我知道你最大的心愿是想看着弟弟成家，我已经帮爸爸替你实现了，弟弟已经成家现在也有了自己的孩子，过得很好，你肯定想知道弟弟结婚借的账怎么办，我帮爸爸已经还清了，你放心吧，不管家里遇到什么事，我一直都在，我会看护好爸爸和弟弟，我最亲爱的妈妈，请你放心，我们都会过得越来越好！

女儿

2018年4月

我最亲爱的老公：

我最想说的是谢谢，谢谢一直以来你的理解与支持，谢谢一直以来的帮助和包容。我知道自己并不是一个合格的妻子，我们两地分居这么多年，你没有抱怨，没有责备，反而总是安慰我让我多帮帮爸爸和弟弟，安心工作不要操心我们武汉的小家，有你在真好，我的心里好踏实好放心。我们都是铁路职工，在这份光荣职责的背后，还要付出更多的辛劳和汗水。你是武汉局的一名机车乘务员，每每想起你熬夜加班，吃剩饭或是饿肚子的情形，我都会偷偷掉眼泪。我知道你的工作压力比我大，下班回到家想找一个理解你懂你的人说说话都没有，每次从摄像头里看你拖着疲惫的身体走进家门，一个人坐在沙发上发呆好久，我的心里都会好痛好痛。我们长时间分居两地，平时只能靠电话联系，一年到头也见不了几次面，而你每次都是报喜不报忧，专挑高兴的事好听的话讲给我听。你总是说，只要我开心你就很快乐。你还说我们每次见面，像跨城市约会，每次你都会很紧张，就像是第一次谈恋爱第一次见面的感觉，可是我们明明是夫妻啊！我还清楚地记得，2013年4月那次最浪漫的约会，我乘坐客车照顾完妈妈从郑州回昆明上班，你值乘货车从株洲回武汉，在客货车交会时，按要求要鸣笛，你说那是你为我专门奏响的约会音乐，那长长的鸣笛声当时让我久久不能平静，现在想来也是激动不已。虽然我们不能经常见面，可是我们从来没有分开，因为我们有共同热爱的铁路工作，我们始终在并肩作战，这何尝不是一种快乐，一种幸福！

芳芳

2018年4月

屋脊 | 王文旭 中铁集装箱公司

我最亲爱的孩子：

萱萱宝贝，你是上天赐给妈妈最好的礼物，在妈妈失去姥姥那段最煎熬、最困难的日子里，你的到来重新给了妈妈希望和动力，妈妈知道自从有了你，就算生活不易，困难重重，也不能放弃，一切都会好起来的。萱萱宝贝，原谅妈妈不能陪伴你成长，把你留在武汉跟爸爸奶奶一起生活真的是迫不得已。妈妈爱你胜过爱一切，可是妈妈还有工作，妈妈需要工作，在妈妈最苦难、最无助的时候，是这份铁路工作、这份稳定收入帮助妈妈迈过了一道又一道坎，人要学会感恩，或许从此以后妈妈不会再遭遇那么多的事，那么难的坎，但就是那么一次又一次的帮助足以让妈妈铭记一辈子，感恩一辈子。妈妈现在能做的就是好好工作，努力工作，对得起这份工作，报答这份工作。萱萱宝贝，每次回去看你，都会发现你又长大很多，懂事很多，这是让妈妈最欣慰的地方。每次要分开时，你会默默躲起来不愿意送妈妈离开是因为你的不舍，你的不哭不闹是想让妈妈能放心回去工作，要知道你还是个不到4岁的孩子，你的贴心让妈妈更加自责。萱萱宝贝，妈妈之所以坚守这份工作是因为感恩，是因为可以跟爸并肩“作战”，就像你讲的爸爸的工作是开火车，妈妈的工作是修火车。现在你还小并不能理解妈妈的选择、妈妈的工作，等你长大了，妈妈相信你会明白的。现在，妈妈要好好工作，给你树立一个知恩图报、自立自强的榜样，希望你能活泼开朗的生活，健康快乐地成长！

最爱你的妈妈
2018年4月

千里思念遥相寄

董新月　兰州局集团公司银川供电段

亲爱的爸爸、妈妈：

见信安！长这么大却从来没给你们写过信，下笔时感觉出些许生涩，所有的话涌上心头，却又不知用何种语言写到纸上。若不是单位组织了这次“家书征文”的活动，我已经忘记可以用这样的方式来表达我对你们的思念！每次挂断你们的电话，心中有太多的感动。时光如行云流水，转眼间距离上一次见面又过去了几个月。遥远的距离也阻挡不了我对你们的思念，我想跟你们说：女儿真的很想念你们！

“身体发肤，受之父母”，谢谢你们养育了我，让我能身处这缤纷世界，能触碰这人间美好。俗话说“滴水之恩，当涌泉相报”，你们给予我的是不求回报的无尽关怀和爱护，你们对我的爱是世界上最伟大、最无私的，你们对我的养育，倾注了全部身心。现在我长大了，对父爱和母爱有了深深地理解和感激。岁月带走了你们当年的风采靓丽，脸上浮出了皱纹的痕迹，白发也悄然地出现在头上，时间真的很残酷，但是在我心中，爸爸还是最帅的，妈妈也是最美的！

还记得上次回家，你们早早地把肉准备好，给我包我最喜欢吃的饺子。我们一家人其乐融融的场景：妈妈擀着面皮，爸爸、妹妹和我一起

复兴号奔驰在祖国广袤的大地上 | 曾夏兰 成都局集团公司贵阳南车辆段

捏着饺子，调皮的弟弟看着电视，那份温暖、那种幸福永远定格在我的记忆里……有一种挂心叫思念，它会在你心中久久荡漾；有一种关心叫幸福，它会使你消除所有烦恼；有一种温情叫温暖，它会使你感到人与人之间那份真挚的感情；有一种温馨叫浓情，它不用言语描述，血脉间的眷恋，只能用心去体会。

2014年7月，我从石家庄铁路职业技术学院毕业到银川供电段参加工作，成为太中银线老盐池变电所的一名变电值班员，在所长和同事的帮助和指导下，我认真学习业务知识，坚持标准化作业，始终将安全放在第一位，遵章守纪、不断进步，现在的我已经是变电所里的骨干了。一直以来，我始终坚持在思想上、工作上、生活上以高标准严格要求自己，时刻以饱满的热情积极投入其中，得到了领导、同事的一致认可，先后被授予2016年段“先进生产者”、2017年度段“优秀团员”、局“三星级职工”、局“技术能手”等荣誉称号。你们没有到过我工作的地方，也没有看见我工作中的样子，我会发照片给你们的。女儿已经长大了，已经可以独当一面了，相信你们一定会为女儿的成长感到欣慰的。

“谁言寸草心，报得三春晖。”常常在暗夜里，脑海中不自觉地闪过你们的身影，多年的往事、曾经的感动，一幕幕呈现在眼前。“千里试问平安否？且把思念遥相寄。”我要带着这份思念，更加努力地工作、快乐地生活，回报你们的养育之恩。

对了，爸妈，我给你们寄回去的钱收到了吧？记得多买点水果，现在你们的女儿工作了，也有自己的收入，你们就不要再像以前那么省吃俭用了，也该为自己置办几件新衣服，等春检结束，我一定回家看望你们！

春夏秋冬，季节在轮回，我对你们的爱不变。信就写到这里了，我要继续工作了。最后我想对含辛茹苦养育我的爸爸妈妈说：“爸爸妈妈，你们辛苦了！”

祝身体健康，万事如意！

你们的女儿：新月

2018年4月18日

一生的温暖

宋红芳　兰州局集团公司机关

亲爱的母亲：

您好！母亲就像黑夜里的一盏明灯，在我迷失方向时，她会指引我、照亮我走向光明；母亲就像秋夜中的一轮明月，在我孤独、无助时，她会陪伴我、支持我，让我充满信心。在此我想对您说一声：母亲，我爱您！

母亲，不知道您这会儿在干什么？是蜷缩着佝偻的身子在床头寻找药丸，还是拄着拐杖坐在床边，却无时无刻依然惦念着我们这几个让您操了一辈子心的儿女。每每想到这，我总是不分场合地眼含热泪，只想好好说一句：母亲，我想您了。在给您写这封信的时候，我在想，信中怎么书面称呼您，是像往常一样畅畅快快的喊您一声“妈”，还是饱含情感的叫您一声“我的老娘”，但权衡再三，我还是想叫您一声“母亲”——这个世界上最伟大、最厚重的称呼，因为我知道，将会永远报答不了您的恩德。

母亲，您今年93了，从您出生到现在，您已近百龄的高寿，回想您的人生历程，感恩的情怀总是满满溢出。在我心中，您总是用天下母亲都拥有的无私的爱，呵护着我的成长，成全着我的幸福。从我记事起，您就是我所有的依靠，在20世纪60年代那个艰难的岁月里，您干练坚强，哺育了您的儿女。那一双双纳底的布鞋，一件件打着补丁的衣服，一席席用各种布料拼接但又精巧缝制的棉被，还有墙角那一把把总是砍伤您起茧双手的镰刀，这是我一生都无法忘怀的情节。在怀念的字里行间里，我记录着您田间劳作的身影，记录着一个个兄弟姐妹共同成长的足迹。您在公社劳作，在野地捡柴火、在山间采野菜，通过不断地劳动，来维系家庭最基本的生活保障。您性格坚强，从来不轻易向父亲索取什么，无论遇到多大的困难，您都咬牙坚持过来。您在一颦一笑、一举一动间，将坚韧、无私和伟大的母性光辉无私地赐予了我们。

慢慢地我有了自己的事业，有了自己的婚姻，却疏忽了对您的关怀，“父母在，不远行”，而我却在爱情和事业面前妥协了。我们子女在体会被人挂念幸福的同时，您却在默默咽下被别人遗忘的失落。您现在有了心脏病、白内障，而且视力已经渐渐退化了，每次您都是凭说话的声音来判断来的是谁，但总是那么准。母亲您就是那么无私地爱着自己的后辈们，在您的心中，我们永远是小时候追在你身后，给一颗糖就可以高兴一整天的孩子。您的心脏病导致我们每次的离别，都是那么痛彻心扉。每一次我们离开，您进进出出不知所措，我却不知道怎么去安慰您。在外为生活打拼的我们，总是不能常回家看看，虽然我们每天把所有的包容和精力都给了工作和生活，但闲下来的时候，我也会很惦念您，总是会不自如地想，也许下一个明天您就会和父亲一样被时间带走，有时候这种痛楚让我内心充满了对您的留恋，母亲，我从来都舍不得您。

现在我也人到中年了，也有了女儿，我更加体会到您的不容易，原来小心守护子女成长的过程是一种不溢于言表的幸福，渐渐地明白了不管多苦多累，您总是脸上有着不求回报的笑容。我感谢您让我们读书，作为那个年代的人，您不识字，但您从不吝啬成全我们对知识的渴望，是您的坚持给予了我们选择人生道路的机遇，而所有的苦您却在帮我们背负着。直到现在和我女儿在电话里时絮叨时，总是会想起您在电话里的话：“我都好，来看我记着带孩子。”想到这里，我感觉自己作为您的女儿，好不称职，没有及时行孝的愧疚之情占据了我整个心头。

最近一次见您是四天前，您越来越老了，但还是那个有着倔强性格的小脚老太太，您现在害怕孤单了，越来越像个小孩，不会打电话拨号了，听不到您的絮叨，我还真不习惯。您更多的是静静地在床上躺着，我多想您还像以前一样坐在床边和我们拉拉家常，逗逗您可爱的小曾孙们，可是您就这么老了，让我们措手不及却又无法释怀。我知道我写的这些，现在的您或许已经听不懂了，但我还是要表达，不想真到了“子欲养而亲不待”的时候，去追悔错过的陪伴。母亲，我也想和别人一样，逢年过节一回到家，能大大咧咧地喊您一声“妈”，也能依偎在您身旁，看您周周正正坐在床头擦拭着父亲的照片，给我们讲一讲过去的故事。

母亲，请保重自己，您是我一生的温暖，一世的幸福，一辈子最沉重的牵挂。

您的女儿：宋红芳
2018年4月20日

芳华逝去见真情

李艳琳　乌鲁木齐局集团公司乌鲁木齐通信段

大姐：

我新年许下的第一个愿望就是希望你早日康复。

那天得知你摔了一跤，很严重，在重症监护室。于是我连忙冒雨跑到了医院，在重症监护室，你昏迷不醒。周围都是治疗的仪器，身上插满了管子。原来你的头部摔伤了，已经做完了手术。看到你在病床上躺着的样子，我心里很难过。不禁眼含热泪。有许多话想对你说：“大姐，你千万要好起来，你可不能吓我。”记得我小时候生病发烧，鄯善的冬夜又冷又黑。你背我上医院时就这样对我说：“你可不要吓我呀！”这一次你也一定能好起来对吗？你只是太累了，想好好休息几天不是吗？你呀，就是操的心多，干的活多，吃的苦也多。从我记事起，就有人告诉我，我的大姐很能干。回忆就像一道道的心幕，被一重重地拉开了，一幅幅画面在我脑海中浮现出来……

“青青河边草，绵绵思远道。”鄯善没有河，但有一条小水沟，水沟里流水潺潺，旁边斜阳草树，芳草萋萋。暮春时节有打土坯的，还有开菜地的。打土坯的人群里有两个少女，她们是我的大姐和二姐。大姐蹲在地上负责打土坯，二姐拿铁锹负责供泥。一锹锹的黄泥沉又黏，那黄泥在她们手中变成一块块的土坯。别人家都是小伙子在干这活，而我们家只有你们。从春末到秋初，你们干的不比小伙子们慢，也不比他们差。那一年我们家盖房子用的就是你们打的土坯。

在我印象里，你的手真是无所不能。打得了土坯，做得来针线。钩、绣、织、缝纫你样样都会。可是有一天，你要离开家去农场，像一只乳燕要飞去那个广阔天地。我们全家送走了你，接下来又盼你早点回来。

牧场黄昏 | 赵海燕 呼和局集团公司集经处

终于，你来信了，还给家人买了礼物寄来。信上说：你在那里很好，那里的风景很美，你表现得也很出色。已经入了团，还要争取向党组织靠拢。你那么能干，又那么好强，怎么能够不出色。全家人为你骄傲，母亲拿着你的信，让人读了好几遍给她听。也就是那一年，我上学了，背着你钩的书包、穿着你做的花衣服、用着你给我买的铅笔盒，心里美滋滋的。有你这样的大姐真好！你是我的偶像。

你因为在农场表现出色，被抽到运校上学，然后又参加了工作，你的青春岁月是在十三间房那个沿线小站度过的，无论在哪里上班，你都省吃俭用，用微薄的工资买线、买布，给父母织毛衣，给弟弟妹妹们做新衣服。我小学时期过年的新衣和夏天的裙子都是你做的。

我去过十三间房，对那里还有印象。那里常年刮风，遮天蔽日，飞沙走石。吃水要到井里打，可是你把日子过得别有洞天。你的宿舍被打扫得一尘不染，洁白的床单和门帘上有你绣的淡雅精致的小花，案上有你用废瓶旧罐种的绿植，自制的饭菜有香有色。你说宿舍是公家分给你的，可是生活公家却不能分给你。

那时有许多人想给你提亲，可是在茫茫人海中，你只认定我的大姐夫。你说他实在、脾气好、人缘好。在我们眼里，他儒雅踏实很配风风火火的你。

你们成家了，便各自都把心思扑在工作上，他是不问收获，只管耕耘，一心只钻研业务的技术人员。你则是里里外外一把手，凡事要求完美，待人真心，对工作一片热情。你调到客运段后从列车长干到车队队长，不知付出了多少心血和汗水。

你是不服输的人，你曾经对我说过：无论是考试还是干活即使你拿不了第一，但也不能比别人差。我有一次在车上见到你在检查工作，穿铁路制服的你看起来很有风度。有人问我：“怎么你和你大姐一点也不像，她一看就像个女强人。”我只能一笑而过。你的高度我无法企及，因为我是“拖延症患者”。

我是不知道珍惜光阴的人，宋词里说的好“时光容易把人抛，红了樱桃，绿了芭蕉。”当我们坐在时光船里，任光阴为桨，渡过我们生命的河。我只能在风雨相伴的行程中任光阴摆布，看韶华似水，欢颜如花，回忆似水流年。而你呢，虽说是岁月不饶人，你亦不曾辜负过岁月。那些葱茏岁月里的爱恨情仇，那些拼搏日子里的固执坚守，都化作了沉甸甸的果实。

时光苍老了岁月，苍老了你如花的容颜。你和姐夫都退休了，本来可以过上岁月静好、现世安稳、含饴弄孙的美好生活。可是谁知你会突然摔倒，还伤的这么厉害。这可真是辛苦了我的姐夫，他那么精心地照顾你，你慢慢好转了。我第一次看你，你没有醒来。第二次看你，你醒了，但不能说话，只是流泪。第三次看你，你能说话了，但听不懂你在说什么。

你出院了，姐夫天天陪你去多个医院进行康复治疗。他是那么耐心，每次去医院看你，都能听到医院的人在夸他会照顾你，照顾得周到。不然你怎么能恢复得这么快呢！

我去看你，看到你已经好多了，虽然说话不像从前那样“伶牙俐齿”。但也能听出大概意思。你说，醒来之后，发现自己摔成那样，几乎成了废人，真是痛不欲生。多亏了姐夫的安慰和照顾。你才慢慢地好转。你庆幸你当年选对了人。就认定了这个实在的人。

你若能恢复成过去的样子，还需要一段时间，你这一病好像又比过去老了一些。你们俩完全是街上的老头老太太的模样。腰身已不再挺拔。看到现在的你们，谁会想到你们当年也曾玉树临风过呢？你们出门相互搀扶，他为你戴上帽子，你为他系好围巾……

我不禁感叹：虽然这次意外让你生病，忍受了难以忍受的痛苦，但好在风雨过后是彩虹，牵了手的手今生还要一起走。你们的芳华逝去了，留下的是相濡以沫的真情，谁说婚姻是爱情的坟墓，在你们身上婚姻是爱情的沉淀。

此致

敬礼！

爱你的妹妹：艳琳

2018年4月

温暖如初

陈小燕　青藏集团公司格尔木机务段

亲爱的妈妈：

您好！女儿有许多话想对您说，千言万语涌上心头，却又不知从何说起。我知道您对我的关心爱护是无法用语言来形容尽的。在这里，在母亲节即将到来之际，我真诚地想对您说："妈妈，母亲节快乐！妈妈，您放心，女儿已经成家立业，也有了做母亲的担当，今后的人生之路，女儿会在您的注目下努力前行，给您交上一份满意的答卷！"

时间如白驹过隙，亲爱的妈妈，不知不觉中，我已经告别了懵懂无知的童年，走过了纯真青涩的大学时代，如今已为人妻为人母。在已经逝去的二十几年的岁月里，一路风风雨雨走来，岁月在弹指间流逝，您也已渐渐的老去。

您是否还记得十一岁的我，因小事而跟您纠缠不休，是多么地叛逆？您是否还记得曾有几次让您黯然伤心的我，是多么地不孝！读到这里，您一定会想：是哪几件事呢？孩子的任性胡为，在妈妈眼中心中是顽皮吧，您一定记不起来了吧！

妈妈，由于那时家庭等各方面的原因，您只上了几年学就离开了心爱的学校。您是多么渴望学习，可您的机会已经错过，您吃尽了没有知

一路繁花相伴 | 杜宁 铁科院集团公司标准所

识的苦头。因此，您一心想让我们姐弟四个努力学习，完成您的心愿。妈妈，现在您终于可以放心了，在您的殷切期望下，我们几个已经尽我们最大的努力实现了您的心愿！

妈妈，您看过《老海棠树》这篇文章吗？它让我感觉十分愧疚。我又何曾不是那样伤害您呢？记得读二年级的时候，我有很多字都不会写，经常在做作业的时候问您那个字怎么写。有时您在忙着做家务没空搭理我，有时是您真的不知道。于是，我就埋怨您怎么这都不懂。其实我在偷懒，不愿查字典，还装模作样的埋怨您。现在想起来，很是觉得对不起妈妈。我偷懒，哪有资格说您呢？即使是现在，我也经常在类似的情况下伤害您，甚至在您的好意催促下大呼小叫的，说您烦说您唠叨。我今后一定会改正，因为我不想我的故事与《老海棠树》一样。

妈妈，虽然我们的家庭不是那么富有，但我觉得有妈妈的呵护，有妈妈的关心，我就是世界上最幸福快乐的孩子，因为我有一个世界上最好最伟大的妈妈！

妈妈，世界上的一切光荣和骄傲，都来自母爱！世界上有一种最美丽的声音，那便是母亲的呼唤！妈妈在哪里，哪里就是最快乐的地方！妈妈是我的第一任老师，一个充满慈爱和无私奉献精神的最伟大的老师。如果说爱如花一样甜美，那么妈妈就是那朵甜美的爱之花！

还记得在我出嫁的前一天晚上，您对我语重心长的话语："出嫁以后不像在家里，不能再任性耍脾气，要考虑别人的感受，要孝敬公婆……"反正好多好多。第二天我要走了，出家门时我回头看见您满眼噙着泪花，我知道那是您对女儿的不舍、牵挂……我顿时鼻头酸了，这是我生平第一次如此仔细地端详您的面孔，理解您的眼泪。

妈妈，现在我也有了自己的孩子，也就更能理解当初您对我付出的一切。我逐渐发现，这世上曾有太多的爱被我淡忘和忽视。原来的我，那么理所应当地享受着来自家人无私的宠爱；现在的我，仿佛一觉醒来，拼命地搜寻着记忆里那些被我遗忘的温情瞬间，却忆起了曾经自己的许多不好。我偷偷地流过泪，却不知道能为您做些什么，我从心里对您说："对不起，妈妈！"您把我带到这个世界上，辛辛苦苦地养育我，而我却还没有报答您的养育之恩。那就让我从现在开始，尽自己所能，报答您！

妈妈，谢谢您让我懂得了生活，明白了人生。我们活在世上，要懂得感恩。现在的我，渐渐地变得愈发的成熟。以后的我会怀着一颗感恩的心去回报您！

您给的温暖依然如初，让我在这远离家的地方能够安心工作、生活，谢谢您，妈妈！

想念您的女儿：燕

2018年5月6日

小情人

刘美华　青藏铁路集团公司德令哈车务段

亲爱的宝贝：

再过70天你将迎来3周岁生日，9月即将开启幼儿园的新生活。妈妈似有千言万语，竟不知从何说起……

时光飞逝，在过去的1022天，你已经从襁褓中那个身长49厘米，体重5.6斤的小婴儿，长成了一个身高102厘米，体重28斤，健康快乐、聪明伶俐、活泼可爱、亭亭玉立的小美女了。在这些美好而不可逆转的日子里，虽然我们聚少离多，但妈妈每天都在享受着你给我及所有人带来的欢乐和惊喜，见证着你一点一滴的成长和进步，幸福体验着为人母的神圣和妙不可言。

由于爸爸妈妈在异地工作、爷爷奶奶身体不好，爸爸妈妈无法将幼小的你留在身边，不得不在你8个月大的时候，将你送到姑奶奶家由姑奶奶帮忙照顾。尽管爸爸妈妈无时无刻不在牵挂你，但由于工作繁忙和路途遥远，也只能最多一个月看望你一次。为了能实现短短的相聚，爸爸妈妈都要提前好几天谋划好行程和安排，给你买好多新衣服、玩具、故事书、好吃的……尽管爸爸妈妈深知你需要的不是这些东西，但事实上，现实的我们给不了你最需要的陪伴，能给你的也只能是这些。每次短暂的相聚，爸爸妈妈都十分珍惜相聚时的每一分每一秒，无时不在期盼时间能够驻足，那样我们就能多陪你一分钟！

时间过得真快，前几天还沉醉在你第一次迈开步伐独自行走、咿咿呀呀学说话时的兴奋中，今天就要面对你分别时一句句“妈妈，别走，妈妈，别走……”撕心裂肺地央求。妈妈清楚地记得你一岁半时，特别喜欢看棉花糖和云朵妈妈的动画片，所以每次看见我或者我的照片时，你就会说这是我的云朵妈妈，那是你第一次给妈妈取了一个妈妈喜欢而又心酸的称呼。是啊，妈妈就像天上的云朵，漂泊不定，来得匆匆，去得也匆匆。

妈妈还清楚地记得，在你两岁生日的时候，爸爸妈妈工作忙，没顾上回去给你过生日，姑奶奶给你准备了新衣服、好多好吃的，还叫了姥爷、舅舅、姐姐等好多亲戚陪你一起过生日。你那时就是不肯穿新衣服，不让拍照片，弄得大家心情都没有了，生日也没过好，当时姑奶奶和我视频的时候，我还批评了你，说你不是乖宝宝！把你还训哭了。晚上姑奶奶打电话说，当小姐姐唱世上只有妈妈好的时候，你竟然莫名其妙地哭了，哭得好伤心，大家才明白你“不好地表现”，只为了表示你想爸爸妈妈了！也是那时妈妈才明白，妈妈错了，妈妈忽视了你的心里成长，幼小的你，真正需要的是我们的陪伴。以前妈妈认为你只是一个小不点儿，啥也不懂，妈妈没想到一个两岁的小孩，心中竟然会有这样多的想法，是你让妈妈成长。

上次妈妈回家看你，当妈妈开门的一瞬间，你小小身影即刻进入我的视线，你看到我时一下子跑回卧室躲起来不见我，不让我靠近，好像是见了一个既熟悉又陌生的人，当时妈妈还有点失落，然而过了十几分钟，你又来了一个大转弯，从卧室出来跑到我身边，娇滴滴地对我说：“妈妈，我刚才还惦记你呢！”“哦，我的宝贝，你惦记我呢！妈妈一直想你呢！你太让妈妈感动了！”我一把抱起你，在你的脸上亲了又亲。你紧紧地依偎在我怀里。那晚，你从睡梦中醒来，喃喃地对我说：“妈妈，我刚才又想你了，你别走。”啊，我的宝贝，妈妈又被感动了。多少次，当你甜蜜酣睡的时候，我久久地注视着你，轻轻地帮你捋好散在脸上的细细发丝，温柔地亲吻你的脸颊，那一刻，我的心灵被自己，被眼前这个可爱小天使感动得像细雨滋润的大地。

都说女儿是爸爸的“小情人”，可我一直觉得女儿更是妈妈的“大情人”！那些你和我共创，且像两个朋友玩的亲子游戏陪伴我们度过了多少美好、欢乐和难忘的时光。一个眼神、一个微笑、一个口型、一个手指的轻弹，让我们彼此心领神会；一个拥抱、一个亲吻、一个抚摸、一个十指相扣，让我们的心贴得更紧。有的时候，我是如此渴望时间静止，好让一个又一个的瞬间凝固；而有的时候，我又是如此期盼你快快长大，那样爸爸妈妈就可以把你留在身边，陪你一道去探索人生更多的精彩。

宝贝，爸爸妈妈对你的爱是无限的，对你的思念也是无限的，在思念之余，爸爸妈妈希望你能独立、健康、快乐地生活。现实将我们分离，但在心中我们一家人是紧紧相拥的，我们要坚强，慢慢适应这样的生活，调整好各自的心态，积极工作、学习、生活。每个人的一生都不是一帆风顺的，只有经历过磕磕绊绊，我们才能真正地成长，环境能够改变人，也能造就一个人。在宝贝即将开始学习的旅途之际，妈妈希望宝贝要独立、学会分享、懂礼貌，做一个善良、懂事的小宝贝。

我亲爱的宝贝，要说的实在太多，爸爸妈妈只希望你——我最亲爱的女儿，健康快乐平安！妈妈提前祝三岁的你生日快乐！

爱你的妈妈
2018年5月

想你的夜

宋　慧　中铁六局太原铁建公司

宏涛，又一次在电视上看到了你。我也想你了。

身为你的同事和妻子，我为你感到骄傲和自豪。今晚的项目部又是个不眠之夜吧，同样不眠的我，想和你说说心里话。都说工程人胸怀天下、四海为家，可我们这些家属的心就像蒲公英，你们走到哪儿，我们的心也跟着在哪儿安家。今天突发奇想，给你写封信吧！

宏涛：

又是两个月没见了！工地上忙不忙、累不累？项目经理的活不好干吧！

听说你们那儿马上要封锁施工了，肯定很忙，一定要注意身体，儿子天天吵着要和你视频，我和妈都惦记着你！

你不在的时候啊，妈经常给我讲你小时候的事，说你从小懂事、要强，是全村为数不多的能考上大学、走出大山、留在城里工作的孩子。如今三十多岁就当上了项目经理，你不知道，妈说这些的时候，有多满足、多骄傲。那天邻居来串门，夸妈养了个会挣钱、能干的好儿子，我随口说你是第一责任人，没事的时候挣工资，出事的时候还挣处分呢！没想到这句话竟让妈呆坐了一下午。晚上躺在床上，妈欲言又止，小心地问我："啥叫第一责任人？"我真不知道该怎么说。只敢告诉她：项目部干得好，你第一个就能带红花。妈睡了，可是我一夜无眠。

那天，我和妈一起看电视，新闻里播报着一起隧道塌方事故的画面，看着伤者家属痛苦地哀号，看着项目负责人被厮打、扭拽，看着他被带上警车的那一刻，我后背直冒冷汗，我永远不想看到这样的事情在你身上发生，我更不敢告诉妈，这也是第一责任人。

宏涛，每次你回家，"抱"得最紧的就是那个电话，从早到晚的，不是为进度愁眉不展、就是为资金挠心挠肝，可作为妻子，我不管什么进度工期，更不在乎你当多大的官、能挣多少钱，我只想一家人能平平安安地经常坐在一起吃饭，等我们头发都变白了还能相依相伴。我担心你的安全、担心项目部出事故、担心其他员工发生危险。

上次我和妈去工地看你，看见一张张稚嫩而又充满朝气的笑脸，听说那是刚刚入企不久的大学毕业生。妈说看得出来，他们还没你弟弟大，这么小就离开家，万一再磕着碰着，这要让当妈的看见肯定比剜了心头肉还难受。可是这些背井离乡的孩子，已经远离父母成为他们全家的支柱和希望。如果真的发生意外，你将心比心地想想，那些伤者、死者的父母、妻儿该痛苦成什么样？他们的家庭将会瞬间崩塌啊！记得你曾说过，现在项目部施工都为农民工办了人身伤害保险，出事后伤亡人员可按规定得到一份抚恤金。我听了心里酸酸的，我想尽管人与人之间的身份地位有所不同，但那份骨肉亲情却都是一样的啊！谁愿意为几万块钱背负那中年失伴、老年丧子、幼孤无依、悲天怆地之痛呢？宏涛，你也是苦孩子出身，如果你还记得过去你们一家人为了碗里最后一块红烧肉而推来让去的情景；如果你还记得妈妈在昏暗的灯光下仔细数着一元一角的零钱为你凑学费的情景；如果你还记得结婚前妈妈把你寄给她花而她却攒了一纸袋的钱塞在你手里的情景；如果你还记得每次你出远门，整晚都睡不踏实的妈妈总拖着瘦小孱弱的身体，站在凛冽的风中，望着你渐远的背影久久不愿离去的情景，你就该珍惜、关爱你身边那一个个可爱而鲜活的生命，让他们的家庭能够安安全全、团团圆圆。宏涛，这难道不也是你的希望吗？

“家”的基础是完整和平安，保障这个基础的是施工生产的安全、是企业的平稳发展。这才是你，作为一个“家长”的担当。担当的不只是我们这个小家的希望，更有上百个家庭的期盼。

宏涛啊，对责任要像对生命一样珍重，对企业要像对“家”一样珍惜，这个“大家”才会成为庇护我们的港湾，我们的“小家”才能无风无雨、团团圆圆。宏涛，你给我听好了，你欠我的，欠孩子的，欠这个家的，你在外面一定要好好的……

宏涛，每次想和你好好说说这些事的时候，你总嫌我烦，可是我就是这么没出息，没出息地牵挂着你。想和你商量给果果买哪套试题，报哪家补习班，学什么才艺；还想着，等单位团购的房子交了钥匙，咱们一起去买家具、置新居……

宏涛，我想你了！

爱你的妻

2018年5月

写给你 我的爱人

杨 舒 中铁隧道局一处

亲爱的：

时间就像窗外吹过的风，看似无形，但当你伸出手，就总能触摸到风的轨迹。我们一起携手走过的路也如同这时光一般，纵然匆匆，但回首往昔，点点滴滴都已融化在心里。

你说，你工作已有七年了，从毕业到现在从未离开过，终日以青山为伍，与图纸为伴。手电筒、卷尺、安全帽、水鞋是你摸过最多的东西。你说你亏欠我很多，今生都无法还清。你我相恋三年，结婚四年你陪我的日子真的是少之又少。结婚，你请了半月假，却在婚后第四天被召回工地。女儿出生，你在家待了十天，再见面时女儿已经学会了站立。曾经心有怨言的我，也一度对别人说，嫁给你这种工程男，跟单身没啥区别，所有的事都得自己扛。

还记得我们恋爱时你已经在工地上班了，由于你工作的特殊性，我们聚少离多，每每遇到什么节日之类的，身边的朋友总是成双入对，令我很是羡慕。这还不是最要紧的，最难过的日子还是生病或者无助时你也不能陪在我身边，甚至有时候连电话都打不通。记忆中恋爱三年你没有陪我看过一次电影，偶尔回来陪我几天也是电话繁多，甚至加班也是家常便饭。我也时常埋怨你，甚至老提分手，但每每总是被你对工作的那种热忱打动。印象深刻的是你给我写的那封求婚信，木讷少言的你用我最钟爱的方式一笔一画地在信纸上承诺以青山为证，会努力工作给我一个美好的未来。就这样我们才最终熬过了靠信念维持的异地恋走上了婚姻的殿堂。

后来，我真的想走进你的生活，看看你说的不后悔选择的事业究竟是个什么样子。我作为你妻子，我也想像舒婷《致橡树》中所描绘的一样，以一棵树的姿态与你并肩站在一起。于是我含泪吻别了孩子，告别了之前的工作和生活毅然决然地加入了你的生活。当我真正走进你的世界才终于体会到你的辛苦和不易。

乐在其中 | 廖岩 哈尔滨局集团公司

我们在一个办公室工作，说过的话却屈指可数，清晨你就急匆匆地赶往工地直到午饭时间才能回来，有时候午饭也回不来，等你吃饭已经司空见惯，成了我的习惯。就算待在办公室里，你也是忙这忙那，看你那忙碌的身影，我也不忍打扰。不知从何时开始，枕头上被单里总能发现你大把掉落的头发，也不知从何时起，你从未穿过一整天干净的衣服，总是沾满泥浆，更不知从何时起，曾经那个阳光帅气的小伙子变成现在这个头发长了没时间出去理，胡须长了来不及去剃的“沧桑老男人”。也不知道你多久没睡过一个囫囵觉了，记不清有多少次被你频繁的电话从熟睡中吵醒，几近崩溃，面对我的唠叨埋怨，你总是跟我说：“对不起，让你受苦了，拿人家工资总得对得起这份工作吧！”看着你疲惫的双眼，我的心也是揪着痛，恨自己不能替你分担些许。

或许是你太过匆忙，每次跟女儿视频时都忘记取下安全帽，以至于女儿每次看到安全帽都说这是爸爸的帽帽；或许是你离不开这份工作，一年到头回家那么一次的你，我的亲戚朋友都快记不清你的样子；也或许是你，早出晚归，一天到晚，七七八八的事让你连口水都顾不上喝，才会使不到三十岁的你就有了结石。也记得，你曾骄傲地告诉我，你工作的意义所在，你说正是因为有了大批隧道人的坚持，我们现在的道路才四通八达。当多年以后乘坐火车穿梭在自己修建过的隧道时再回首当年那些挥洒青春的日子将会是多么幸福和自豪的事情。

如今，我已理解了你所有的苦和累还有无奈和梦想，我不再埋怨，我真心为你感到骄傲！

岁月终会改变一个人的心境，从前我的爱情观里满是山盟海誓，风花雪月，轰轰烈烈，而今我更期待天长地久，心里装的更多的也是柴米油盐，脑海里想得最多的也是陪伴和懂得。其实，人生就是一个寻找温暖的过程，走遍千山万水，寻的不过是一份踏实安稳。看过无数的风景也不及有人为你留盏照亮回家路的灯。为爱工作，带爱前行。今后的日子无论多少风雨，我都愿意与你相依相扶，以款款深情，徒手敬岁月。

舒

2018年4月

妈妈的拜托

鞠鹏华　中国铁建大桥局三公司

朋朋宝贝：

时间过得真快啊，在妈妈眼里昨天的你还是个饿了便哭，饱了就睡的小婴儿，今天你就变成了蹒跚学步、古灵精怪的小男子汉。当你远远看到我，一边踉踉跄跄向我跑来，一边奶声奶气喊着“妈妈”的时候，我似乎无法想象你还停留在用月计算的年龄。

回想月子里的时候，深夜里我凝望着甜睡的你，轻轻将小手、小脚含在手心里，喃喃自语道：“这么小的人儿啊，一定要健健康康地长大哦！”你似乎听到了妈妈的心声，出生以来不挑食、不闹夜、不生病，同事们都笑着逗你：“这个胖小子，真结实。”

这几日你突然生病了，高烧近40℃，连续四天的高烧，折磨得你连睁眼睛的力气都没有，只是软塌塌地趴在我或是奶奶的肩膀上不断地“哼唧”。终于第五天的时候，烧退了，看着你捧着奶瓶，大口地喝奶，我们悬着的心落地了。我瘫坐在椅子上，正好对视上奶奶的眼睛，心里一紧：她双眼通红，头发蓬乱，满脸疲惫却紧紧盯着你。奶奶是个有轻微洁癖的人，此时裤子上还残留着你吐奶后的奶渍。我眼睛一热，轻声说道：“妈，朋朋没什么事了，你去歇会儿吧。”奶奶摸摸你的小脸说："没事，我不累。我去给宝宝煮点儿稀饭，孩子刚好，怕他肚子空。"看着奶奶出门的背影，我突然释怀了为什么你最先学会叫的是奶奶而不是妈妈。想想这几日，奶奶几乎通宵不睡，隔一小时给你量一下体温。当我不小心睡着而突然醒来，发现奶奶仍然在用温水给你擦身，搓脚搓手，甚至你一个翻身，她也会立马坐起来。当你在急诊室排队打针时，奶奶一整天滴水未进，只是在你打完针睡着时，才被我逼着坐在医院的长椅外胡乱吃一碗泡面。她甚至将你每天吃药的时间用笔写在纸上，贴在墙上，生怕弄错。几天下来，奶奶的眼眶明显凹了下去。

一直以来，我对"隔辈亲"存在一定的偏见，总感觉这里面夹杂着太多溺爱，太多纵容。今天，当我重新审视这份情感时，我甚至有些羞愧。从你出生开始，奶奶便离开老家，随着我们到项目照顾你，从未离开过一天，你的饮食起居她照顾得事无巨细。她知道你什么时间要喝奶，什么时间要睡觉，什么时间拉臭臭，喜欢吃什么口味的辅食，喜欢玩什么游戏，你所有的习惯她都了如指掌。以前的老邻居打电话给奶奶："老刘啊，孙子都一岁多了，断奶了你就带回老家吧，不然你在那边人生地不熟的多寂寞啊！"奶奶笑呵呵地说："我也想家，想你们这些老姐妹啊。只是宝宝还是要在父母身边长大才好。只要对宝宝好，我在哪儿都一样。"为了你，五十多岁了，她开始学用手机上网，浏览的全是关于婴儿饮食、早教知识，她教你垃圾要扔进垃圾桶，教你学会和小朋友分享，教你爱爸爸妈妈，遇到觉得好的育儿知识她都会记在一个小本子上。她在网上查菜谱，变着花样给你做，用她的话说："我要保证宝宝每天不重样，健康又绿色，这是科学育儿。"素来连超过300元的衣服都舍不得买的奶奶，却要我们给你报早教班，说她查了，早教有助于孩子全脑开发。看着奶奶一脸认真的样子，我都觉得我这个妈妈当得太敷衍了。

现在的你刚刚学会走路，只要睁开眼睛一刻都不停歇，有的时候我都会想躲开，奶奶却从没有不耐烦，无论你走到哪儿，她都会拿着水瓶紧跟在后面，无论你怎么翻东西，扔东西，她都会不厌其烦地收拾一遍又一遍。每天按时给你吃水果，每晚洗脸、刷牙，睡前擦护肤霜……她总是说："哎哟，看我宝宝长得多快哦，再过几年奶奶就要下岗了。"口气充满着不舍，而你每次都会一边喊着"奶奶，奶奶"，一边紧紧搂着奶奶的脖子，亲了又亲，这样温馨的画面甚至让我有些嫉妒呢！

朤朤，你是不是觉得妈妈有些啰嗦？其实，说这么多，妈妈真正想说的只有一句："谢谢。"谢谢奶奶这么爱你。从你出生，奶奶对你的照顾，妈妈一直看在眼里，谢在心里。妈妈很气自己的扭捏，很多次，很多场合想正式地和奶奶说声："妈，谢谢您对我的迁就，谢谢您对朤朤的爱护。"可每每话到嘴边却开不了口。今天，妈妈写这封信给你，虽然你还那么小，虽然你还不懂得如何表达谢意，但妈妈知道只要你每天多叫几声"奶奶"，多亲亲奶奶，这就是对她最好的感谢。所以，妈妈在这里想悄悄地拜托你：替妈妈多抱抱、多亲亲奶奶，替妈妈表达感激之情。妈妈也在这里保证：我将在最短的时间内克服自己的羞赧，真心地说出："妈，您辛苦了，谢谢您！"

朤朤，妈妈说到做到，我会用自己的实际行动去感恩，去做你的榜样，让你永远生活在有爱的家里。

爱你的妈妈
2018年3月8日

禀父母

胡玉梅 中国中车眉山公司

父母亲大人膝下：

岁至戊戌，时已仲夏。久未归家，不知二老尚可安康？儿处他乡，至为挂怀。吾自结业于兰州理工，有幸投身眉车已逾半年，承蒙不弃，纳为同僚。数月以来，一切安好，二老无需挂念。每每思之，阔别双亲，离别甚久，惭愧不已。

眉车，斯企者，轨道交通之属，史之长久，名声赫赫，转型升级，前程似锦。于货车之成就，佳誉四方。数年来，良才云集，工匠之心，余见习期间，不敢以勤勉自居，尚不至疏懒懈怠，受益良多。蜀地民风淳朴，人心向善。业内上下皆为良师，吾才疏德浅，幸得其多有提携，知遇之恩，铭记于心矣。吾自觉三生有幸，悠悠二十余载，无论求学或从业，皆有贵人指点迷津，方能顺风顺水，以至今日。若非此，仅凭已之愚钝，纵悬梁刺股，亦难至此，更罔论前程。自当不忘恩情，精进图强，不失所望也！从业后，吾岁轻历少，时有忧思烦闷萦绕，幸有知己伴余左右，分之担之，引之导之，宽吾之心，解吾之事，实乃人生之幸事也。

巴蜀之家，闻名遐迩。青树翠蔓，花草蔼蔼，天朗气清，夜雨绵绵，有别于西北之孤漠黄沙，东北之冰雪寒尺。坐看东坡故里之风韵，遥望峨眉乐山之雄伟，美哉！

仅当残月当空，孤夜难眠，思念颇深。父母思而不能望，负愧之心顿起，不禁泪眼婆娑。每逢佳节倍思亲，诚然也！将至五一端午佳节，恨不能身添双翼，远涉千里，侍於二老左右。故临窗而坐，吁吁良久，惟叹时光不再，人生须臾，往事不复耳！二老年过半百，操劳半生，本该坐享天伦，然父仍外出为事，母操持家务，不得清闲之福，均积劳成疾……此乃为女之过也。古人云：羔羊跪乳，乌鸦反哺。吾远赴千里，忙于事业，不能躬亲照料，每念及此，羞愧难当。父亲早患胃疾，请谨遵医嘱，按时服药，切勿操劳。母亲身体不佳，华发已生，为女不能朝夕相伴，万望见谅。切记调养休憩，望早入寝。吾本性口拙，亲昵之语甚少，难表对二老敬爱之情，实则父母之恩时刻不敢忘。愿祈双亲安享晚年，福寿延绵！

二老之教诲，余铭记于心，日夜不敢忘也。布衣世家，更当专心致志，以求事业有成，报双亲深恩。愿早日绕与膝前，朝夕相伴，共续团圆，以尽孝义。

涕零与笔墨齐下，言之不尽！愿二老加衣戒护，勿生他病，勿念。诚祝安康！

女

2018年4月25日

致最知心的朋友

于明敏　中铁物资现代物流公司

亲爱的老爸：

见信安好，聊表感恩和思念之情。常言道父爱如山，母爱似水，而我的记忆中您的爱如大山般包容我，亦如涓涓细流滋润我的心田。您时而是无所不能的超级英雄，时而是我最知心的朋友。

一直以来，我们就像形影不离的好朋友。小时候我喜欢跟在您的身后，学着大人的声音不经意的喊一声“老于”，引来一阵笑声，然后乖乖地等您工作完陪我玩耍。我们之间总有说不完的话，即使去外地上学后，我也会常常给您打电话，电话的内容可以是一起分享新鲜事，也可能是我们遇到了什么烦心事，需要找个人倾听，当然大多数时候都是您为我排忧解难，偶尔也会通过我们的聊天让您放下心头的不愉快。自以为您是目前为止最了解我的人，我的一举一动，你都能猜出我心中真正的想法。也许是交流的多了，我也越来越了解您，从电话的一头听您的声音就能够猜出您彼时的心情，知道您简单的话语背后想表达的意思。不同于其他父女、父子的相处方式，我们之间是无障碍沟通，这是我最大的幸运，让我一直以来都倍感幸福。

在已经过去的二十余年里，在您和妈妈无微不至的呵护下，我度过了美好童年和学生时代。小的时候无忧无虑，对您和妈妈给予的关爱习以为常。随着年龄的增长，需要面对的事情越来越多，才愈发感受到家人关爱的那份力量。在我的脑海中，大学保研和研究生毕业求职的那些日子尤为深刻。保研时，一方面我非常希望能够回到北方读研究生，这样可以离家更近一点。另一方面担心北京院校竞争大录取不了，又不甘放弃保研的机会，所以保研复习和全国各地面试的那两个月，只有看书学习、与你们聊天才能缓解心头的焦虑。有的时候一边打电话一边流眼泪。您大概是明白我的小心思，也会用细腻的语言宽慰我说："即使你留在了南方，我们也可以都到南方生活，那里山清水秀，也很宜居。放下压力，轻松上阵，也许会有意想不到的结果。"您和妈妈不放心我一个人到北京面试，陪我奔波在各个学校时，紧张的程度一定不低于我吧。当我们面试完最后一个学校，下楼时收到理想院校的录取短信通知时，三个人都激动地都流下了泪水。每每想起那段时光，我都觉得是你们的爱让我变得更加强大，有勇气坚持下来。

2017年的毕业季，我又遇到了十字路口，这个时候，您和妈妈又不得不为我操心一番。经历了半年多的备考、求职，我整个人很长一段时间处于焦虑的状态，不知道未来该何去何从，不确定是否应该留在帝都，不清楚应该选择一份什么样的职业。于是很长一段时间像是无头的苍蝇乱撞，"撞得头破血流"的时候，就会想到我的避风港——我的家人，总希望能够像小时候一样，有人帮我指路、有人为我带路。但这一次似乎真的不一样，所做的每一个选择似乎都没有绝对的对与错之分，你们虽然对我的选择有倾向性，但更希望把最终的选择权交给我自己。于是在巨大的压力下，我偶尔会发脾气，偶尔悲伤郁闷。那一段时间，仿佛觉得自己又走到了低谷，曾一度质疑自己。我第一次觉得万能的老爸怎么不发挥超级英雄的作用了呢？开始对您的言行，甚至是思想观念予以否定。那段日子，仿佛把我这么多年积攒下的叛逆，一次都用尽

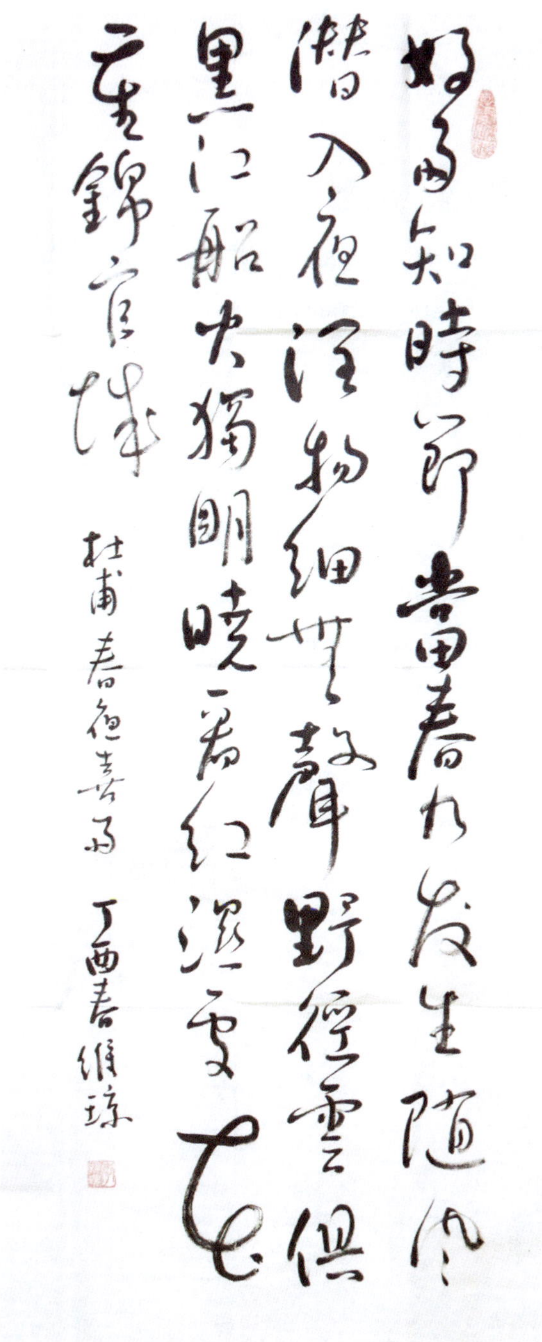

春夜喜雨 | 李维琼 北京局集团公司石家庄建筑段

了。但您并没有对我失去耐心，仍全方位地关注我的动态，并根据我的动态来了解相关择业、就业信息，认真帮我分析，提供建议。随着工作的落定，入职前我回家休息了一周，静下心来思考，消极的情绪也慢慢减弱。恰逢看了《摔跤吧，爸爸》这部电影，我和您聊观影感想，把我们那段时间的心理动态都拿出来畅谈，我似乎豁然开朗了，明白了您的良苦用心，那段纠结、奋斗的日子对我来说也是一段成长时光。于是在我走上工作岗位那天，我写了一篇长长的微信，向您表达深深的歉意，也感谢您一直陪在我身边，给予我支持和鼓励。

虽然总喜欢叫您老爸，也偶尔会开玩笑直呼“老于”，但是您并不老，“老”字的使用更多的是想表达对您的崇拜之情。在您身上让我感受到言传身教的力量，您的一举一动都对我产生了潜移默化的影响，您坚守在工作岗位二十余年，让我感受到了坚持和毅力；您做事的一丝不苟，让我感受到了严谨认真；您为人处世处处为他人着想，让我感受到了善良……所以无论是学生阶段，还是工作时期，这些准则我都在努力坚守。

老爸，在这里还是要真挚地道一声："您辛苦了，谢谢您！"您和妈妈为我和姐姐撑起一个温暖的家，做了很多年的"嗑米虫"，现在我终于不是家里唯一的"嗑米虫"了。每当看到您工作比较忙的时候，都希望您可以早点退休，好好享受生活。您总会开玩笑说要继续为我撑起一片天，在您强大的羽翼下成长的这些年，对您的感激之情无以言表，未来您和妈妈的那片天，我和姐姐也会全力撑起。小的时候都是我在闹，您在笑；长大后，我希望看到您一直围绕在我身边开心的笑。现在的我也很庆幸，在离家比较近的北京工作，可以有更多的机会和时间陪伴在您和妈妈身边。

信短情深，永远爱您，我的老爸，愿您开心快乐每一天！

您的女儿

2018年4月16日

父爱有痕 岁月无迹

谭 枫 中铁集装箱公司上海分公司

厉害了，我的国 | 黎盼 中国铁建电气化局南方公司

亲爱的爸爸：

二十三年前，一个婴儿在一个普通家庭呱呱坠地，响亮的哭声给这个家带来了充满泪水的喜悦，这个婴儿，是我。那个满含热泪小心翼翼抱着婴儿无所适从的男人，正是你——我亲爱的爸爸。第一次做爸爸的你，既兴奋又紧张，如今妈妈还会念念不忘地取笑你第一次抱我时错误的姿势。你手忙脚乱地迎接着我，然后对着什么都不懂的我取了个诗意的名字，“停车坐爱枫林晚，霜叶红于二月花”，希望我能像枫叶那般成长，灿烂热情并充满坚毅。

你曾对我说爷爷很早就离开了你，你没有与父亲相处的记忆，不知道爸爸应该怎样去爱孩子，但是我知道别人家爸爸能做到的，你一样也没有少。我小时候没有爷爷奶奶照看，两岁时你就把我送到县城最好的私立幼儿园。那时候每天早上你和妈妈一起骑着自行车送我上学，每次快到学校我就抓紧你的衣角，希望这条去往幼儿园的路还能更长更久一点。有时候调皮的我也会让你无比烦恼：我能准确地找到你费尽心思藏好的娃哈哈，我会撒娇耍闹让你去买我最爱的洋娃娃，我还会趁你们上夜班时在家里胡闹——把玻璃杯打碎又偷偷扫干净。你总是说我这个孩子又可气又可笑，最后却总是耐心地、慢慢地跟我讲着小道理。

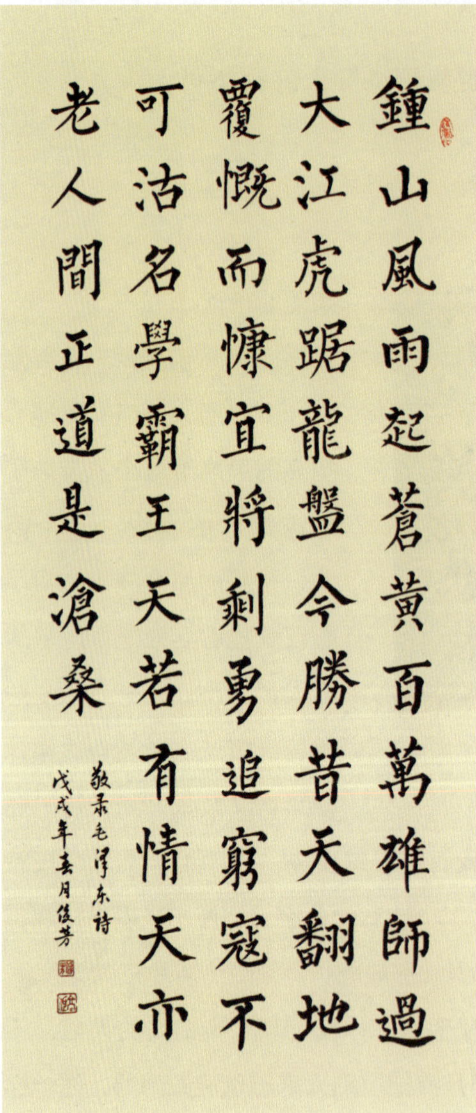

毛主席诗 | 高俊芳 西安局集团公司绥德电务段

你说奶奶不识字，但是她从小就教导你“书中自有颜如玉，书中自有黄金屋”。你小时候生活很艰苦。奶奶一个人把四个孩子拉扯大，作为家中老幺，哥哥姐姐们竭尽所能供你读书，最终你成为家里唯一的大学生。“读书能改变命运”，你是这句话最有力的证明，你的赤子情怀一直影响着我对知识的追求与渴望。记忆中你给我买的第一本书是《十万个为什么》。我从书中知道了万里长城到底有多长、蚂蚁为什么会排队前行……这本书为我解答了小脑袋里的许多疑问。从那时起，最快乐的时光便是与你一起窝在书房里共同品味精神食粮，共同在知识的海洋里遨游。

上小学时，你托朋友在邮政局帮我订阅了《青少年日记》《小百科》等期刊，每到月初我都会坐在家门口，满心期待地等着你把新书带回来，然后废寝忘食地一口气读完。偷偷告诉你一个秘密，我近视其实是午睡时偷偷在被窝里看童话故事造成的。当时《安徒生童话》这本书我大概看过十遍，每一个故事都能倒背如流：我坚信丑小鸭终会变成白天鹅，我知道拇指姑娘一定能突破黑暗走向光明，我看到豌豆上的公主没有被外表掩盖住内心的光芒。我从中学会了对美好境界、美好理想的追求，明白在自信、自强、自立中成长，才能战胜生活的挫折和苦难，最后实现自己的小目标。上中学后，繁忙的课业让我丢失了和你共同阅读的时间和小快乐。即便如此，你也会常常在网上为我挑选书籍。冰心老师的《繁星·春水》、鲁迅先生的《且介亭杂文》、霍金的《时间简史》、加西亚·马尔克斯的《百年孤独》……家里的书柜换了又换，数不胜数的著作名篇，都是你送我的爱不释手的藏品。

走过许多路，看过许多书，可中学时理科成绩却一直很普通很平庸。老师曾把你叫到学校，你回来笑脸依旧，只说了一句话："纸上得来终觉浅，绝知此事要躬行。"但是从那天起，你放弃加班、放弃娱乐，只要一有时间就钻研我的数学、物理课本，每天坚持给我讲两个知识点，做两道例题。别人在出差时你在给我讲题，别人在打牌时你在给我讲题，别人在旅游时你还在给我讲题。那时候的我还不懂事，我偶尔也会埋怨你把我管得真严，你却没有生我的气给我讲大道理，而是拿起我的课本回到房间继续钻研。现在的我多么感谢当时的你，没有放弃那个不那么听话又不那么聪明的女儿。我所有的成绩里，都承载了你对我深深的爱意。

你在日常的举手投足中给我树立起了榜样的力量，你在挑选的书籍里给我传递着知识的奥妙，你在数理化的题海里给我传授着身为学子的乐趣，你用细腻而又深沉的爱让我明白了何谓父爱如山。自我懂事以来，看见你流过两次眼泪。第一次是奶奶过世，第二次是送我去北京求学。以前是奶奶送你，现在是你送我。在你陪伴我成长的一朝一夕里，你给予我的太多太多。我的每个动作都有你的印迹，是你教会了我真正的勇气，是你教会我要脚踏实地。

“父母之年，不可不知也。一则以喜，一则以惧。”因为天增岁月，你们在增寿，身体康健，精神健旺，做子女的我怎能不高兴呢！但又平添一丝忧虑，因为你们双鬓上生出的白发，就像是伴我成长的代价。不过没有关系，从我成为你们女儿的那一天起，就已注定我们的羁绊是永恒的，我们一起快乐地成长，一起在岁月里感受这五味人生，因为有你们，我会热情、灿烂、幸福地度过每一天。

岁月的流逝是无言的，当我对岁月有所感悟时，一定是在长久的回忆中。愿时光能缓，快乐常驻；我不长大，你不变老。

您的女儿：谭枫
2018年4月

致跳跳

丁　莹　铁道党校

亲爱的宝贝儿：

你好！

“我的好妈妈，下班回到家，劳动了一天多么辛苦呀。妈妈妈妈快坐下，妈妈妈妈快坐下，请喝一杯茶。让我亲亲你吧，让我亲亲你吧，我的好妈妈。”

正逢母亲节，刚满两岁的你唱了一首歌谣送给我，还附上“母亲节快乐”作为祝福。你稚嫩的童声在我耳边萦绕，萌萌的表情在我眼前闪耀，我心里暖暖的，鼻子酸酸的，真想在你圆嘟嘟的脸蛋上亲个不停。谢谢你给了妈妈这么好的礼物！

宝宝，从你呱呱坠地至今已经两年有余。我还很清晰地记得北医三院的大夫倒拎着你的两个小腿儿，而你在哇哇大哭。大夫对我说，女孩，自己说一遍。我气若游丝的回应着，心想，小棉袄跳跳，你终于来和我做伴啦！两年以来，你的成长还是有惊无险的，一路闯过ICU脐带血感染、肠痉挛、婴儿急诊、轮状病毒感染……我在想，宝宝的成长真的像西游记中唐僧师徒取经，需要历经九九八十一难。妈妈会尽可能帮助你、呵护你，但是去经历的、闯关的，去努力的、承受的，去发挥自己能量的，还是你自己。我能做的，是给你创造平台，提供尽可能多的渠道，教授你尽可能多的办法，使你学会面对、学会回应、学会解决、学会前进。

家里的绘本已经堆满了两层书架，不知这样下去我们家有多少空间会被你的小人书“占领”。我能看出，你是打心眼里爱看书的。从一岁起，你每拿到一个爱听的故事，就缠住妈妈，先一口气讲八遍，然后一页一页的从头到尾地翻看。一岁半时讲《赛车总动员》，讲到闪电麦坤在水乡温泉镇迷路了，我说：“在温泉水乡镇……”你说，“错啦！”还在嘿嘿地笑，之后，每次讲到此处，我都会在“水乡温泉镇”之前停下来，你会自己来说“水乡温泉镇”，这好像是我们之间达成的一种小小的默契。随着读书的深入，熟悉的故事你都可以在妈妈讲授途中补足句子、纠正“错误”，简单地说出接下来出场的人物和发生的事件及场景的选择。我也有意鼓励你自己说书。前几天，你有模有样拿着《魔法抱抱》告诉我：“这本书宝宝会自己看啦！”话语中洋溢着快乐和自豪。

如此看来，读书有效地建立了你与世界的关联。从书中，你不仅认识了动物、水果、车辆等事物，也知道了维尼生病时好朋友们是怎样做的、三只小猪盖不同的房子会有怎样的结果、小马判断水深水浅最好的办法是什么。通过读书，你建立了“我要表达”的意识，知道了“怎样表达”的方法。从词组向整句，从陈述到反问，看到你的言语表达能力由量变达成质变，我格外惊诧，同时欣喜，佩服小小的你有这么大的能量之余感慨生命的奇迹。言语表达自然而然地从阅读里延伸到了生活中。一岁十个月时，有一次，我把红色的衣服换成一件黑色的，你在旁边玩玩具，抬头看了我一眼，说，“妈妈怎么穿黑色的呢？”我惊讶极了，“宝宝想让妈妈穿什么颜色的呢？”“红的。”嗯，好吧，我马上换回来，这个宝宝已经有了自主思维了。

我知道，你这个宝宝认生。在家里背诗、唱歌、跳舞、画画，搬着椅

那年 | 张薇 南昌局集团公司福州客运段

子爬桌子，拿个扫把打扫卫生，和妈妈逗趣儿，在爸爸怀里撒泼，怎样都行，欢乐无穷。但是出了家门，你就变成了另外一个宝宝。楼下的爷爷每次见到你都朝你笑，和你打招呼，想抱抱你。但是，你可以“骄傲”地告诉大家，他从来都没“得逞”过。因为宝宝每次都不正面看他，或者藏到妈妈身后，或者绕着走开。一旦别人盯着你看了，四目相对之时，必是你不自在之时。路遇车辆，即使在一百米开外，都赶紧停下来。机警、谨慎、紧张是每次你出去都会“携带”的状态。在经过多次“鉴定”之后，在爷爷奶奶、姥姥姥爷屡次反馈之后，在亲朋好友邻居调侃你“与众不同”之后，我问你，“宝宝怕人是吗？”你说，“是。”“怕什么呢？”“抱。”“怕别人来抱你吗？”“是。”“不喜欢不认识的人来抱宝宝是吗？”“是，抱回家。”“怕那些人把宝宝抱回家是吗？”“是。”噢，原来你是这样想的。也许宝宝生而个性不同吧，妈妈知道你这个特点，也接纳你现在的状态，给你更长的时间来观察周边、认识世界。在理解社会的过程中，妈妈可以带着你在书中汲取养分。《手拉手　一起走》是你爱看的书，巧虎出门不让爸爸妈妈抱，而是过马路时手牵手，逛超市时手拉手……结合这个故事，我们在外面散步时，我告诉你汽车是应该在哪里走的，闪灯是什么意思，怎样过斑马线……你听过后，似懂非懂地点点头，怕车的情况有所缓解，也尝试自己判断路况了。

幸亏你有爱读书的小癖好，我们才在“讲理”时这么顺理成章。随着你慢慢长大，你会发现书能给你的滋润会与日俱增。经由书，你可以与内在的“我”对话，可以与中华传统美德对话，可以与先进的思想文明对话，可以与跨国家跨领域“大咖”对话。虽然，我们身处在960万平方公里的土地上，但是我们的知行不能局限于此。我希望你的正能量能够体现在视野的开阔、思维的辩证和心胸的豁达上，用正确的认知对待这个多姿多彩的世界，做一个内心强大，能够把自己的特质活成精彩的女孩。

爱你的妈妈

2018年5月14日

希望此时的你活出我想要的模样

冯　琳　中铁集装箱公司沈阳分公司

亲爱的琳：

你好！此时是公元2018年，我正坐在电脑前给30年后的你写这封信。

希望你看到这封信的时候，虽然满头白发，但是眼睛还是可以一直明亮。不知道你会在什么情况下看这封信，也许是在一个有大大落地窗的房间，淡淡的花香萦绕，阳光明媚却柔和地洒在床边，你穿着舒服的服饰，窝在沙发里笑着看着30年前，刚刚30岁的自己写的信。

也许在你那个时代，更少有人会去写信了吧！看见这么“古老”的东西，不知道你还能不能习惯。你知道吗？我曾经无数次地幻想过将来你的模样，特别是在进入了30岁之后，你知道的，女孩子总是会有小危机感，不过我却真的无法描绘出你确切的样子。但是你知道的，我也相信你知道，我一直想让你过上你想要的日子，而且还在一直努力中。

希望30年后的你，还一直保持着热爱阅读的习惯。随着年龄的增长，你的腰会酸，眼睛会花，可能还会有个不听话的小孙子总在吵你。抑或生活的压力让你没有时间去仔细品读书籍。不过30年前的我，可是总是在努力“偷”时间呢！

阅读是迅速丰富人的阅历的好办法，是世界上门槛最低的高贵举动。可以得到一个作者在一段岁月乃至一生中的思想、知识与体验。我们读书可以与作者进行一个深度的心灵沟通，当你读不同书的时候，你将会学到不同人的内心对不同事物的看法。我们无法穿越时空，但是可以从字里行间体会到当时的风土人情；我们无法穿越荒凉的戈壁，却可以在词句中感受时空的流转；我们无法深入到每一个人的脑中去解读他的想法，却可以从文字中去感悟作者深层次的想法和体会，去丰富人生阅历。

写到这里，好怕你看到会笑我的多愁善感，虽有为赋新词强说愁的嫌疑，但矫情却也可爱吧！我知道，随着时间的飞逝，琴棋书画诗酒花终将被柴米油盐酱醋茶取代。不过，我还是希望你可以将日子过成你喜欢的样子，过成童话，过成诗。现在的你，也要保持这一颗热爱学习的好奇之心，不要在身体未衰老前，就将自己划为老年人了。希望你还可以和孩子探讨现在最热门的话题，陪孙子玩现在最流行的游戏。希望别人提起你来，都是满眼的羡慕。

提到孩子的话，他们都长大了，有了自己的生活，不要太过于操心他们。人生的路太漫长，漫长到我们不能陪着他们一直走完，总要放手让他们自己去闯。我们终将不是他们的全部世界，他们留给我们的就是那坚强挺直的背影。我们能给他们的就是把我们人生阅历细数给他们，让他们可以少有羁绊。

30年对于刚刚30岁的我，似乎还是很漫长的一条路。这30年间对于我也有着太多的可能和未知。不知道30年后我国的铁路事业会发展得如何。说真的，这30年间铁路创造了太多振奋人心的历史飞跃，高铁的一次次提速，无人场站的建立和实施都让我这个铁路人感到无限的荣耀。在未来的30年里我想一定会有更多的惊喜吧！或许那个时候我们的集装箱可以像现在的快递一样实时跟踪货物信息。每个箱子上也都是专属的二维码，只要轻轻一扫，就可以了解箱子里的货物品类、数量、重量。货主只要登录上自己的相关信息就可以随时查看自己箱子的相关信息。那个时候的高铁速度也一定显著提升了，中国一定又会在世界上创造无数个第一了吧。这些真的让年轻的我热血沸腾，充满了希望与力量。

不知道你看到这些的时候，对于这样的我是欣赏，还是会有些失望遗憾呢？现在的我，不敢太过于潦草地对待事情，认真的丰富自己，每天按照自己的小目标，一步一步地向你前进。我只希望当我遇见你的时候，能活成自己想要的模样。

好了，不多说了。我要去背英语单词了。毕竟我知道我的英语口语很差的，为了避免你出去周游世界的时候被人嘲笑，现在的我只好努力了。放心，锻炼身体我也有坚持，早睡早起也都做好了。

期待，与你相遇的那一天……

此致

敬礼！

每天努力向你靠近一点的琳琳

2018年5月

放下手机　爱上读书吧

牛艳芳　铁科院集团公司离退休中心

亲爱的鹏鹏：

你好！去年9月，你辞职来北京，报了一个培训班，住在二姨家里，我们得以有4个月时间的朝夕相处，也让二姨能够更多了解你的情况。你妈妈离开我们已逾八年，这八年多我们竟没有太多的沟通交流，因为二姨一见你就想到姐姐，就泪眼婆娑，根本无法交流。时间会治愈伤痛，我终于可以坐下来和你平静地交流，老天也给了我们这几个月时间，却让我发现了你最大的问题：你几乎不读书！

鹏，记得你在二姨家，平时早出晚归去上课，晚上回到家上会儿网，刷刷手机就睡了，我能理解。周末你不上课，但在家仍是歪在床上，英超联赛视频、手机聊天、打游戏，眼睛几乎不离开手机屏幕，连续几周，周周如此。你就住在书房，二姨跟你说过，书柜里的书随便看，一定有你喜欢的。然而你从未翻看过，哪怕一本书。问你，你说不喜欢读书，一看书就犯困。作为一个大学毕业一年多的青年，从不看书，叫我如何能够理解。

你初中刚毕业就失去了妈妈。你那时很优秀，却在后来的高中阶段成绩一度下降严重，甚至厌学，最后总算上了个一本大学。但是从你现

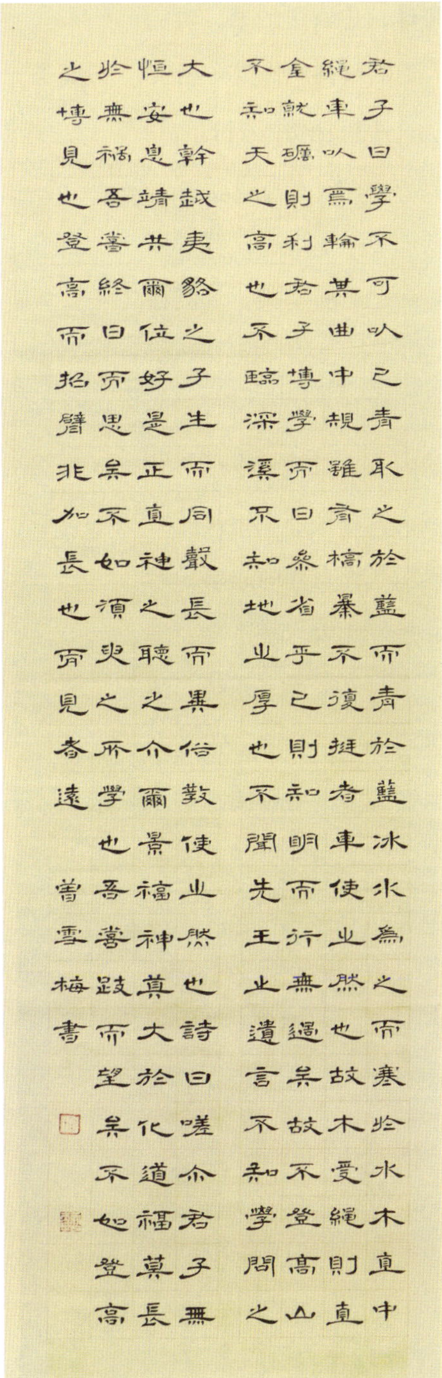

劝学篇 | 曾雪梅 南宁局集团公司柳机段

在的表现来看，大学四年，你应该是虚度了不少光阴。二姨这些年由于一想到你妈妈就伤心难过，从来没有过问你的大学生活，现在想想真后悔。

每年4月23日为世界读书日，旨在推动阅读与写作，鼓励每一个人尤其是年轻人发现读书的乐趣，并以此向那些推动人类社会和文化进步的人们表示感谢和尊重。那么，鹏，你可曾想过，阅读之于我们人类，究竟意味着什么？读书，就是让人眼界更开阔，而不至于浮躁狂妄。有句话说得特别好：人生美好，唯读书和运动不可辜负。因为读书使人精神充实，运动使身体强健。你热爱运动，篮球打得好，乒乓球也很厉害，我们都以你为傲。强健的身体之下，你应该通过读书，使自己的精神世界丰盈起来。

古今中外，但凡杰出之人，他们一定有个共同的特点，那就是爱读书。读书是这个世界上门槛最低的高贵行为。很多书带着前人总结的人生哲理流传下来，不去读它们，不去吸收那些“营养”为自己所用，是多么可惜的事。三毛说过，许多时候，自己可能以为许多看过的书籍都成过眼烟云，不复记忆，其实它们仍是潜在气质里、在谈吐上。通俗点说，读过的书就像你吃过的饭，虽然不记得吃了什么，却长了身体；你看过的书，看完时间久了，虽然不记得书的内容，也许早就融入你的精神。作为一名90后，你的生活不应该离开书籍，不应该只有手机。手机耗费人们的时间可以说是让人不知不觉，这是我们应该时刻警醒的。你才不到25岁，将来的路还长着呢，该奋斗就要奋斗，千万不要随意放纵自己，浑浑噩噩，过一天算一天。给自己定下一些小规矩，对自己有所节制，督促自己每天比前一天有进步。

鹏，你的妈妈，是多么优秀的一个人。你的妈妈从小爱学习，爱读书，始终在充实自己，完善自己，她拥有丰盈的内心。二姨从小跟着她一起上学，回家一起写作业，写完作业一起看书，看各种那个年代能买到、能借到的书和杂志，看书里展示的奇妙世界和各种有趣的故事。后来，她是深受学生爱戴的人民教师，是好女儿、是好儿媳、是贤妻、是慈母，即使罹患重病也自强不息，笑对人生。妈妈对你充满了期待，她希望你健康长大，希望你越来越优秀，希望你过得幸福。读书，正是为了遇见更好的自己。希望你养成一生读书的好习惯，多读书、读好书。假如你有了一生读书的好习惯，阅读会在不知不觉间浸润你、滋养你，照亮你的未来，引领你的一生。无论今后是鸿鹄也好，是燕雀也罢，你天堂的妈妈也会感到欣慰。

希望你慢慢爱上读书。

二姨

2018年3月1日

感恩有你

第四章

夜阑风静欲归时 | 王夷夏 沈阳局集团公司计划统计处

感恩有你

乔海艳　昆明局集团公司昆明机务段

亲爱的妈妈：

您好！我是您的儿媳。现在用惯了微信，都不记得自己上次写信是什么时候了，好像是大学时候吧！用这种最古老的方式将我心底想对您说的话在这里都说出来！自从嫁进您家，和您相处的这几年，我深深地感受到您对我们的爱，对我们的关心和帮助。但从没有认真地对您说句：“妈，您辛苦了！谢谢您！”

第一次去您家，您和爸爸之间的那种默契、氛围，一下子就深深吸引了我。您洗衣，爸买菜；您做饭，爸扫地拖地；您摘菜，爸洗肉剁肉；您带孩子，爸擦茶几；您晒太阳看书，爸看新闻……你们之间说话都是细声细语，客气相待。我常常在想，等我老去，最美好的生活不就是您这样吗？互相照顾，各自做自己喜爱的事情互不打

宛如仙境｜刘景源　成都局集团公司达州供电段

扰，默契十足。

从我怀孕，您就一直来昆明照顾我的起居生活。尽管我们存在着地域差异、饮食差异，但您用心观察我的饮食爱好，变着花样儿做我爱吃的。经过您的悉心照顾，我顺利产下一个白白胖胖的女儿。令我记忆尤为深刻的是我因为生孩子体重下去20斤，而您因为细心照顾我也瘦了20斤，但您还每天坚持陪我散步，您在操劳的同时，还得牵挂千里之外的丈夫和小女儿……我知道您一直很累。

生完小孩，您更累了，除了照顾我，还要照顾我们家的小天使。我和老公初为父母，很多地方都不懂得如何照顾新生婴儿。是您白天做着家里三顿饭的同时还要单独给我做月子餐，每天差不多要做七顿饭；晚上还要哄宝宝入睡，给她冲奶粉，一晚上都睡不踏实。

妈，您辛苦了。感谢您视我为亲生女儿。您在我人生最迷茫，最需要帮助的时候，对我和孩子付出了这么多。我会照顾好老公和孩子，好好孝敬您和爸。

我知道照顾孩子是我们的责任，而不是您的义务。我假期满后要回到工作岗位上，您也因放心不下老家的情况所以带着孩子一起回去。我和老公的生活又回到了二人世界，可是孩子的一切都交给了您。每晚和萌萌视频，看见你们扶着她学走路，看着萌萌从一两步到独立走路……听着萌萌呀呀学话，会叫爸爸、妈妈、爷爷、奶奶、咘咘（姑姑）……春节回去看见她熟睡的时候，我的心都萌化了。她长大了那么多，脑袋变大了，胳膊变长了，身子也长高了……她的每一丁点儿成长都离不开您和爸的用心照料。冲奶粉、喂饭、喝水、换尿不湿、哄她睡觉……在她生病的时候，有多少个夜晚给她量体温、喂药。回去的那几天晚上，我和您还有萌萌一起睡，她睡意朦胧的时候还在找您，两只肉嘟嘟的小手一定要捧着您的脸颊入睡，一旦看不见您，就立马大哭，我怎么哄也不见效，除非您来。她是那样的依赖您，连我都有点小小的嫉妒。正因嫉妒，我更明白，您对她付出了多少心血。您一直患有高血压，照顾孩子，晚上也不能好好休息，我们一直担心您的身体。好在您吃着药病情得到了控制，等您来昆明，我们再带您做个全面的检查。

您生活阅历丰富，教了我很多东西。您以自身经历和身边发生的事教导我，趁着年轻要积极向上，不能凡事都较真，不用太过在意得失。工作再怎么努力都不为过……是的，再怎么富含哲理的话都敌不过生活阅历的分量。

妈，我珍惜我们之间的缘分，我庆幸有您这样一个在各个方面都能指导我的婆婆。您实在是太棒了！我会向您学习的。我会照顾好这里的一切，请您放心。这是我一辈子的承诺！感恩有您！

爱您的儿媳

2018年4月

爸爸　我想对您说

马　蕊　哈尔滨局集团公司牡丹江工务段

亲爱的父亲：

其实我很惭愧，长这么大，这是我第二次给您写信。依稀记得第一次是我18岁在部队服役的时候写过一封报平安的家书。虽然现在通信方式很多，但我和您的沟通却少之又少。我只有在遇到解决不了困难的时候才主动找您。今天，我很高兴，能够找到这样一个机会，展开信笺，在安静的夜里，将自己多年对您的爱敞开，用我内心最真挚的话语向您倾诉。爸爸，恳请您耐心地倾听我的诉说。

您在我心目中始终保持的是一个坚韧不屈、为人坦诚的形象。在工作中，您一丝不苟、兢兢业业，给我做了一个优秀的榜样；在生活中，您的话虽然不多，但对我的关心爱护却一点都不少。您工作繁忙又为家里的大事小情奔波忙碌。“累了吗？”每当我问您的时候，您总是回答说：“这就是我的生活怎么会累呢！”在我的面前，您永远呈现的是坚强、乐观，任何事情都打不垮的形象，您从不把不好的一面呈现给我，永远展现给我的是父爱如山的伟岸形象。

如今望着您那斑白的双鬓，我看到了“风霜雨雪”的痕迹，竟一时哽咽。上学时没有让您省心，在您的眼里我像个问题孩子，总是和您

“劲儿劲儿的”，可您却从来没有骂过我、打过我，总是默默地用父爱包容着我。只可惜，当时我青春年少、叛逆，并不能够理解和懂得您所有的付出。渐渐地我长大了，工作上没有取得出色的成绩，生活也过得平淡而庸碌，我一直不曾是您的骄傲，而您却一直视我如珠如宝。

2015年，我从家里搬走开始独自生活，才明白撑起一个家有多么的艰辛与不易。您的叮嘱是我前行的动力，是我的航灯，无论今后遇到多大的困难，我都不会低头。我知道生活不会因为我的失望或不顺而停止转动的齿轮，我必须面对现实，微笑地面对生活中的一切。如果不能挽留住时光，那就把握好分分秒秒，认真地工作，真诚地去爱，用努力浇筑幸福的未来。即使以后的以后，我仍然不会成为您的骄傲，但我会是您最贴心的小棉袄。

“爸爸，我爱您！”虽然这一句爱，现在只能写在纸上，我还羞于当着您的面说出口，但我相信，终有一天，我一定会饱含深情地对您喊出“爸爸，我爱您！”

祝您永远笑口常开，健康如意！

爱您的女儿：小蕊

2018年5月6日深夜

我最宝贵的财富

李建平　太原局集团公司湖东车辆段

老爸：

别来无恙。弹指一挥间，又是春回大地，万物复苏。在广袤的土地上，到处呈现出一片热火朝天的景象，狗年的春耕播种如火如荼地进行。放眼望去，在那一望无垠的田垄里我仿佛看见了您躬耕劳作、播种希望的身影。

昨天听妈妈电话里说，您还是频频奔波在田间地头，现场给乡亲们示范讲解底肥的施用方法、品种种子处理、盖膜方式等技术要点。老爸，您就听我一句劝，凡事不要“过头”了，毕竟身体不允许。这时您又要说：“当年在生产大队时，乡亲们都知道我是庄稼活的好手，我答应过大家愿意指导他们。”

一句话，一生念。一句承诺，您用一辈子兑现。您把“言必行，诺必践”的精神播撒到梦想的田野，您对人如此，待地亦然。该施肥一定能施到位，该锄草必然会锄干净。我记得您总爱说：“不要亏待了这片土地，它是你们的衣食父母。”您总是把每一块土地收拾得平平整整，甚至连地里的石头瓦片都捡得干干净净，像照顾自己的孩子一样精心侍弄着每寸土地。也正是这份认真劲，咱家的收成自然好得让人羡慕。也

厉害了，我的国 | 黎盼 中国铁建电气化局南方公司

正是从那时起，我懵懵懂懂地明白了“但问耕耘，莫问收获”的道理。老爸，您种的是地，也种下了一种人生态度，所以妈妈总爱拿您当“教材”来说教我们。

又想起妈妈挂在嘴边的故事。说失去双亲的您，从小就在生产大队跑腿打杂“混”饭吃，没事就围在会计王爷爷身边看人家打算盘。一天王爷爷一声不吭出去了，生产大队就剩您一个人，您愣是多半天儿没有走开半步，因为您知道王爷爷的抽屉里边有生产大队的钱，一直等到王爷爷回来后您才离开。从那以后，王爷爷主动教您学打算盘并教您会计知识。直到多年后您做了生产大队的下一任会计，才知道王爷爷这样做的原因。那一天，王爷爷留下您一人外出是在故意考验您的人品。在那个物资极度匮乏的年代，眼巴巴看着生产大队的钱，不拿走一分的您，无意中用诚实赢得生产大队的信任换来人生的“美差”。从此您不再为衣食发愁，从此您更加努力干好本职工作。

记得1982年全国第三次人口大普查，您负责对全村300多户家庭成员信息摸底登记，当查到长期不在家的人时，您想方设法打听人家的去向，并托人捎口信，不查个“家底朝天”誓不罢休。我不解，说差不多就行了，您不高兴了，说那样做会造成全国人口普查的不准。3个月的普查期间，您早出晚归，走大街串小巷，白天登记，晚上做表，用心普查，没有半句怨言。您用实际行动告诉我：本分做人，认真做事。这种无声的熏陶感染我、伴随我一路成长，成了我终身受用的财富。十年的勤奋苦读，我如愿以偿地成为一名铁路工人。我非常珍惜这来之不易的工作，在岗位上，我始终秉持着用良心做工作、保安全的态度，严格自律，踏踏实实干好本职工作，圆满完成工作中的每一项任务。

在刚刚结束的大秦线第一阶段集中修施工作业期间，我连续25天在岗位坚持工作。查询、筛选、盯控、核对日施工计划作业项目，先后制定128项施工配合作业安全卡控措施及应急预案，无漏项错项的发生，确保了施工计划执行的时效性，在平凡的岗位上我用实际行动践行岗位安全诚信承诺，也因此得到领导的肯定和鼓励，那时候一种“获得感”从心底油然而生。感谢老爸用最朴实的言行，为我点亮了一盏心灯，照亮我前行的路程。我也在努力检点着自己的一言一行，当好孩子人格品质成长最先最有力的塑造者。

如今从孩子身上我仿佛看到老爸年少时的影子。最近情绪低落的他，依然非常投入地为曾经的女友作画，我对他说既然受到伤害了，就不值得这样做了。他愣了一下道：“我俩相处期间，我说过要为人家画像的。”也许是孩子的诚意感化了那个小女生，她终于又回到了孩子身边，看着孩子无以言表的喜悦，我由衷地感谢老爸，是您让我和孩子变得内心富有。“言教不如身教，身教不如境教，家风家训代代传承，子子孙孙相互濡染。”我相信，这样的传承会使我们每个家庭更加的和谐和完美，会使整个社会的文明素养不断提升。

老爸，夜已深，意犹未尽。唯愿您天天开心，一觉睡到天亮，醒来后，身体无痛，心中无忧。

爱您的女儿：小平

2018年4月

最可敬的人

梁　琦　呼和浩特局集团公司呼和工务机械段

敬爱的工务机械人：

你们好！

记得很小的时候，我常常站在窗口，因为矮房挡住看火车的视线而沮丧。父亲总是将我抱起，好让我能清楚地看到一列列通过的火车。我则用我的小手手舞足蹈地指着渐行渐远的火车，对父亲说："爸爸，快看，火车！"那个时候，呼啸而过的火车，拼织成了我最美好的童年记忆。

长河落日 | 刘蕊 呼和局集团公司包头客运段

如今，当我自己走向工作岗位，来到工务机械段时，我才知道在那看起来神气的、飞奔而过的火车背后要付出无数人的辛苦与努力。那些在夜幕中绽放的机械车火花，那些在阳光下肆意生辉的钢轨开始成为融进我血液的有机

使命风采 | 马艳琳 西安局集团公司西安通信段

分子，我的信念开始坚定不移，我开始知道你们的名字叫“工机人”。

第一次深刻地理解这个名字的含义，是在包兰线上行临河至四分滩的区间里，这是我第一次去现场，春季沙尘暴突袭，面对着恶劣的自然环境、艰苦的施工条件，你们精心盯控、精细作业，你们把朴素的愿望融化进临策线的月光，在机车的轰鸣声中，收获着劳动的快乐。你们用坚韧创造着奇迹，用智慧和汗水谱写着大动脉安全平稳的交响曲。

工机人身上那一个个大大小小的“闪光点”，从我进入工务机械段这个大家庭起，一直都在感动着我。

难忘，在寒冷的冬天施工作业时，机械车油路经常被冻结，你们躺在冰冷的钢轨上检修设备，不顾眉毛上结满了冰霜。

难忘，在夏天地表温度高达50℃的作业现场，汗水像断了线的珠子从你们的额头流下，却没有一人去避暑休息。

难忘，在各类新线开通在即，你们迎着刺骨的冷风、呛人的沙尘，每天数十小时的连续施工中，踩镐的右脚没有了知觉，却依然一遍又一遍小心翼翼地下镐。

难忘，在距离额济纳370公里的“无人区”，你们连续17个日日夜夜与黄沙黑土做伴，为了节约用水，一瓶矿泉水不知道要洗多少遍脸，多少遍脚。

难忘，在每一次攻克全路难题隧道清筛时，你们带着面罩，迎着风沙，强睁开眼，能见度不足1米，无论是道床开槽、大机清筛，还是轨面抄平，每一步仍然一丝不苟地进行。

难忘，在一次又一次“集中修”攻坚战中，你们挑战着身体的极限，连续夜间鏖战，把路修遍了内蒙古的每一个角落，你们自己却常常踏不上回家的路……是这些平凡的工机人让我明白了什么是责任和担当！一条条钢轨，一道道轨枕，是血与汗的浇铸，苦与乐的凝聚，是工机人情注集团公司的一份厚礼。你们早已告别过去，告别凭借肌肉和人海去夺取每一个胜利，告别沉重的劳动器具和僵硬的思维。你们早已拥有现代、先进的大型养路机械设备去攻克难题，拥有科学的管理，雄心勃勃的工机人正在为集团公司的建设贡献自己的才力。

京包线集中修、包兰线集中修……你们战无不胜；临策线、集通线、呼准线……你们披荆斩棘，你们忘却身边被名利炒得喧嚣不宁的世界，习惯了默默无闻地苦干。听不见你们歌颂自己的功绩，却把大机打出的那首永恒的歌，动情的留给大地，一天天、一年年……你们把艰辛当作生活的调料，你们习惯了栉风沐雨。你们听见白发苍苍母亲呼儿归的声音，你们看见妻儿那满怀深情、望眼欲穿的目光，却只能把思念和问候深深地埋藏在心底，因为明天，你们又要远行去他乡施工……

我想，在工机人之中蕴含着这样的力量：没有黑夜、白天，没有鲜花、掌声，一次次封锁的命令，翻耕着重复的春秋，无私、坚韧、勇敢、奋进。虽然，手上留下了厚厚的老茧，脸上留下了深深的印迹，却给他人，留下了安全……正是因为有了这样的力量，没有谁能够阻挡工务机械段激情的跨越；正是有了这样的力量，似一泓清泉成为实现精品高效理想的希望。乘着这样的力量，我也要把全部的智慧和力量汇入这清泉，和众多有着钢铁般意志的工机人一样，为工务机械段的发展无怨无悔地奉献自己的青春！

此致

敬礼！

爱你们的工机人

2018年4月3日

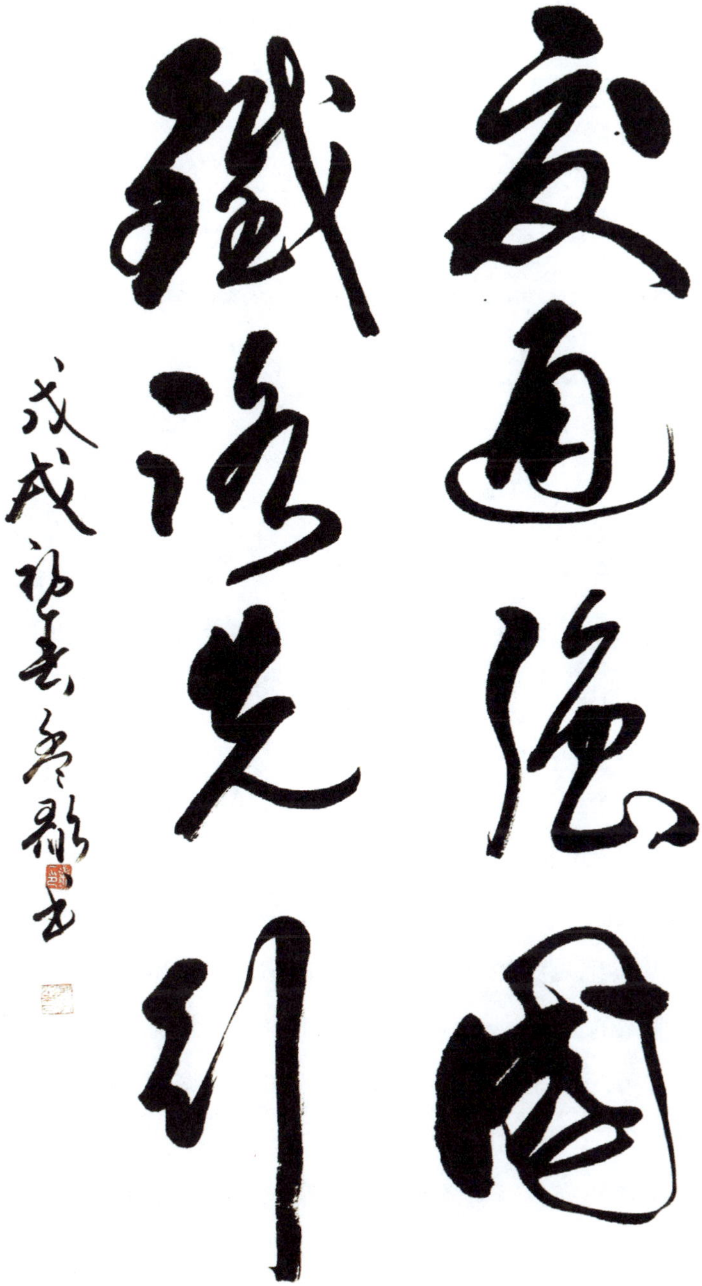

交通强国 铁路先行 | 孟歌 铁科院集团公司电子所

宝成精神 心中旗帜

侯 燕 西安局集团公司西安通信段

亲爱的爸爸：

您好！

妈妈走了两年多，我们已经习惯了没有妈妈的生活，就像墓地上您亲自栽下的那两棵柏树已适应了这花木渐多的环境而茂盛起来。

回想多病的妈妈曾经做过大小7次手术，每次您都坚持相信医学，使妈妈得到良好的治疗。最后这次，在儿女和妈妈的姊妹们无奈的劝慰下，您才放弃再手术的想法。我知道，两年来您心里一直不轻松。因为妈妈才60多岁，在医疗没法解决的病症面前，我们做儿女的接受了，而您却不能。妈妈走后，您慢慢学会自己做饭，煮小米粥和发面蒸馍，学会了妈妈以前常做的饭菜，甚至可以换好几种花样。年前您把衣柜里妈妈的衣物整理过了，像妈妈在时一样放置，我知道，您想念妈妈。但女儿希望您能逐渐宽心，习惯和儿孙在一起的生活。

我明白，多年里您为妈妈坚持求医，除了一辈子的相濡以沫，还源于妈妈过去几十年如一日对您的支持和对老人孩子的照顾。爸爸您是一名老铁路人，记忆中您一直都忙碌在单位，家里大小事都是妈妈一人的，好几次奶奶生病或摔倒骨折都是妈妈一人照顾。

您对工作的尽职尽责是家人的骄傲，虽然因此妈妈承担了太多，但每当您得到单位表彰，妈妈总那么高兴，便会忘记您有多久没休假，她一人送奶奶上医院的辛苦事儿。这些我们都记着，也形成了咱们家庭和睦、相互支持的好家风。

印象深的还有每到年底，家里扫完屋就把您的奖状像年画般贴着。这些奖状里有20世纪80年代宝成线抢险救灾、西安车站重建、陇海线多处铁路桥扩建或站场迁改等等。每到关键时候您总是几天几夜奋战在一线，这些都是我在您给妈妈讲的时候听到的。还有宝成线抢险的事，每次您总讲得神采飞扬，妈妈听得神情紧张，奶奶听得直抹眼泪。年幼的我虽然不懂那些是什么工作，但我觉得我的爸爸真的很棒！

慢慢我长大也参加了铁路工作，才深刻体会到你们那一代铁路工作者和家庭的付出，尤其那种对事业的热忱和无私奉献的精神，在我心目中就像高树的旗帜一般。

如今，再次听您忆起当年宝成线抢险救灾的故事，我和弟弟仍觉得惊心动魄。

您依然记得那是自聂家湾起至两当之间被冲毁的4号至9号桥，以及K143处钢梁修复，两当9号桥修复时，面对夹在两个隧道之间的桥，上有山体陡坡，下有深沟河流，施工难度极大，当时的工务部门都因现场特殊而无法顺利施工，而宝成线不能通车已多日。前线抢险指挥部的领导经过商议，点名由线路大修队的您来担当重任。

您带着7名木工领命，在天津大桥局制作钢梁的同时，按其钢梁各部件的尺寸配合制作桥枕。抢险要成功，不仅需要缜密的计算、熟练的工艺，甚至还要冒着生命危险。这些当然都没能吓倒你们，经过连续7小时的安装，桥枕与钢梁完美结合成功，连预留的钉孔都丝毫不差。宝成线提前抢通了！爸爸您也成为了当时仅有的5位路局抢险一等功臣之一。

高铁守护神 | 张明玲 郑州局集团公司郑州生活段

像这样既有难度又有风险的任务，您的工作经历中数不胜数，虽然您是招工入路，上学不多，但您的努力和在桥梁建筑上过人的技术和能力，让我们做子女的一生都敬仰着，我们为你们那代铁路人无私奉献的思想境界和敢于担当的敬业精神所激励！

上网再搜当年洪灾之下的宝成线，资料并不多见，困难程度也看不出来！无法想象那两个月里，爸爸和同事们经历了多大的困难和风险！我想，虽然抢险与当初修建宝成铁路不同，但有一点是相同的，那就是：宝成精神！这种精神也一直在宝成延续，在西铁延续，如后来109隧道抢险一般成为西铁人的旗帜！

总喜欢听您说您过去工作上的事，每当这时您是愉快的，那是一种普通劳动者最大的快乐！也是父辈言传身教和家风的最好传承。您常教诲我们要好好对待工作，只有工作能带给人实实在在的生活。

而今西成高铁改变了交通网络结构，入川不用再穿越秦岭山脉，也不再走您修过的那些桥梁。西成高铁克服了与当年不同性质的诸多难度，把中国铁路事业推向一个新的高度。

这里要跟爸爸说声抱歉，至今我还没带你乘坐过一次呢！因为我在忙工作和孩子升学，孩子爸在延安工作顾不上家，我也像当年妈妈支持您那样支持他，保持我们家互相支持的好习惯。今年我一定找时间，在您身体允许的情况下带您体验西成高铁的平稳，感受在科技发展的新时代下铁路事业给社会、给人民带来的便捷和美好。

这两日看到吃饭时您拿筷子的右手又阵发性抖动，知道是您心脏不好引起的。您一定要多注意身体，适当活动还要充足休息，别太大意了，按医生要求坚持用药，定期检查。

多年来无论有什么要交流的，我都会跟您当面讨论或电话联系，这是第一次给您写信，希望您能一直健康和愉快！

此致

敬礼！

女儿：侯燕

2018年4月10日

我为老妈点个赞

高银霞　西安局集团公司太中银铁路公司

亲爱的老妈：

昨天从朋友圈看到您发的与乡亲们一起到九龙山旅游的照片，看到你们穿着鲜艳的衣服，戴着漂亮的太阳帽，笑得那么开心，真为您高兴！您能在73岁时学会使用智能手机、学会拍照、学会发微信朋友圈，这体现了您一贯好学好强、英勇果敢的特点，我打心眼里佩服您，让我给您点个赞！

还记得吗，老妈。那是1990年，小弟调皮捣蛋放松了学习，中考失利还满不在乎。您当即把年仅16岁的小弟送到了省城表哥的建筑工地当小工，并叮嘱表哥不要关照。不足20天，小弟就卷着铺盖跑回了家，并主动、悄悄地买来了复习资料。在炎热的三伏天闭门不出发奋苦读，第二年顺利考入高中，三年以后以学校第一名的成绩考上了省城的重点大学。如今，小弟经营着一家公司，有房有车，事业小成，定居深圳。他曾感慨地说："那年建筑小工的经历永生难忘，在烈日暴晒下，在精疲力尽时，看到了生活严峻的面孔，明白了学习的重要，下定了奋斗的决心，这必须感谢老妈！"面对厌学的孩子，老妈您的方法虽然简单粗暴，但却有胆有识，有办法有效果啊，为您点个赞！

还有一件事我至今记忆犹新。那是1993年的一天，二姐带着不足周岁的孩子哭哭啼啼回到咱家。原来是二姐夫一连数天泡在麻将馆输掉了上千元钱。20世纪90年代的上千元可是一笔巨款啊！老妈您当即赶到二姐家，抄起扫把，把正在酣睡的二姐夫一顿暴打。直到二姐夫夺门而逃，您还不解气，追到大街上打。二姐夫因为您一顿暴打收敛了打麻将的毛病，但却因当众丢了面子而好多年对您耿耿于怀。但您并不后悔，您说对不走正道的子孙，就要见一个打一个，毫不手软，直到打掉坏毛病。您这一壮举，至今在乡里乡亲间传为佳话。

今年春节，在深圳工作的小外甥又给您包了个大大的拜年红包，这孩子参加工作以来每年都给爷爷奶奶外公外婆四位老人各奉上一个大红包，深得街坊邻居的称赞。您看到这个孩子更是眼角眉梢都是笑，因为您是孩子的救命恩人啊！那是孩子3岁时调皮捣蛋误食了老鼠药，大姐连忙把孩子送到县医院抢救，但医院缺少对症的药物，医生说12小时之内拿不到这种药，孩子就没命了。您得知消息赶到医院时，已经过去4个小时了，孩子口吐白沫，浑身痉挛，手脚抽搐，命悬一线。姐姐一家哭作一团。妈妈您大喊一声："哭有啥用，快想办法啊！"您立刻发动亲戚们分头联系省城的亲朋找药，那个年代没有手机，通信又不发达。您就跑到就近的姨夫家求救，姨夫又给远在省城的亲戚打电话，亲戚火速买了救命药连夜打车赶回县城，终于在黎明时分挽回了孩子的性命。后来，亲历了事件全过程的亲戚们一再说，孩子的小命是他外婆救回来的！没想到这个孩子格外聪明，考上了重点大学，目前已经是深圳某著名手机企业的IT工程师。

老妈您虽然读书不多，仅仅念过识字扫盲班，但您一直喜欢读书人，并辛苦劳作把我们姐弟4人培养成人。由于老爸常年在外工作很少回家，几乎是您一人挑起家里的重担。您不仅勤俭持家、精明能干，还遇事英勇果敢，因为在村里表现突出先后当过妇女队长、妇联主任。

您看，虽然咱家那张您梳着长辫子、戴着大红花的生产能手纪念照已经发黄了，但荡漾在您脸上的笑容，依然那么灿烂!

老妈您在农村辛苦劳作了一辈子，我们想接您来城里享享清福，但您和老爸说啥都不愿意。如今年过七旬的你们还守在农村，耕种着一亩薄田，您说看到绿油油的麦田，闻着浓浓的花香，与乡亲们说说家长里短，才感到生活踏实、心里舒坦。这大约是一种我们难以体会的朴素乡情吧!

亲爱的老妈啊，在这春暖花开的季节，希望您不要太操劳，要注意饮食，劳作有度，多出去逛逛，多跳跳广场舞，以崭新的精神状态，尽情地展示咱们社会主义新农村老年人的新风貌吧!

祝愿老妈天天开心，笑口常开!

您的女儿
2018年4月8日于西安

做一个像您一样的妈妈

王建雪　西安局集团公司西安电务段

亲爱的妈妈：

即使我们经常滔滔不绝地聊天，但是我仍然有很多话要通过写信的形式告诉您：感谢您，做我的闺蜜、我的老师、我的妈妈。

您是一位地地道道的农村妇女，一生都在为我们姊妹三人辛苦忙碌着，您用一双勤劳的双手供养三个孩子走出农门是多么的艰辛不易！我脑海中总是浮现在乡间的小路上，您穿着朴素的衣服，一头乌黑浓密的头发盘在头顶，拎着竹筐，割草摘菜。在三个姊妹当中，您对我的关怀和付出是最多的，因为我从小身体较弱，考试屡屡受挫，您看着我兜兜转转、磕磕碰碰的成长，给予我您的全部。感谢您，妈妈！您总是用简单的方法教会我终身受益的思想，感谢您在我成长的道路上永远都只是建议，让我自己选择，让我感受真正的快乐。我更要感谢您，没有华丽的辞藻，只是默默地言传身教，养育了三个对社会有用的人。

妈妈一直生活在农村，但是房前屋后都是妈妈种的花花草草。干净整洁的房间里，有妈妈的缝纫机还有绿植。有个台灯下面摆放着妈妈读了一辈子的书，有《女戒》《内训》。妈妈心灵手巧、善于学习，做鞋、做棉衣、蒸馒头、织毛衣、插花、布置家里……感谢您，我的妈妈，您用双手给我们全家人创造了一个优美的生活环境，让我更加懂得了穷日子也能过得很优雅，多读书、多看书。

我们家是一个大家庭，奶奶裹着“三寸金莲”，思想也比较保守。小时候，奶奶就多次劝妈妈别让我上学了，在家操持家务，做田里的活儿。在奶奶心里，念书上学是赋予哥哥的任务，可是妈妈总是微笑着劝奶奶让我多念几年书，妈妈认为只有好好念书、多读书、多看书，才能够做跟别人不一样的人。在妈妈的鼓励下，哥哥顺利考上了大学。而我，在妈妈的“保护伞”下，从这个备受封建思想束缚的大家庭中也走了出来，即使现在只是一名工人，但是我仍然会谨记妈妈的教诲：多读书，多看书才能够与众不同。

每年农历八月十五，是我们最开心的日子，有月饼、水果、糖果。在我的印象里，还有一座高高的苞谷堆，妈妈争分夺秒地剥苞谷。有一次，奶奶拿出一堆好吃的，一半都给了哥哥，只给我留了半个苹果。奶奶让哥哥拿着吃的去写作业，偏偏把我“扣下来”，让我剥苞谷。每次，我都要与奶奶评理，奶奶就说，你是女孩儿，你哥哥是男孩儿，还有什么理好说的呢？在我气得像一只发怒的“小狮子”的时候，看到了妈妈的微笑，妈妈带着哥哥从房间走出来，哥哥让我陪他一起写作业，并且把吃的都给我。我知道，那是妈妈教的。妈妈总是用特别的爱给予我鼓励，给我讲花木兰、樊梨花、王昭君、穆桂英、梁红玉等等很多女英雄的故事，引导着我，让我成为“自尊、自爱、自信、自立、自强”的新一代女性。

“婆媳关系”是一些家庭中的老大难，经常听到“婆婆难当”“媳妇难做”“婆媳婆媳，一对天敌”的时候，我就会想到妈妈。记得小时候家庭条件困难，爸爸下班回来给我们带了一包黑糖。于是，我迫不及待地要打开吃，可是妈妈用一贯的口吻对我说：“给你奶奶送去，奶奶最近身体不好。”爷爷从省城回来给我们带的糖果，妈妈也会说：“给

赏荷 | 汪艳 西安局集团公司安康车务段

奶奶送去，咱家孩子多，让奶奶分一下。”妈妈经常给奶奶端洗脚水，有一次，您就问我：“你以后嫁人了会给妈妈洗脚吗？”“会的！”我回答。“那你会给你孩子的奶奶洗脚吗？”“我才不！别人的脚多臭！”这时您回答：“可是我每天都在给我孩子的奶奶洗脚，却觉得一点也不臭啊，婆婆也是妈！”奶奶在家就像家里的“老佛爷”，妈妈总是对她言听计从，妈妈总是对我说，多一些忍让，多一份关心，家和万事兴。一个家的兴衰最关键的就是儿媳，一个好的儿媳能让家温馨和睦，一个坏的儿媳能让家鸡犬不宁。当我结婚后，我才明白妈妈的言传身教，我受用终身。妈妈，感谢您引导我，让我有一个温馨和睦的小家庭。

妈妈您教会我很多书本上没有的知识，在我遇到烦恼的时候总是会想到您，您让我在工作和生活中，勤奋踏实、多干活、“多吃亏”，您让我做一个知书达理的女性。

而今我也经常给我的婆婆洗脚。有一次问女儿：“你长大了会帮妈妈洗脚吗？”女儿竟然也回答：“会啊！”“那你会帮你孩子的奶奶洗脚吗？”女儿骄傲的回答：“会的，您教过我的，尊老爱幼的传统美德也要代代流传下去呀！”

您的女儿：建雪

2018年4月

为坚强的母亲点赞

王晓梅　济南局集团公司中铁渤海轮渡公司

亲爱的妈妈：

和你生活在一起快四十年了，第一次这样称呼你，还觉得有点不好意思。并不是我们的感情浅薄，而是我们都属于那种不太会表达情感的人。

妈妈，你知道吗？2012年是我记忆里最悲伤的一年，同时也是我重新"认识"你的一年。那年父亲查出癌症的时候，我除了心痛之外，更多的感觉就是觉得你太可怜了。姥姥一生有八个子女，你最小，四十多岁了才有的你，在你二十多岁的时候姥姥和姥爷就相继离开了。你羡慕邻居那些和你同龄的人可以回家看看老父亲老母亲，你渴望得到家庭的温暖。你时常说："我就守着你们爷三好好过。"父亲在的时候，你在我的眼里就是一个再平凡不过的农村家庭主妇，有时候我甚至有些瞧不起你，家里里里外外凡是需要操心的事情都是父亲在张罗，你就像一个"甩手掌柜"什么也不管，你对父亲的依赖有时都胜过孩子对家长的依赖。未曾想刚到古稀之年的父亲却得了不治之症。当时我都不知道如何面对你。父亲的病急需手术，我对你撒谎说父亲食道上长了个息肉，位置不是很好，需要手术。你当时只说了一句话："大夫说咋治效果好就咋治吧。"父亲离开后的某一天，我们谈起了这件事，你说，你当时就知道父亲的病一定不是很好，你说我从来不会撒谎，那天告诉你父亲病情的时候，是我的眼神出卖了我，但你知道我是好意的。我说我怕你承受不了，你说难受是肯定的，但是该面对的，你永远也逃避不了。

妈妈，你知道父亲离开的这几年你的变化有多大吗？父亲刚离开的时候，我即便心都碎了，却不敢在你面前掉眼泪，在我的心里，你一直是个软弱的人。让我感到奇怪的是，你也从来没在我面前流过泪，我甚至一度怀疑你对父亲的感情。直到有一天，我上班途中回去取东西，撞见了在家里默默落泪的你，我才明白，你和我都一样，都怕对方伤心。父亲的离开你怎能不伤心？他就是你的天，他走了，你的天也随之塌了。但自此我再没见过你流泪。你的改变好像从此开始。你不再是我印象中那个软弱的母亲，你开始慢慢地习惯不依靠别人，一个人解决家里家外的事务。你用你柔弱的肩膀扛起了这个家，家里的一切也开始变得井井有条。父亲离开前的几年种了两百多棵樱桃树，父亲离开时，树还不曾结果，这几年在你的打理下，虽谈不上硕果累累，至少也是郁郁葱葱。曾经我觉得你太辛苦，劝你把树卖掉，你却不同意，你说把这些树打理好，是父亲的心愿，把它们卖掉了，父亲知道了也许会伤心的。听了你说

图书馆一角 | 赵梦琦 郑州局集团公司洛阳建筑段

的这些话，我也无话反驳，只能在闲暇的时候多帮你干点活，尽一点绵薄之力。

现在，在你的努力之下，我们的家已经步入了正轨，父亲离开的阴影已经烟消云散了。我知道，如果没有你艰辛地付出，不会有我们今天快乐的生活。妈妈，我感谢你，你的言传身教让我学会了坚强、自立。让我懂得了人生不可能一帆风顺，面对坎坷，昂起头、咬紧牙，踏踏实实地一步一个脚印，总会有把崎岖变成坦途的那一天。最后，衷心的祝愿我的妈妈：身体健康，永远幸福！

女儿：王晓梅

2018年3月8日

智慧老妈教我做人

陈凡芳 济南局集团公司青岛电务段

亲爱的老妈：

一直都很好吧！老妈，呵呵！给您写这封信，我自己都觉得忍俊不禁，因为您不识字啊！但是，从内心深处，那种强烈的要给您写信的欲望，时时地敲打着我的神经，要把对您的爱和崇拜以文字的形式表达出来。还有当面没有说过的话，悄悄地写在这里。

老妈，记得许多年前您也收到过信件，那多半是外地工作的父亲寄来的，每每都是我抢着读给您听。听完父亲像散文一样流畅温暖的信，您都是哼着小曲扛起锄头下地干活的，希望女儿的信带给您别样的温暖，也能多少点缀一下您独处、孤寂的晚年生活。

老妈，还记得我们刚从农村搬来城里的时候吗？话说已是三十多年前了。我们带着最原始的几个桌椅板凳，您陪嫁时的柜子，来到我们向往已久的城里，土气得掉渣，无论从行头还是语言，处处格格不入。老家的时候，我管您叫“娘”，可城里都喊“妈”，人前我都羞涩（其实都是内心的虚伪）地不好意思开口，感觉太土了。为尽快地融入这个新的环境，别土的那么明显，经过不懈的努力，我改口叫您“妈”，其他的话，也都变得南腔北调了。现在想来，都是“面子工程”惹的祸，

花香满庭格桑花 | 潘俐丽 中铁集装箱公司

一声“娘”的朴实和亲切，能让人温暖、酥软到骨子里。就像您，从没有刻意地去改变，没有像别的搬来城里的妇女穿高跟鞋，烫卷发头，土洋结合地顺应潮流，而是始终保持着最朴实的本色，任劳任怨地服务家庭，自然不矫揉造作地和睦邻里。邻里间并没有因您的土气而减少与您的接触，也没有人因您的土而看不起您。您拿来家乡的土特产分给楼上楼下的邻居们，自己拿手的厨房手艺也乐此不疲地与人分享，和他们相处得风生水起。我鄙夷地最初定义您为老农意识，其实，您笑脸迎人、不拘小节、顾全大局、施恩不记，这是您与人相处的大智慧。

其实，老妈，您有好多地方都是我要学习的榜样，您周身散发的正能量，总让我望尘莫及。每次回老家，大半个村子的人都想见您，跟您说说话。我想，这并不单纯是时间长了不见，只是看看，是您的好影响了那些人，才让那些人惦记。想想村里多少孩子的降生，都经过您的手，您又救回多少生死线上的婴儿。所以老妈，在那些人眼里，您就是妙手，您就是福星。您自己都不觉得，是您用爱心和诚实，善良和随和，赢得了乡人邻里的喜欢。时间久了，您年龄大了，好多人的印象在您这里变得模糊，可当那些人热情的招呼，又似乎把您拉回记忆里，“大婶子，你忘了吗……”然后细数那些过往，裹进谈笑风生的氛围里，您脸上堆积、深埋的幸福、快乐在微风里四溢。

老妈，您的善良和淳朴，有目共睹，影响着我们，教育着我们。奶奶是过去式的严厉婆婆，我们也目睹过她的“造作”，可老妈您就是能忍，一如既往地孝着、顺着，从来都不说奶奶一个不好。作为家里的老大，您当牛做马，无怨、无恨、无悔。如今老了，腰、肩、颈椎都留下了病根，可您讲起过去受的罪，就如同讲述发生在别人身上的故事。老妈，传承中华孝美文化，我投您一票，您是当之无愧的。

转眼，您也是快八十的人了，还总把您的孩子们当成小孩，操不完的心。我总觉得您身上有使不完的劲儿，充实的每天都有好多事要做：和老姊妹们交流健身的经验、生活中的窍门、做饭的手艺，回来给我们做养生的食谱，还突发奇想地给孙辈们做好玩的手工，奇思妙想地做个生活的小发明……您常说我们上班都忙，就让您做我们的后勤部长，现在不知道的东西太多了，就让您多动动脑，防止老年痴呆吧。我知道，您这种积极乐观的生活态度，源自对生活的热爱，因为您苦过、累过，懂得了知足和感恩。现在好多人在舒适的环境里，过着怨天尤人、郁郁寡欢的生活，不就缺乏这种知足和感恩的心吗？老妈，您传递出来的正能量，感应给别人的快乐，连我都自愧不如。

老妈，不知道您发现了没有，最近，我跟您说话需要大点声，也得把语速放慢了，要不然，您不理我。洗过的青菜，偶尔会有头发呢，味美黏稠的八宝粥里，也会有硌牙的硬物了。老妈，我不是在怪您，只是觉得心里有些酸楚，无奈地感慨岁月的锋利。但是，我也要给您提点小小的要求，不要什么事都自己扛，儿女该“麻烦”的时候必须“麻烦”哦。就像您老在我们面前刷存在感，抱怨我们什么事都不告诉您。有妈的孩子像块宝，谁不希望永远有老妈“麻烦”呢！

就写到这里吧，当然还有好多话要说，重要的，您的晚年幸福，是我最大的心愿。

祝老妈：

身体健康、平安、快乐！

爱您的女儿：芳

2018年4月18日

谆谆教诲永难忘

刘芳岑　广州局集团公司惠州车务段

亲爱的外公：

您身体还好吗？自从来到惠州上班就很少回家，并且已经连着三年都没有回家过年了，特别想您。您还记得吗？小时候我为了赚零用钱，每到寒暑假就帮您把手写的《回忆录》敲进电脑里保存好，每敲1000字换20块钱。

其实敲完了几本《回忆录》，我得到最珍贵的东西，不是零用钱，而是胜过老师父母日日耳提面命的思想道德教育，是做人应有的品质和对生活的态度。那是用零用钱也买不到的人生的精神财富，它经常在困境的时候指引着我前进，为黑暗中的我点亮一盏明灯。

《綦江遇险》中您告诉我："不能忘记历史，要以史明今，居安思危。有无数的人用自己的血肉给后人筑路，你们的路才能走得这么踏实这么无忧无虑，就像年幼的我站在那用血和身躯筑成的路上一直走到了今天。所以你走的每一步都要抱有敬畏感和一颗感恩的心，好生活不是从天而降的，你碰上了这个好时候，好国家，所以你得对得起你这份好运气。"

在《永远的佩宜》那一篇文章里，您提到退伍后您成为一名美术老师，遇到了同为老师的王佩宜，也就是我的外婆。虽是在艰苦年代，两人情投意合也恩恩爱爱，孕育出了爱的结晶，也就是我的妈妈晓云。可好景不长，在妈妈两岁时，外婆就患病，您背着外婆四处求医，可当时物资短缺，无药可医，您只能将外婆带回家陪伴她度过最后的时光。您写道：在晓云会喊阿爹阿娘的那日早晨，你走了，你走之前轻轻说的是一声“对不起”。从那以后的五十多年，您都没有再娶，哪怕再难都一人将妈妈抚养长大，还将妈妈的姓改为外婆的姓，以寄托对外婆的爱与思念。妈妈长大后出去工作怕您辛苦没人照顾，建议您再找个老伴。没想到被您生气地驳回了，且以后都不许再提。您对妈妈说：“我心里面的人永远只有你阿娘，不会再有别人。我老有所乐，退休了我继续画画唱唱京剧，不需要人照顾。这样的话你永远不许再说。”直到现在，您95岁了，纵然很多事情您都忘记了，但每天都还记得跟老书桌玻璃下压着的外婆照片说话，每次听到您跟照片说话，我就会想起你俩曾经的故事，眼泪便不自觉地流下来。自那时起，您用一辈子去爱一个人的那种深情便种在我心里，让我明白一个对爱情从一而终的人，哪怕再平凡，也会在细水长流的岁月中过出闪亮的日子。

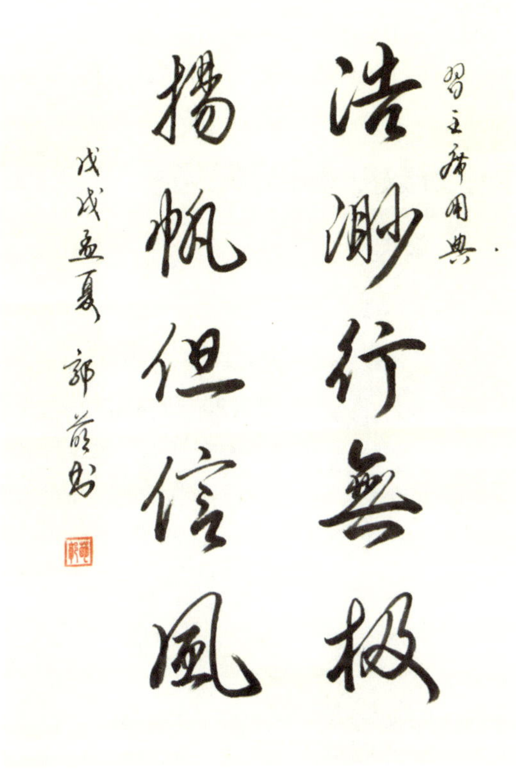

浩渺行无及，扬帆但信风
郭萌 哈尔滨局集团公司

《我的磨难》中，您让我知道，做人应胸怀坦荡，坚持行正义之事、坚持信正义之理，且应怀有一颗仁爱之心，学会宽恕伤害过你的人。方能在逆境不怨恨、在顺境不浮躁，观自心，安稳如理行。我想，您定是心中自有虬龙般的凛凛傲气，才能画出令人敬畏的劲松，也有柔软的仁爱之心，德善兼施，品德高雅才能画出富丽高贵的牡丹。您的故事、您的为人是我们晚辈的榜样，我会一直向您靠近，做一个像您一样被敬重、被尊重的人。

最后，望您身体安好，我在这边也一切安好，勿挂念。

想您的孙女：芳岑

2018年4月18日

一封来自海拔 5000 米工地的家信

霍永花　中铁二局西藏米拉山项目部

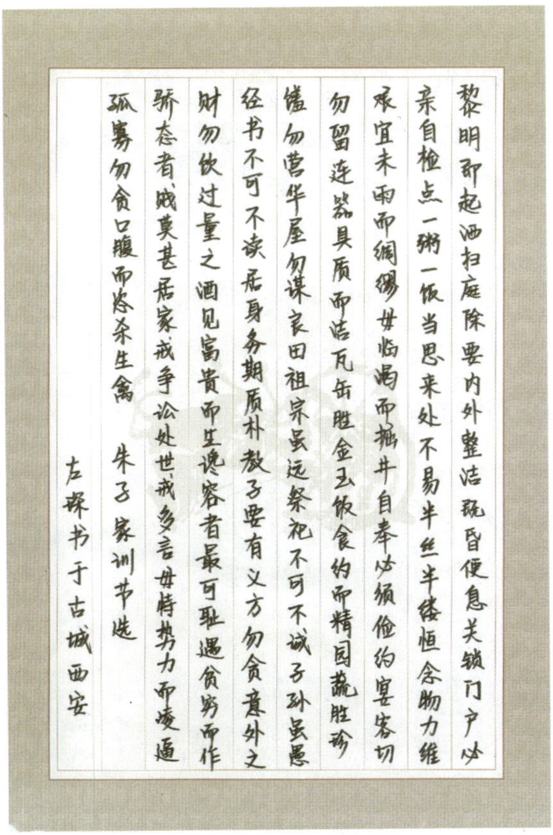

朱子家训节选 | 左琛 中铁集装箱公司

悠悠，我的宝贝：

当你还在睡梦中，妈妈已经踏上回工地的路程。不忍心跟你当面道别，每次我都选择早班机，因为我知道，你一定会扑进妈妈的怀里撒娇、缠着妈妈不让走，妈妈也想天天陪你玩游戏、讲故事，但是，妈妈的工作不允许！

宝贝，妈妈告诉过你，妈妈工作的地方在离家很远很远的西藏米拉山，这儿被称为世界屋脊，离天很近，仿佛伸手就能摘下星星。这儿有好多的白唇鹿自由地奔跑，还有上学的、放牧的藏族哥哥和姐姐，他们都像你一样聪明可爱，可是他们上学要翻很高的山、走很长的路，10天才能回家一次，买东西就更不方便了。妈妈和很多的叔叔阿姨正在帮助他们打通米拉山隧道，修建一条在“云朵中”的公路。等到隧道打通了，公路建好了，米拉山的小朋友们就跟你一样每天放学就能回家了。你说，妈妈能不暂时离开你吗？

悠悠，我的宝贝。妈妈知道你是一个非常聪明懂事的孩子，你在幼儿园里当了“识字大王”，已经是“小姐姐”了，可以帮助老师照顾班上其他的小弟弟、小妹妹了。真了不起！妈妈由衷地为你感到骄傲和自豪。但是，就像你的幼儿园一样，妈妈也有自己的“班集体”、自己的事业、自己的伙伴，妈妈也要做一个让悠悠骄傲和自豪的妈妈！所以在你9个月的时候，妈妈离开你到西藏工作，此后4年，我们在一起的时间基本就是冬季休息的一个多月。

妈妈记得你曾说：“妈妈，你去跟你们‘老板’多请几天假嘛！”——妈妈不知道仅仅四岁的你怎么就学会了“老板”这个词语——今天，妈妈要告诉你：我们的“班集体”里没有“老板”，只有为了米拉山隧道而在一起工作的叔叔阿姨们。

你两岁的时候，妈妈作为第一批项目工作人员来到米拉山，住在自己搭的帐篷里，上气不接下气地去走线路，凿开冰融化雪水来喝，当看见项目板房迅速立起，工作正常推进时，妈妈和叔叔阿姨们觉得漫天飞雪也是可爱的！妈妈也有不乖的时候，有一次因为妈妈想早点核算好工程数量，忘记了白天和黑夜，感冒发烧了，坐在去拉萨看病的车上，窗外黑黢黢的，妈妈心里也闪过一丝担忧，千万不要转成高原肺水肿，因为我的悠悠还这么小！

悠悠，妈妈想让你知道，在米拉山这个“班集体”里，龚彬叔叔是我们的“班长”，为了米拉山隧道，一个月时间瘦了十几斤；张小英阿姨，你也可以叫她“洞主”阿姨，她每天在隧道口负责安全工作，每一个进出隧道的人都逃不过她的“法眼”；而你潘阿姨总是埋怨你那当隧道工程师的安叔叔，每天回来都是一身泥！

在妈妈工作的米拉山，最珍贵的东西是空气里的氧气，在成都呼吸一口气，在米拉山要呼吸两口，所以工地上的叔叔阿姨们常常都张嘴呼吸。但是，我们的“班集体”缺氧不缺精神、艰苦不怕吃苦。工地上的叔叔阿姨都以“倒数时间”的方式为自己的工作目标施加压力，妈妈绝不能做孬种拖了“班集体”的后腿，即使挂着氧气瓶，妈妈也要认真地完成每天的工作，让米拉山隧道一点点向山那边靠近。

我的宝贝，你知道吗？你就是妈妈筋疲力尽时的“氧气瓶”，当通过视频连线，你给妈妈说你又得了几朵小红花、认识了多少字、背了多少首诗歌，妈妈所有的劳累都烟消云散！宝贝，你想妈妈的时候，就用你的小手轻轻一点，妈妈就立刻出现在你面前了。虽然远在千里，妈妈也可以陪你一起识字、一起读诗、一起玩游戏，还可以在网上买你最喜欢的故事书《小猪佩奇》，妈妈随时都在你的身边！

悠悠宝贝，因为你现在只有4岁8个月，所以不能到海拔5000米的米拉山，但我想等你再大点儿，我们一起乘车穿越这世界上海拔最高的公路隧道，你也一定会为妈妈参加了米拉山建设而自豪吧！

永远爱你的妈妈

2018年5月20日

远方的思念

马丽华　中车齐齐哈尔公司

想念的敬国：

见信如面，近来工作还好吧！今天是清明节了，转眼你已经到肯尼亚一个月了，甚是想念，最近身体还好吧，血压控制得怎么样，国外的生活和工作节奏早已经习惯了吧？家里一切都好，妈妈的身体有所好转，孩子也很听话，在我又当爹又当妈无法兼顾的时候，同事们给了我很大的支持和帮助，切勿惦念！现在的通信方式非常便捷，只因与你微信联系的时候，总是想说的内容太多，无法尽言，所以才拢了一下思绪，以信件的方式略表思念之情。

从你出国去肯尼亚交车的那天起，我便开始关心起国际政治了，知晓了习近平总书记开创的“一带一路”“海上丝绸之路”的内涵和深远意义；了解了国际政治、经济发展格局；关心非洲以及肯尼亚的安全形势，也查阅了一些关于肯尼亚的资料。每天收看国际新闻，不知道中美贸易战对你们那里会产生哪些影响。我看到你发的微信图片，大致了解你生活和工作的环境，条件的确十分艰苦。我知道你在工作中要强，可是在国外不比在国内，千万要注意身体，那里有好多疾病通过蚊虫传播，工作和出行时一定要注意；另外蒙巴萨是一个常年高温地区，一定

色达风光 | 陈瑶瑶 中铁快运成都分公司

要注意预防中暑。我给你准备的降血压、感冒、拉肚、促消化、防中暑、蚊虫叮咬等药品，一定要对症下药，不明白的地方给我发个信息，万里路遥，且行且保重！

上次听你说，最近长江公司的第二批集装箱平车到达蒙巴萨港，而先期我们公司的第二批车辆在没有安装拉环的情况下就被车辆段迁走了，这些车现在已经分布在内罗毕与蒙巴萨之间沿线的多个小站，需要你们沿途追车安装拉环的事情进展得怎么样了？我听咱们公司在肯尼亚的人员说，如果那样的话需要你们带着拉环去各个小站安装，这样无形当中给你们交车带来了极大的难度，在这种情况下你们一定要注意人身的安全！

最近你们交车团队有了新的落脚点，又开始了新的集体生活了，相信你对于这种集体生活不会陌生吧！多年的集体生活，为你此次出行奠定了基础。在外是一个团队，其中你的年龄最大，无论是在工作上还是在生活中都要多多照顾他们，一定要吃好吃饱。特别是听说那里的治安不是很好，人生地不熟的，一定要多多知悉当地的民俗、民情，你们出行的时候千万要结伴而行，凡事要多商量，三思而后行。由于语言和文化的差异，在与当地人相处时一定要把握好分寸。

家里一切都好，儿子每天都问爸爸什么时候回来，每当他问起你的时候，我都会给他讲“一带一路”的事情，他就知道你出国工作的意义了，他盼望你能尽早载誉而归！前几天，儿子升初中模拟考试，他的成绩位居全班第一，他说要把这份成绩献给你，我听了很感动，儿子真的长大了，懂事了！不过有一件事怕你担心，没有及时告诉你，那就是在你出国的一周后，儿子的眼睛长时间出现红肿现象，后来我领他到儿童医院看了一下，医生说需要配一副眼镜，看着儿子小小年纪就戴上了眼镜，我心里很不是滋味，都怪我平时未对他严格看管，也不知道戴眼镜会给他今后带来怎样的影响，这种心情久久无法平静，可是看着他戴眼镜时美美的感觉，我真是又气又恨，等你回来你将看到儿子的另外一个形象。对了，还有你临出国前准备的那几本书没有带走，我知道你愿意看书，我已经在网上给你下载了电子书，方便的时候你接收一下，权且用于消磨闲暇时光！

妈妈上周出院了，出院的那天多亏有几名同事帮忙，不然我还真不知道如何是好，妈妈的头晕等症状好多了，饭量也保持平稳了，回到家后还能自己收拾屋子呢！妈妈的性格一直很坚强，这一点你和她是一样的，真是有其母必有其子啊！出院的那天，她始终问你怎么没来呢，我不敢告诉她你出国了，生怕她惦记你再生病，只说你最近工作繁忙，五一的时候一起回家去看她，也不知道你五一的时候能否归来。

好了，不说家里的事了，我知道你出国之后一方面惦记家里，另一方面还惦记着单位。现在单位很忙，50英尺新西兰集装箱平车生产很紧张，不过进展还相对顺利，过几天就开始忙于转产60英尺新西兰集装箱平车了，听说钛合金项目在领导的亲力亲为下进展顺利。你不在单位的这段时间里，生产制造部、采购销售部的同事们都能够团结一致、心往一处使，每天更勤于围绕生产现场，有时候白班没完的工作就加班加点完成，比起以前他们更加辛苦了。每次与他们交流的时候，他们都盼着你能够早日平安归来，闲暇时候都不忘问我家里有没有什么困难。如果有时间的话，你多关心一下生产线的同事们，帮助他们，提供更多的技术支持，解决薄弱环节，毕竟你在生产岗位经历过更多的“风雨”。

最后，你在国外交车工作使命光荣、责任重大，一定要注意言行和工作质量，你的一言一行不仅代表齐车公司，也代表中车公司，更是“一带一路”传递中国正能量的缩影，你圆满完成组织上交给的任务就是对我们最好的回报！

望回信，勿念！

最想你的人：你的妻子

2018年4月

“一带一路”情牵埃塞

江媛媛　中铁通号西安工业集团

王先生：

现在是北京时间下午两点，也就是埃塞俄比亚当地时间上午九点，你和你的同事应该早早洗漱完在去往基地的路上了吧。我已经习惯了这样计算时间，我减五个小时，你加五个小时，便能猜测到你现在在做些什么。

家里一切都好，不要担心。婆婆把宝宝带得很好，我也能安心上班。你不用总是小心翼翼地打探我跟婆婆的关系，虽然中间没有你这个沟通的桥梁，我们相处得也很融洽。一起带宝宝以外的闲暇时间我俩总是喜欢唠嗑，我想更多地知道你的过去，她想更多地了解你的现在。经常听她回忆起照顾你和弟弟的点滴。要说你小时候真的很顽皮，听说你有一次打鸟，把邻居大娘的牙打掉了；还有一次被车压伤了脚流了好多血，把婆婆吓坏了，背着你一口气跑到了医院，缝了好多针……这些事你可能忘记了，但是在婆婆口中就像发生在昨天。有时我听着听着会不自觉地湿了眼眶，也就更加感谢她为我抚养、教育了一个好丈夫，又怎么舍得再让她因为和媳妇相处不好而苦恼。

当然，一起生活久了哪有勺子不碰锅边的。她有时会嫌我浪费，但从听她聊起过去和公公刚结婚时的苦日子，到一点点把日子过起来，也就更能理解她现在的节俭。说了你也许不信，我都有点受了她的熏陶，花钱不再大手大脚了。有时也会嫌她“干涉”我的生活，但看她把家里打理得井井有条才知关心则乱。虽然她也会用微信，可是不知为什么不怎么和你主动联系，可能是怕打扰你的工作。她总会假装不在意地问我这几天有没有和你联系上，问你最近肠胃怎么样？当然，我知道更会遵循你的习惯：报喜不报忧啦！

宝宝最近本事可长了不少，会扶着东西站起来，也会对着卡片咿咿呀呀地说话了。你还怕她长时间不见你会不认得你，放心好了，血浓于水。每次看见你的照片或者视频她都格外开心。记得吗？上次你刚回来她就跟你笑，没过两天，她就学会叫爸爸了。不养儿不知父母恩，看着宝宝一天天成长，是那么可爱、招人疼惜，才理解父母们为什么那么无限度地爱护我们。宝宝基本上没生过病，而且现在党的政策越来越好，去给宝宝打防疫针基本上都是政府出钱。前两天我给宝宝办了个医保卡，以后有个感冒发烧去门诊也能像咱们一样国家给报销了。相信咱们的宝宝在祖国、家庭的呵护下会健健康康地成长。

说说你吧，埃塞俄比亚那边现在是雨季，你人不在营地就不要晒被子了，免得又被突如其来的暴雨淋湿了。休息时如果不下雨，一定要把被子和衣服拿出去晒一晒，不然你身上又起潮疙瘩。最近伙食怎么样？少吃辣椒，否则又要拉肚子；拿过去的零食省着点吃，留着隔段时间解解馋……我不是个爱絮叨的人，但是你体质差，在国外吃住又不是很适应，自己一定要注意。你总是说：“哈哈，我知道啦，放心！”相恋七年，你的笑像一束阳光，一直能把我照得越来越温暖。都说女人的性格与另一半有很大关系，我相信，因为面对着一直冲我傻笑的你，再大的火气都会一点点熄灭。你总说我，哪都好，就是脾气大。但是你没有发现我的脾气改了很多吗？我知道，你人前虽然很爱笑，但也会累，我应

建设中的郑万高铁 | 黄广华 中铁集装箱公司

该适当地做你的港湾让你歇一歇。

不要担心家里，专心工作。不过不用我提醒，也知道你一扎进工作就完全处于忘我的状态了。记得好几次都是好久联系不上你，都是车站发现问题了，你和你的伙伴们一直在专心解决问题。有一次问题终于解决了，天也黑了，你们没有车回去只能在车站凑合了一晚上。没有我在你身边盯着你，不要遇到难解决的问题就像在家里时急得饭都吃不好。问题总会有解决的方法，吃好了饭，养足精神，相信更好的状态会助你尽早解决问题。

你学习CTC的技术比较早，所以接触到的问题多一些。有时出差回来怕新去车站的人不了解情况，就熬夜帮他们把车站问题库以及解决措施整理出来。有一次公司一个同龄人跟我开玩笑说，你是他的师爷，因为你教出的人把技术又传授给了他。你听后涨红了脸扭头就走了。那人不解，其实我了解你，总是觉得自己技术不够精湛，承受不起别人的赞誉，还需要在工作中好好锻炼学习。相信你的工作态度，会让你越来越好。

你说回来了英语会比我好一大截，我相信，更期待，学好英语你在那边跟人交流就更方便了。在国外对待外国友人一样也要耐心些，你在那边代表的就是公司和国家，不仅要让他们看到中国制造的优良品质，更要让他们看到中国人、通号人的优秀素养。晚上没事不要出去溜达，你也说过，那边不像国内这么太平，一切以安全为重。盼望亚吉铁路开通后顺顺利利，等待你早日胜利归来。

妻：媛媛

2018年2月4日

丝路梦　铁路情

李　蓉　乌鲁木齐局集团公司霍尔果斯站

亲爱的老同学：

你好！前些天，看到微信群里你发的留言，说你很想回来看看，可是因工作和家庭原因一直未能成行很是遗憾。我很感动，时光荏苒，毕业一别，再相见已匆匆二十余载。

我们从小都生活在新疆铁路这个生活圈里，从小学到初中、高中，就连上大专、大学也是“乌鲁木齐铁路局定向（委培）”，时光在我们同龄人身上打上了深深的烙印。

老同学们相聚一次很不容易，虽然你离开了铁路，但是我们班的大部分同学还是沿着父辈的足迹在铁路平凡的工作岗位上默默辛苦地工作。不知不觉我们都已人到中年，同学们现在都已是各自岗位的中流砥柱，为新疆的铁路事业默默无私奉献。

记得上学时，因为我家在铁路沿线，高中时在哈密铁一中住校，我羡慕你周末不用自己洗衣服，而你羡慕我有一张“通学票”，可以来回坐火车。虽然那时候的火车比现在慢了好多，远远没有现在舒适、快捷。乌局自从2014年高铁开通以来，现在从乌鲁木齐到哈密仅仅用三个小时就到了！铁路沿线再也没有了铁路职工子弟学校，我们的下一代也

开往春天的列车 | 姚怡 成都局集团公司重庆客运段

享受上了大城市的优质教育资源。我们视若珍宝的“通学票”应该会像“粮票”一样走进历史博物馆了吧！随着新疆铁路旅客列车一次次地提速，客车的运行模式从“直通摆向两翼”的多项举措的实施，现在坐着火车游遍南北疆已变成了事实，咱们的老同学在这条铁路线上到处都有啊！

记得我们学校门口有一个铁路平交道口，每逢放学高峰时期，如果要有列车即将通过，清脆的道口铃声响起时，大家都会加快脚步，希望在道口栏杆放下之前顺利通过，没有赶上的同学在栏杆外只能看着列车呼啸而过，平交道口两侧的自行车流和人流交织的场面也蔚为壮观。弹指一挥间，平交道口早已变成了立交桥，上面火车轰隆隆，推动着新疆经济不断发展，下面汽车、电动车各行其道，载着的是去机务段上下班的铁路干部职工。相融互补，织就了新疆铁路今日的繁荣景象。

还有当时我们学校的军乐队也是哈密铁路地区首屈一指的，每当铁路分局举办大型活动时，总少不了我们同学少年的身影。那时的大提琴、小提琴、架子鼓、长笛、圆号等可都是学校免费教，可惜你我都没好好珍惜，现在却忙着陪孩子上二课，劳心费力地让孩子增加音乐细胞，想起来也是惭愧啊！

记得刚参加工作时，我在铁路局位于东大门的疏勒河站上班，那时每天货车也就20多对，到了晚上，客车就没有了。现在每日的客货车列数要多得多，而且也上了很多的先进设备可以监控列车运行，比我刚上班的时候可是先进多了！那时候，我上班的第一天是学习打算盘，现在的入路新工上班是学习计算机系统的操作运用。

现在的我因工作调动在霍尔果斯站工作，从新疆铁路的东大门来到了西端亚欧大陆桥的桥头堡站。霍尔果斯口岸站于2012年12月正式开启了国际联运的工作，乘着国家倡导的“一带一路”的东风，我们车站的业务也是越加繁忙了。今年又开办了汽车整车进口和肉类进口，以后咱们都可以吃上物美价廉的德国牛排了！

随着十九大的召开，我们车站也迈入了“新时代”。现在我们已经开通了由乌鲁木齐到阿拉木图的国际旅客列车，每周迎来送往的国际旅客很多都是做边贸生意的商人，是行走在新时代的“丝绸之路”的“骆驼客”。如果你来我们车站，我可以向你介绍一下我们国家的准轨列车是怎么换轮到哈萨克斯坦的宽轨上的，这可是一般车站看不到的景象。相信我们新疆铁路也会发展得越发美好！

霍尔果斯地处伊犁河谷，素有“塞外江南”的美称，是新疆口岸之首，这里有经济开发区，特别是税收优惠的自由贸易区。大概你在今年的电影院里也经常看见“霍尔果斯影视公司”的身影，真是大大带动了当地旅游业的发展。如果你想了解新疆铁路的变化，我建议你可以关注一下“新疆铁路”微信公众号，说不定还可以看到咱们老同学的身影呢！

聚散皆是缘，离合总关情。情意悠悠，岁月如流，不知江月照何人，但见长江送流水。希望在明年春节时我们在乌鲁木齐相聚，互诉衷肠，我也坚信，我们的家乡会越来越好！

此致

敬礼！

李蓉

2018年4月16日

愿你在爱的舟旅上做最美的人

刘雅红　中国通号电缆集团

亲爱的晴儿：

此时此刻，已是更深人静，我提笔在手，思绪万千，辗转难眠。

“泪湿罗衣脂粉满，四叠阳关，唱到千千遍”。宝贝女儿，我不停问自己，难道你明天真的就要离开妈妈去嫁人了吗？虽然已给你准备好了出嫁的一切，可我真的不愿相信这是真的，真的我感觉就像做梦一般。

24年的岁月，像电影画面一般在我眼前不停地掠过，你呱呱坠地时的情景，你第一次叫妈妈的惊喜，你第一次去幼儿园胆怯害怕的小模样，你把小公主裙塞在小裤衩里奔跑时的顽皮，你被逼无奈哭着练琴的委屈，你吹着小勺像个小大人一样给生病的妈妈喂饭时的可爱，你第一次站在舞台上领奖时的自豪，你第一次独自坐火车去陌生城市紧张而又坚强的样子……

“昔我往矣，杨柳依依”。24年的时光，只有我才知道你是怎样从一个只有4斤9两的小婴儿，成长为身高一米六八，健康、聪慧、亭亭玉立的大姑娘。24年8000多个日日夜夜，在多少个艰辛而忙乱的日子里，总盼着你长大，总觉得你还是个孩子。

从你上大学后第一次放暑假回来，我才有了宝贝女儿真的长大了的感觉。可是还没等我好好体味有你陪着一起说话、一起逛街的幸福，眨眼间你就大学毕业了，这么快你就要嫁人了。我的宝贝还是个孩子，却真的要嫁人了。“欲语泪先流”，请宝贝女儿原谅妈妈这脆弱的情感，可此时此刻我真的无法抑制。

“男大当婚，女大当嫁”。当你告诉我，你遇到了你真心喜欢、也真心爱你的人，并决定要嫁给他时，我的内心一半是喜悦，一半是不舍；一半是祝福，一半是担心。亲爱的宝贝女儿，你的确长大了，而且要离开日思夜想的妈妈了，即便我有万千的不舍，我还是衷心地祝福你，也还有太多的嘱咐想对你说。

以前在家里，你是爸爸妈妈的宝贝，我们知道你的优点，也了解你的缺点，也习惯了包容你的一切。可是出嫁了，你离开了爸爸妈妈，你就必须得学着做一个好妻子，做一个好儿媳，将来还要学着做一个好妈妈。

希望你能坚持养成整理房间的好习惯——“一屋不扫，何以扫天下”。一个幸福的家，其实不必有多么的奢华大气，但一定得是清爽整洁的。试想，如果东西堆得到处都是，想找的东西找不到，不需要的东西又随处可见，乱七八糟……这样的家，谁愿意待呢？“没有丑女人，只有懒女人”，勤劳的女人才漂亮，愿你能够像在乎你美丽的容颜一样，打理好你的小家，把你的家永远整理得井井有条、干净整洁，让家变成温馨有爱的港湾和奋进前行的依托。

还希望你一定要孝顺公婆。羊有跪乳之恩，鸦有反哺之义。要知道你心爱的他，也是父母20多年含辛茹苦养育的宝贝疙瘩。结了婚，你喊他的爸妈为爸妈，他的家也成了你的家。不为别的，就为了你爱他，就应该爱他最亲的人。你和他一样要有责任，有担当，要共同孝敬老人，要共同经营好一个大家庭。

也许慢慢地，你会逐渐发现彼此的习惯，性格甚至观念等方面还是会有诸多的不同，可能他们也会逐渐发现你的一些缺点。磨合是难免的，这个适应的过程，可能会有些辛苦。但你要切记：无论老人说什么，你一定要对他们多一些尊重、多一些理解和多一些宽容。在家里要学会沟通，更要学会忍让，要知道“家不是讲理的地方”，不要赢了道理输了感情。要明白，大家庭和谐了，小家庭才能幸福！

前天听了你公公婆婆白手起家、奋斗创业的历程，很让我感动，他们不仅经营有方，而且还长年坚持为贫困山区的学校捐赠大量的衣物、图书和学习用品，承担了很多社会责任。他们吃苦耐劳的精神和乐于助人的品质都非常值得你们尊敬和学习。一个企业从无到有，到逐步发展壮大，融入他们多少的心血和智慧。

可以说，比起大多同龄人来说，你是幸运的，在父母的照顾下，你衣食无忧，已经开始起步创业。但是，我希望你们要牢记“幸福是奋斗出来的”，希望你能用自己的双手和智慧去共同创造美好的未来，而不是一味地靠父母，靠他人，更不能有贪图享受的想法。希望你珍惜生活，善于学习，勇于拼搏，通过自己的努力，做出一番业绩，也能成为你孩子的榜样和骄傲！

醉美蓝月谷
魏桂琳 昆明局集团公司昆明南电务段

说到孩子，我不得不多说几句。在过去的二十多年里，我们有过太多美好而幸福的回忆，然而在教育方式上妈妈也有不尽的追悔。那时真的不懂“叛逆期”还分三个阶段，更不懂什么是“共情”“南风效应”“罗森塔尔效应”。老把“都是为你好”挂在嘴边，说话武断、急躁，还时常拿你和别人家的孩子比，总是批评多于赞赏……至今，你那迷茫、泪眼婆娑的小模样时常在我眼前挥之不去。“没有无用的孩子，只有失误的教育。”可惜，这些心理学、教育学的知识我学得太迟。在这里我想跟你说声“对不起，宝贝”，无论怎样，一切都因“望凤心切”，一起都源于心底海洋般深情的爱。

而今天，跟你唠唠叨叨说这些，我是多么希望我曾经走过的弯路，曾经犯过的错误，不要在你的身上重演。尽管你是大学毕业，但要明白学无止境，希望你在今后的日子里，还要养成读书学习的习惯，要学习法律和经济管理知识，学习科学的教育方法，学习怎样成为合格的父母，也学会如何爱自己、爱家人，学会更多生活的技能和爱的智慧。

我的宝贝，不知不觉已经快天亮了，妈妈纵有万语千言，也难完全陈述在这方寸信笺上，最后，妈妈请你记住，最美的人，一定是风雨过后绽放的姿容；最真的情，一定是历经坎坷后紧扣的双手。世间有美，恰如斯人，人生有爱，别样深情。未来的路还很长。结婚只是爱情的一个里程碑，不是终点。希望你和他能够珍惜彼此、相互交心、相互包容，在爱情和婚姻的舟旅上做最美的人，酿最真的情……

永远爱你的妈妈
2018年5月

在追逐发奋和感恩中成长

黄玉红 昆明局集团公司昆明通信段

亲爱的女儿：

岁月如歌，孩子的成长轨迹犹如一本厚厚的相册，像老照片一页一页被翻开……那是一页页刻骨铭心的记忆，那是一段段幸福快乐的故事。它是燃烧过了的岁月，它是浸透了幸福的泪珠，它还是凝结了人生的“五味瓶”。

蓦然回首，那个扎着两个羊角辫，眼睛大大的，穿一身红色连衣裙的小姑娘；那个整天跟在我的身后，叽叽喳喳，像只快乐的“麻雀”，一转眼，不知什么时候已经渐渐长大了。

孩子，你知道吗？在大家的期盼中你呱呱落地，我们家迎来了小天使，你带给我们无比的快乐，让我们的家庭充满了欢声笑语。在爸爸妈妈的眼里，你是最棒的！爸爸妈妈因为你而快乐和骄傲。

孩子，你还记得吗？在母亲节到来时，你送了一朵你自己偷偷做的、精致的玫瑰花，真的非常漂亮，我非常非常地喜欢，非常非常地开心。为什么用那么多的“非常”，因为这么多的“非常”才能体现妈妈现在的开心，开心的是我的女儿长大了，会关心自己的妈妈了。

最难忘的还是你上小学四年级，一次我生病发烧，无法做饭，你第一次下厨煮了一碗面条给我，虽然味道一般般，但捧着这碗面条，我泪眼汪汪，心里甜丝丝的。做作业的你，一会跑过来摸摸我的头，看看烧是否退了，一会拿杯水给我喝，让生病的我非常感动。

孩子，你还记得吗？在父亲节到来时，你们高中老师交给你们一个任务，替爸爸捶捶背，再拍照发给老师，本来我们配合你只是为了完成老师的作业，但是你跪在沙发上，给坐在沙发上的爸爸认认真真地捶了十几分钟的背，爸爸非常高兴，笑得可开心了。

这个别样的父亲节，你送给了爸爸一份珍贵的礼物，给爸爸妈妈留下了深刻的印象，放学回家时，你高兴地说老师表扬了你。那是因为你对爸爸的爱，从行动中表现出来，是发自内心的。

孩子，爸爸妈妈还想对你唠叨两句，人生浮华，我们人生的意义在于发奋图强，只有不停地学习，才能不与这个社会脱节，你才能在其中体会到历经酸、甜、苦、辣过程带来的幸福和快乐。生活不是等来的，“天上不会掉馅饼”。机会总留给有准备的人，你要为了你的目标，心仪的大学而努力。

网络上现在比较走红的TFBOYS组合，给大家留下深刻的印象，他们在舞台上通过歌声传递着正能量，孩子你比较喜欢的易烊千玺，刚开始的时候，他也有许多的“不会”，但是他“勤能补拙”，没有让步与不会，在演艺事业出彩的同时学习依然出彩。我希望你能从他身上学到发奋的意义。

以前我们就交流过什么是幸福，它是对生活的态度，更是一种责任和担当。充满激情地学习和工作，通过努力，肩负好自己的责任，达到自己的幸福。你看爸爸妈妈，我们现在的生活也是每天认真工作，不断学习新技术、新业务，只有不断努力，才能胜任现在的工作。

孩子，爸爸妈妈还想对你说，做事，首先要学会做人，做人要学会感恩，不仅要感恩父母、感恩老师、感恩同学，感恩关心自己和帮助自己的人，还要感恩自己的对手，感恩我们现在的学习和生活。不管别人关心和帮助了多少，这不是量的问题，而是心意的问题，你都要感谢人家，不要认为别人为你付出都是应该的，这也是老生常谈的问题，就像爸爸妈妈也是一样的，感恩周围的人，感恩集团公司给了我们一个崭新的舞台、美好的生活。我们希望你在追逐发奋和感恩中成长，赢得一个出彩的人生。

孩子，爸爸妈妈对你最愧疚的是，从小到大，每到寒假、暑假，你几乎都是跟着爷爷、奶奶，看到同学的爸爸妈妈带她们出去玩，你眼中露出羡慕的目光，你啥也不说，懂事的让我们心疼。可是有失必有得，在春节期间正是有了爸爸妈妈这么多的铁路人，才能让更多的人回家团聚，让更多的“小候鸟”见到阔别已久的爸爸妈妈，让回家的路平安、顺畅。渐渐长大的你，会理解我们的。

爱你的妈妈

2018年5月

新时代家风

林　琳　中铁快运上海分公司

儿子：

很感谢昨天你能陪妈妈看电影，一场《红海行动》激发了多少中国人的爱国热情，也让你更多地理解了中国军队的强大和作为军人儿子的自豪。这场以也门撤侨真实事件改编的电影，虽然影片中有很多镜头过于血腥、残酷，可妈妈很想让你知道，也许正在你安安静静学习，快快乐乐玩闹的时候，在地球的某个地方就这样发生着你意想不到的残酷战争，今天和平安逸的生活是多么值得珍惜。

而更重要的是你生活在一个无比强大的国家，在这场以国家信念为主导的救援行动中，我们的军人肩负着国家的安危和每一名中国人的生命，他们不怕牺牲，敢于冒险，面对强敌不达目的誓不退缩的精神决定了这场行动的胜利。在你的眼里，妈妈看到了你对这些中国军人的崇拜与敬仰。所以，儿子，请你理解你的爸爸。作为一名驻防海疆的军人，爸爸同样肩负着保家卫国的重任。

儿子，今天是你13岁生日，你说爸爸从来没有陪你过生日。13个年头里，和你相聚的日子加起来也不足3年。我很想替爸爸对你说声对不起，看电影时，我看到了你对军人的崇敬，也从你眼眶里的泪水看出了

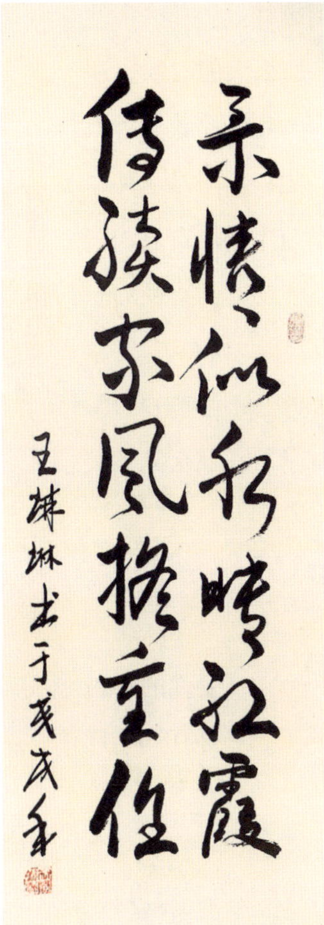

传续家风担重任，柔情似水映红霞
王琳琳 中铁九局七公司

你的坚强，以及对爸爸的思念。我希望你理解爸爸不能每天送你上学，不能在傍晚带你踢足球，不能在你生日或是你生病的时候陪伴你。作为军人，你的爸爸保卫国家海疆，他专业精通、技术精湛、不畏艰险，舍小家为大家，用“大爱”牺牲了自己的“小爱”，捍卫了军人的誓言，他值得你骄傲。儿子，你要以爸爸为榜样，爱我们的国家，爱我们现在的和平幸福生活，并为此做好自己的职责——努力学习，培养自己善良、正直、勇于吃苦、勇于担当的品格。

昨天，在路上遇到了你们班主任周老师，她告诉我上周你和同学打架的原委。是因为同学打碎了你的杯子，那上面有爸爸执行任务立功受奖的纪念，你气愤同学不以为然的态度。起先妈妈只知道他打碎了你的杯子，你动手打了他，所以妈妈批评你小气，批评你动手打人是莽夫。但妈妈不知道，你在意那杯子上有爸爸的样子和留念，你是多么珍视与爸爸相关的事物，那是你对爸爸的期待和爱。妈妈诚挚地向你道歉，妈妈批评你太武断。冲动是魔鬼啊！看，妈妈犯了和你一样的错误，所以，我们要共同学习爸爸的沉着和冷静。要知道冷静才能使人作出正确的判断，这也是一种能力，妈妈相信你一定能掌握。同时，妈妈给你一个建议：以后，爸爸再送你礼物时，你可以先和爸爸一起拿着礼物留影，就当作是爸爸努力的见证人，这样你可以把好多爱的时刻变成永恒。

妈妈再唠叨一点，说说读书学习。最近一段时间面临着小学毕业，重点中学招生面试，看得出你压力很大，那么多的习题计算、那么多的诗词背诵，妈妈心疼之余，也很佩服你！ 妈妈在你那么大的时候，还真没有这么刻苦，所以等你长到妈妈这样的年纪时，一定会比我优秀很多倍。刻苦是一种精神，一种能够战胜一切困难的动力；学习是一种本领，是你未来拥有生活技能的方法。愿你在不断地学习中磨炼自己，在未来你的生活中，可以有权利选择一项你感兴趣的，能够非常喜爱的职业。

好了，就写到这里吧，还是读信要比听妈妈的唠叨更舒心吧！

最后，感谢儿子昨日的陪伴，也感谢你那么认真学习，那么懂事做家务，让自己成为一个努力、认真又孝顺的孩子。

爱你的妈妈

2018年5月

大哥 你好吗

姜 平 中铁快运中铁融祥投资公司

大哥：

你好！

通信工具越发展，越没有书信的“立足之地”。但是电话的寒暄、微信的只言片语，怎能表达妹妹对大哥的深厚感情呢？多年来大哥的勤劳奉献辅助着我、大哥的创新精神启迪着我、大哥对父母的恭敬孝顺教育着我、大哥对弟弟妹妹的关爱感动着我……

大哥你是五八年出生的吧，听母亲说正赶上三年自然灾害忍饥挨饿的年头，大哥童年最幸福的事就是娘喊你回家吃饭了。那个社会物资匮乏、家庭经济拮据的年代，养成了大哥你勤俭节约的持家习惯。偶尔大嫂买了好吃的，你也不问价，吃得可香了，但是让你自己掏钱买，那可难比登天。大哥的勤劳远近闻名，每天早出晚归，没有闲的时候。近几年，工业开发区建到了我们村边上，大哥你竟然身兼数职，晚上当保安、烧锅炉，白天跑运输。我们打趣说，你快赶上深圳人的快节奏了，多时髦啊！你却笑笑说：“就为多挣些钱，供孩子上学呗！”

大哥的童年虽然缺吃少喝、营养不良，但是你却没有输在起跑线上。你天资聪明，学习成绩年年全校第一，且外形俊朗、性情淳朴忠厚，深得老师们的喜爱。以至于后来我们几个在学校一提起是大哥的弟弟妹妹，老师就面露喜色、喜出望外，眼神里满是对我们的学习成绩的期待。听母亲说那年大哥初三即将毕业，你的班主任、校长到我们家道贺，说教委已经同意保送你到省重点高中就读，三年之后上大学简直是指日可待！上大学啊，在那个年代，上大学就意味着跳出土里刨食的农门，就意味着吃上公家饭、端上金饭碗，形势一片大好，前景一片光明！当时咱娘心里好纠结啊，喜的是孩子被学校“保送”，这是多少家长、学生求之不得的，悲的是沉重家庭负担的拖累让你的锦绣前程毁于一旦！“娘，别难过，有事我扛着。”你说着扛起锄头下了地，从此再也不提上学的事。

大哥你自己的大学梦被时代的车轮碾得粉碎，但你却托起了妹妹我的大学之旅。当我把自己考上大学的喜讯告诉娘时，娘说，“快告诉你大哥”“大哥在哪儿？”“你看村里哪儿插着红旗，哪儿就是工地，哪儿就有你大哥”。大哥听到这个喜讯，好像是你自己考上大学般高兴。那时候村里不像现在有工厂、有开发区，我娘想让大哥学门技术活，就让大哥拜师学了泥瓦匠。泥瓦匠这个活，大家都知道，又累又脏，城里人谁也不干。“十指不沾泥，鳞鳞居大厦”，每读到这句诗我就想起大哥你在盖房工地上挥汗如雨的情景，吃的是“猪食”，干的是“牛活”，睡得呢，更惨了，中午饭后就找个土坑，枕着砖头、蜷着身子，闭着满是泥水的双眼。大哥就是这样一砖一瓦地帮着家里，为我积攒学费。当听见别人羡慕的言辞，你只是淡淡一笑：“不图妹妹有什么回报，就图个好名声吧！”虽然大哥你自己没上成大学，但你不遗余力地扶持妹妹、供儿子上大学、上研究生。“书香门第，忠厚传家”的家训深入骨髓、践行到位，你很自豪，你很骄傲，你很成功！

“粗增大布裹生涯，腹有诗书气自华”，要不说是金子到哪儿都能发光呢！在建筑队里，你身体受累，脑子却还是不闲着，经常鼓捣些小工具、想点巧办法，你的创新让工友们干起活来事半功倍，成为小有名气的“小发明家”。现在身居繁华大都市的我，每当看到农民工兄弟，就像看到了当年大哥你的影子，心生敬意、倍感亲切。

不仅大哥的牺牲精神让我感恩感动，大哥你对弟弟妹妹的关爱，也让我回忆起来历历在目。那年冬天学校快放寒假的时候，回家心切的我怀着激动的心情给家里写了封信，说几月几号就放寒假了，我就可以回家了。后来我才知道自己犯了个大错误——把日期提前了一个月，等到了我信中写的那天，家里左等不来，右等不来，可把亲人都急坏了，那时也没电话，怎么办？大哥你骑上车，在凛冽刺骨的寒风中到处寻找我的同学，四处打听，又跑到火车站，望着一列又一列的火车呼啸而过……

现在弟弟妹妹生活条件都好了，想接老娘到城里住，可是，老娘就是离不开大哥，说跟你在一起生活，她才觉得踏实。老娘生病了，别人伺候都不应心，就让大哥守着、陪着，在她老人家眼里，只有大哥你是最可靠的。母慈子孝、兄友弟恭的和谐家庭氛围在大哥你的大力倡导、率先垂范下愈发浓郁。

大哥，现在党的三农政策逐步落地，新农合医疗与政府养老津贴，更是让家里的日子越过越红火。而你最大的愿望，就是硕士毕业的儿子赶紧娶上媳妇、抱上孙子……家和万事兴，让咱们撸起袖子加油干，勠力同心，共同创建美丽家园、拥抱美好明天！

祝大哥身体健康，万事如意！

大妹：姜平
2018年2月26日

我们的高考梦

邓彩屏　铁科院集团公司运经所

亲爱的姆妈：

您好！刚刚在首师大官网上查询大妞艺考的成绩，很开心地告诉您，她以漂亮的分数获得了音乐教育专业的“合格”证，接下来只要在6月的文化高考中正常发挥，她的音乐教师梦想就可以继续前行，而我也终于将这纠结了半年的心稍稍安放。我知道，这段时间以来，揪心的不只是我，还有千里之外的您。自从去年年底，大妞从学校请假回来专攻专业课，您就一直牵肠挂肚，担心她停课后文化学习是否荒废，担心她声乐专业能否突破瓶颈，更担心容易情绪化的我能否淡定镇静、顺利完成陪考任务……

是啊，姆妈，说到陪考，谁有您的经验丰富呢？我们姐妹仨自不必说，您是亲力亲为陪伴左右。家里的表姐、表弟们，哪个临考前不都是眼巴巴地盼着您前去坐镇呀，似乎只有您在，大家心里才踏实，高考战场上就能勇往直前、所向披靡。您从不负众望，只要有需要就立刻请假前往。二十世纪九十年代咱家连着好几年的高考季，在湖南“灼灼火俱燃”的高温暑月里，您几番奔波于考场和住地，既要调节我们紧张不安的心理，还要费尽心思地琢磨饮食，在火炉前准备开胃可口的饭菜。

十二点的篮球梦 | 刘雨婷 中铁快运成都分公司

尤其是我还特别挑食，喜素不喜荤，您为了加强营养，于是用鸡汤细细地煨着粉条，一守就是大半天，直到汤底大半干才收汁出锅。粉条伴有鸡汤的醇香甘甜，柔滑而不油腻，现在回想起来都令我垂涎三尺呢！姆妈，待大妞高考结束后的暑假，您再给我做一碗鸡汤粉条可好？

姆妈，在您的陪伴下，我们克服了患得患失的心态，安然度过高考前的焦虑期，一个个顺利地跨入大学校门，而您自己与高考却有着一段失之交臂的遗憾。我现在还能清晰地记得，每当我们不耐烦背书做题时，您就会恨铁不成钢地慨叹：“知足吧，这么好的机会还不好好学习，我当年想考都不让啊！”正是这份渴望和追求，让您没有在时光中沉沦，后来得到机会接受师范院校的函授学习，成为一名优秀的中学数学老师。还是这份渴望和追求，让您和爸爸在教育我们成长的过程中，始终秉承“耕读传家、诗书继世”的传统，不营华屋，不饰奢靡，只爱书香的清新隽永。

姆妈，我记得爸爸最喜欢挂在嘴边的一句话就是“万般皆下品，唯有读书高”，幼时的我不以为然，常笑话这是“老封建、老顽固”。可现在，您瞧，我是多么感谢你们这份“顽固”的坚持啊！即使我们背后的家族没有大富大贵，亦非声名显赫，但我就是以这“读书人家”自豪，也愿意将这份满满的自信传承给我的孩子们。

说到孩子们，怎不让人感叹时间如流水啊，姆妈，如今我的大妞都到了我当初离开家的年纪了呢！他们这代人最是幸福，高考的前方直接通向梦想，喜欢什么放手去做就好；您那一辈，多少人是为了改变生存条件，在高考的独木桥上奋力拼搏；我们这一波呢，当然要好一些，但飞翔的翅膀上也承载负荷，想通过高考改变生活环境，想去外面的世界看不同的风景，经历不同的人生。其实不论出发点是什么，不论追寻过怎样的理想、生活，回望来时的路，也许经历过就是最美好的相遇。姆妈，感谢您和爸爸的坚持，给了我们最好的生活。

祝福您和爸爸身体健康，愉快享受晚年生活！

阅尽千帆，我归来仍是你们承欢膝下的孩子。

爱您的女儿：彩屏

2018年4月18日

你在纽约过得好吗

杨进兰　京沪高铁公司

亲爱的女儿：

你远在美国的这五年，写信是妈妈与你寄托思念和分享心路历程的最好方式，信里面留下了你我愉快的相伴，见证了你成长的足迹。

大学刚毕业时，你还很稚嫩，但想法却很坚定，坚持要去美国留学。像无数怀揣青春梦想的年轻人一样，只身前往，“自由女神”给了你无限遐想。美国确实是一个现代化强国，一开始你给我讲述在美见闻，那里的城市高楼林立、服务配套设施一应俱全，新鲜的玩意儿特多，人们既从容工作又很享受生活，城乡没什么差别，倒是城市外环境更加优美，生活更加悠闲，说得我都心生向往；后来，你告诉我，美国的教育非常先进，掌握了不少新东西，那里云集世界的各类精英，竞争使美国社会经济发展充满活力，引领着世界潮流，有机会的话，你想留下来试试。我内心想，真是初生牛犊不怕虎！时间长了，你也客观地看到了一些东西方的差异，你讲到了文化观念和生活习惯的不同、移民国家的历史等。华人一直是美国社会的非主流群体，这个基本面很难改变，你也很有感触。记得去年我们围绕人生规划谈了很多，你对美国欣赏但不崇拜的认识是对的，特别是你对信息社会和新经济社会的发展趋势的分析和自身发展定位，令我刮目相看！我为看到你的自信、感到你思想的成熟而兴奋，我觉得自己像个成功的猎人，不知从什么时候起把猎物的技能教给了你，这是我的骄傲！

对于一名国际生，想在世界金融中心立足可不容易，唯有凭个人实力，这也是中国需要像西方国家学习的地方。在你求职的那段时间，我常常夜不能寐，有一次你说有个同学投档近一百多次未果，联想到你，真是捏把汗又不敢露出痕迹。起初，如何选择就业方向，怎样选择公司，怎样才能赢得应聘？我能感到你的一丝焦虑和迷茫。后来，更多听到的是你的沉着和冷静，如何锁定几家国际知名公司，怎样将重点放在中意的世界一流媒体投资集团。为此，你涉猎多种媒体平台，全面熟悉集团情况、企业价值观、业务范畴和组织结构等，倍加珍惜获得的面试机会，认真准备近万字的模拟应聘材料，赢得四轮面试官的一致认可，创造了一次投档成功的人生奇迹。当我看到offer时，深感欣慰，又觉得在预料之中，你仿佛像一名冲浪者，尽情地享受着迎面而来浪花的美丽和搏击的快乐！因为，你知道自己想奔向哪里，看到你应对挑战时自信而勤勉的付出，我知道走心的努力一定会有回报的。得知你的同事来自十来个国家，还有哈佛、沃顿、哥大毕业的，工作难度和压力可想而知，又为你能否胜任担心。没曾料到，一年半你就升了职！如今的你心智独立沉稳、自信乐观有耐力，是妈妈的偶像级女儿，很多时候我是需要向你学习的。

转瞬间你工作近三年，留美的条件也已成熟，这给我们出了道难题，既想让你留在纽约，却又更多地想让你回来。有一次，你给我讲述了你乘出租车的故事，我感到了一点踏实。你说一次乘坐一位60岁左右的墨西哥裔司机的出租车，他询问你是学生吗？你说已经工作了，他反问道，你学成为什么不回去服务祖国呢？你告诉我，那个司机很友善地讲了他因生活无奈而留美的经历，言辞充满了对自己国家的眷恋，你很受触动并告诉我作为一个有志青年以后理应服务国家，我当即赞同你的想法和选择！每次你幽默的话语总能感染我，我们是经常谈及国内发展状况的，当幻想到2020年、再到2035年时的国家面貌和百姓生活时都无比期盼。你看到了国家经济蓬勃向上的势头，断言不久纽约的学科应用将会引起国内的兴趣和发展，很快就需要这方面的人才，你已经做好准备了！也就不到一年，国内如阿里、腾讯、百度等公司真的开始探索了，你常收到猎头高薪吸引海外人才的邮件。这一次又被你言中，再联想平日里的点点滴滴，不禁有点佩服起你来，不知从何时起，我不能再说教了，像闺蜜一样的母女关系，引来爸爸的羡慕，当然这是我的欣喜，更是你的成熟！

现在我坚信了，你说过要做一个能服务社会的有用之人不是梦想了。

祝春节愉快！

妈妈

2018年春节前

送别

第五章

夕照明湖 | 李晓蕾 中铁设计

送别

唐佳宜 南宁局集团公司铁旅公司

亲爱的外公：

多年未见，您还记得我吗？

我就是那个常被您罚站面壁思过的小丫头呀！

在很小的时候，每逢寒暑假我就被送去县城寄养在您家。您的身体很好，会很多手艺，替我扎过花脸风筝，做过两只木蜻蜓，还扛着我向着太阳、沿着水渠追赶过一群胖鸭子。

您没想到吧，这些特别小的事情我都还记得。

更记得您做事情是绝对的一丝不苟，不允许任何差错。偏偏我是既不省心又不争气，不仅将家中闹得一团糟，您辅导功课时提出的问题我更是错漏百出。

您的火暴脾气是从妈妈到我都深深领教过的。每当您的眉头一皱，我便知道大事不好，琢磨着如何才能“逃过一劫”，想来想去也只有拧起脸、扯开嗓门哭了。

然而不管我怎么哭，对您来说都是演技。您也向来不与我多费口舌，只是朝着门框抽一鞭子皮带，那令人毛骨悚然的声音足以令上一秒还昂首挺胸、宁死不屈的我迅速毕恭毕敬地站到墙角去。

我所理解的面壁思过，就是我和墙壁、墙壁和我，在一段指定的时间内大眼瞪小眼地开展精神交流。犯了小错，就从下午站到晚饭；犯了大错，就站到窗外月亮爬上来。所以如果以相处的时间来论，我儿时最好的伙伴一定是那堵白花花的墙壁吧！以至于到现在我只要一靠近墙，就会不自觉地抬头挺胸立正，腿肚子一阵阵地疼。这样的条件反射连我自己都觉得滑稽。

每日晚饭后您都要带我去散步，只要不是狂风暴雨就一天不落。

那是县城火车站的西面，沿着钢轨延伸的方向有一条小道。我们在稻田青涩的香味和绿皮火车来往的轰隆声中，从荷花池塘开始，走到满是狗尾巴草的土坡折返，不多不少正好1个小时路程。那日雷雨后我又与您赌气，散步时走得飞快，脚下踩得水花飞溅。您跟在我身后，我一直等着您大发雷霆罚我面壁思过，但您却没有。于是我偷偷回头，还没来得及看清您的表情就遭到您大声怒喝——“往前走！”这声呵斥吓得我结结实实地摔了个狗啃泥。我实在不明白为什么您不让我回头，走路不许回头岂不是不讲道理？我越想越觉得不甘，委屈与愤怒齐上心头，索性号啕大哭起来。最好笑的是哪怕我已经一把鼻涕一把泪，也不敢向您的强权发起挑战，只得爬起来颤巍巍地向前走。而对于我的眼泪，您果真还是那样的无动于衷，我也如愿以偿地被撵回家站墙角。

羊卓雍措湖 | 陈志静 中铁集装箱公司

那晚我对着墙壁站到夜深人

静，一偏头就看到您的书房。书房的灯柔和地亮着，从窗角恰好能瞧见半轮月亮，深红的窗台接住了街头飘来的白兰花。您立于书台前，提着毛笔写——“人生难得是欢聚，惟有别离多”。当时我着实勇气可嘉，不怕死地凑过去看，毕竟您向来喜爱书法，但近距离地看您书写还是第一次。

“李叔同作的《送别》，”您收了笔看向我问道，“老师教过吗？读得懂吗？”我想起这首歌在学校合唱团的时候是唱过的，但对于词句我并无特别的感悟，只觉得这些字写得格外好看。奇怪的是，您见我说不出个所以然竟也未发脾气，只是前所未有温和地拍了拍我的脑袋。我无论如何也想不到，那就是我们此生最后一次见面了。

开学返家后的第一个秋分，妈妈红着眼睛告诉我，您不在了，离开得很突然。

年幼的我无法体会生老病死的愁苦恨，甚至一度窃喜，以后不必再去县城被您教训，更不必再面壁思过站到腿抽筋了。直到多年后的一天，我走在人来人往的街头，一对老人与孩子与我擦肩而过。那小孩哭丧着脸跑得飞快，老人在后面焦急地喊着、追着。明明没有丝毫特别之处，我却就这样下意识地回了头。他们的背影渐行渐远，而我的身后一如既往的空空如也。

在那个阳光灿烂、最普通不过的日子里，我明白了自己已经永远地失去了什么。然而我既得不到后悔的机会，更无处可恻楚，这恐怕是比小时候肆无忌惮地号啕大哭更可悲的事情。

我在原地呆立良久终于发现，原来不讲道理不允许我回头的并不是我的外公，而是无论如何都不会停止流逝的时间。

再后来，我回到阔别多年的县城。崭新的火车站在新址立起，铁路新线已铺设完全，老城区经历两次改造已繁华一新，曾经的小道再也难寻。我绕了很远的路终得以远望它一眼，晚风中已经废弃的铁道古旧而寂静，小道几乎消失在了草木中，芳草萋萋碧色连天，远方层叠交织着的是和那个雷雨日傍晚一模一样的橙色霞烟。

当时我就在想，如果您能将当年的问题再问一次，也许我就有了答案——其实这首《送别》既不是诗也不是歌，它应该就是眼前这日复一日、平淡无奇的人生吧！

终究什么都没有剩下，却又什么都曾存在过。

您觉得呢？

不说也没关系，正如问君此去几时还，我早已明白不会有答案。

外孙女：唐佳宜

2018年5月

清明祭文

沈　敏　武汉局集团公司武汉铁路旅服传媒公司

亲爱的老爸：

时光飞逝，不知不觉您离开我已经六年了，树欲静而风不止，子欲养而亲不待，您的音容笑貌，只能在梦中相见。

作为家中幼女，您四十三岁时才有了我，上有两位长我十余岁的兄长，自然视我如掌上明珠，呵护备至。您是浙江余姚人，典型的南方男人，烟酒不粘，嗜吃甜食，脾气温和，爱家爱孩子。母亲是地道的武汉人，脾气急躁，风风火火，与您的性格形成鲜明的反差。从小到大，我犯错的时候，永远是母亲拿着尺子狠狠地敲打我的手板心，而您从来舍不得打一下。在那个计算机还未普及完全依靠手工做账的年代，作为一个有两千多职工单位的财务负责人，工作的繁重和责任可想而知，您在工作之余还挤出时间陪我们嬉戏，尚记得幼时放学归来，我经常坐在您膝上，摸着您已开始谢顶的头发，撒娇地喊着“我最爱我的老爸爸”，您满脸是笑，心满意足的表情，以至于母亲经常调侃您一定是和尚托胎，所以这一世才如此地宠溺孩子。

您非常擅长做菜，做得一手地道的江浙菜，在那个物资匮乏的年代，您把对家对孩子的爱都融在了一粥一饭一菜一汤里，系着围裙在厨房忙碌半天，做出儿女们爱吃的菜是您一辈子最大的爱好。未出嫁前您几乎每天都会问我："今天想吃什么啊？"如果我说出具体想吃的菜，您会非常高兴且乐此不疲地满足我的要求，如果我敷衍地说随便吃，您倒会怅然若失，喃喃自语道："做什么菜好呢？"因为随便这个字太广泛，您不知做什么才能满足爱女的要求，"女儿奴"这个称号，用在您身上最贴切不过。

我从小有支气管炎哮喘的毛病，一直到十多岁还时常发作，每每夜半发病，喘得面色青紫、无法呼吸，从三岁到十多岁，您经常背着我去医院看急诊，从家到医院，累得满头大汗。漫漫长夜，您和母亲一直守到我呼吸平稳、病情转安才放下心来。可年少时的我总认为您对我的爱是理所应当，不懂珍惜。在学习工作中碰到烦恼时还会像个孩子一样向您去发泄，从没想过这会让您也跟着一起忧心烦恼。

及至自己成年，为人妻为人母后，在养育孩子的过程中，才懂得了许多，才体会到父母爱的无私，才懂得了为人父母的不易。您对我的爱是如此深沉，不求回报，而我的点滴报答，您却是那么地容易满足。记是我上班后领了第一个月的工资，给您买了一条羊毛围巾，您每年冬天都拿出来戴，到破了都没舍得丢，给您买的衣服、鞋子，平常总是舍不得穿，出门做客时才穿。如果别人问您一句，您就会非常开心地说这是我姑娘给我买的，一直到您离世，给您买的羽绒服还像新的一样。

三十五岁那年，因为工作调动的原因，我离开襄阳到武汉上班，从此不能长伴父母身旁，但孩子年纪再大，在父母眼中依然是孩子，您始终牵挂着我，为我的欢乐而欢乐，因我的烦恼而烦恼。2009年的元宵节，身体一向健康的您第一次中风病危住院，我连夜赶回襄阳，守在您身边，年过八旬的您清醒后看到我的第一句话就是："我没事的，把你吓坏了吧，过两天好了就回家做你爱吃的糖醋排骨啊！"刹那间，我的泪流如倾盆雨。第一次中风后，您落下了半身不遂的毛病，不能在外自由行走，只能在家中慢慢踱步，您也越来越依恋我们儿女，每每期盼着我回家，如果知道我回去，习惯早睡的您再晚也一定会等到我平安到家，虽然那时您老了、病了，再也没能力给儿女们遮风避雨，再也没能力给心爱的女儿做一顿饭，但我知道您是永远爱我的。第二次中风后，您成了植物人，不能说、不能吃、不能动，备受病痛折磨，只能整日躺在床上，靠鼻饲维持生命，但我回去看您的时候，您的眼睛依然会追随着我的身影移动，想必虽口不能言，但心中是明白女儿来看您了。2012年隆冬，您永远离开了我，归家途中，您已悄然离世，人生的最后旅程，您最爱的女儿没来得及见上您最后一面，每每想起，抱憾终生！

您是个平凡的人，一辈子并未做出什么丰功伟绩，但父爱如山，您用您的言传身教，把儿女们都教育成诚实、善良、正直、有担当的人，如果真有来世，我愿祈求上苍，再续父女缘，还做老爸的乖女儿！

女儿：沈敏

2018年4月5日

热爱生命

曾海平　武汉局集团公司信阳工务段

单位的兄弟姐妹们：

你们好！因为工作我们走到了一起，风雨同舟，荣辱与共，一年365天有300多天在一起，不是亲人却胜似亲人。在相伴的路上，有些人掉队了，因为意外、因为疾病失去了生命，在悲伤惋惜的同时，我们不断地在思索——生命！

“我不去想是否能够成功，既然选择了远方，便只顾风雨兼程……我不去想未来是平坦还是泥泞，只要热爱生命，一切，都在意料之中。”

汪国真的《热爱生命》，强调意境和个人理想的追求，对安抚迷茫者的心灵有积极的作用。诗作里溢出的热爱，是一个过程、一种追求，“风雨兼程”“吐露真诚”……这些都是热爱的种种表现。热爱生命，不是因为想要获得而去热爱，而是因为热爱而最终获得。这首诗伴着高中时代的我一起成长，或大声朗读，或小声吟诵，心中澎湃着对生命的热爱，也期待着美好结果的降临。

工作20年，曾经的豪情万丈已经被单调纷杂的生活磨平，学习的激情也被电子产品的玩乐替代，岁月增长、身体惰性助长了“三高”的滋生。在单位组织“珍惜生命，勿忘安全”的演讲比赛中段工会主席崔跃东的诵读《热爱生命》，使我猛然惊醒，在“滚滚红尘”中我渐渐迷失了自己，忘记了热爱生命的途径和初衷。

生命，既坚强无比，又脆弱不堪一击，有时它坚若钢铁，硬如磐石，历经沧桑磨难而依然坚挺；有时又脆弱如一朵花、一片叶，经不起风吹雨打。我们中有的人在恣意放纵、透支生命。不良的生活习惯，经常性熬夜，酗酒无度，久坐不运动，精神长期焦虑等，种种因素叠加在一起，才导致生命早逝。

冰冻三尺非一日之寒。今年大年初一我们共事的兄弟露平在即将退休的前一个月因病去世；数年前的大年初三我们的战友建军，因癌症将生命定格在46岁的不惑之年；在三月的每日运输例会通报了某乘务员值乘中因心脏病突发与世长辞，享年33岁。这些事情让我们心里泛起阵阵悲凉：失去孩子，让父母陷入“白发人送黑发人”的惨境；失去丈夫，使妻子无端承受无尽的挫折和磨难；失去父亲，使孩子幸福的童年变得昏暗无光。生命不仅属于自己，我们珍惜自己的生命也是为了那些爱我们的人负责，因为死亡留下来的悲哀不属于自己，而属于那些还活着、还深爱着我们的人！

我们的工资越来越高，但是快乐却越来越少；我们的生活越来越好，但是健康每况愈下。毛主席曾说过“身体是革命的本钱”，而对当今社会来讲“身体是推动经济发展的本钱”。身心健康对于个人、家庭和单位都尤为重要，它是干好工作的基础、是资本、是源动力。每年信工段以“普及健康知识，树立健康理念，珍惜呵护生命，共享幸福安康”为主题的健康知识宣传在不断地进行，春秋游、生日蛋糕卡、电影票、班组健身房……单位在不断地给职工创造健康生活的方式。

健康是获得快乐和幸福的基础，也是实现人生价值的基础。很多人健商较低，一味地透支健康，到了疾病缠身时，不但自己痛苦，也成为家庭及社会的负担。所以，我们要认识健康的重要性，投资健康。一是要做到心态平和，能正确地处理人际关系，正确地处理个人得失，做到心底无私天地宽，生活得坦坦荡荡；二是要做到为人正直，待人和蔼，处处关心他人，爱护他人，不处心积虑，不搞阴谋诡计；三是要注意饮食，不暴饮暴食肆意酗酒，科学健康绿色环保；四是生活要有规律，按时作息；五是要坚持锻炼身体，选择适合自己的运动一直坚持下去；六是要保持快乐的工作态度，积极学习，有目标有动力等。只有你的心里、身体健康了，力量就强大了，工作也就更有冲劲。

飞蛾被捕捉时，它会拼命地挣扎，因为它渴望活下来；水将要把蚂蚁淹没时，它会顽强地爬出去，因为它渴望活下来；石缝中的小草，它能破石而出奋力生长，也是因为它渴望活下来……为了我们挚爱的人，关爱身体健康，用心呵护生命，莫让健康走远，空留悲戚！让我们在繁忙的工作之余，积极参加各项户外活动，走出房屋、走进大自然，呼吸新鲜空气，舒展筋骨，以健康的身心投入到生活工作中去吧！

为健康加油！

爱你们的：曾海平

2018年4月30日夜

父爱如山

姜亚鸽　郑州局集团公司郑州客运段

爸：

您在天堂还好吗？当我在心里默念着“爸”的时候，早已经未语泪先流，您离开我们已经八年了……八年来我没有叫过“爸”，这声温暖的呼唤对我来说多么遥远，更是多么奢侈。八年，足以让一个不谙世事的儿童成长为青葱少年，如您的外孙；八年，也足以让有的人由脆弱变得坚强，如您的一双女儿……

忘不了，曾经身体坚如钢铁的您却突然倒下了，并且还是世人讳莫如深唯恐避之不及的大病，它来势汹汹肆意摧毁着您的健康，我们幸福的家庭被忧伤无奈痛苦所笼罩。忘不了您手术那天，我们一家人守在手术室外面的惶恐和无助，每一分每一秒的等待都是那么漫长……妹妹那时刚刚生完孩子还在坐月子，大家都小心翼翼瞒着她，可是父女连心啊，她还是感觉到了异常，非嚷着要见您。

忘不了，手术后您的体重从140直接降到了110，仿佛一夜之间您就苍老了，曾经健康有力的体魄被病痛折磨得不堪一击，后来再经历过化疗、放疗后，您的身体更是瘦骨嶙峋、每况愈下，看着让人揪心啊！妈背着您不知哭了多少次，常常是我们姐妹俩人劝着妈，劝着劝着最后

日落青城山 | 王路璐 中铁集装箱公司

都涕泪长流……

哪怕是您有病了，但只要能看到您，我们就很踏实和心安，您就是我们一家的主心骨！您常常忍着病痛微笑面对我们，为了开导我们，您甚至还装着很开心地和我们开玩笑，可我知道，谁都想好好活着，尤其是您，小时候家里贫困受苦受累甚至忍饥挨饿，现在有了好的生活，还有一年您就要退休了，您对以后的美好生活充满了憧憬，也规划好了退休后的生活，那么幸福满满。美好规划中有妈、有我和妹妹，还有您的外孙、外孙女……一幅幅美丽的画面都要等着您去实现哪！

永远忘不了那一天，2010年5月31日，我值乘K756次，郴州到站前，餐车一名孕妇突然羊水破了有了生产征兆，我赶紧通过广播寻医，但医生尚未找到，由于该孕妇是二胎生产，婴儿头部已经娩出……我迅速疏散周围旅客，通知两名女乘务员拿着被罩在餐车简单围成了临时产房，用干净的被罩包着婴儿，我通过咨询120医生，不具备医务常识人员不能盲目剪断脐带，我们就这样连着脐带抱着婴儿一直坚持到郴州站，交给站上接车的120后，我的一颗悬着的、紧绷的心才放了下来……永远忘不了，等我终于全都忙完拿起手机才发现，妹妹在23点多打来了6个电话，我慌忙回拨过去，电话接通的那一刻我竟然莫名的心慌，电话那头妹妹泣不成声，“姐，咱爸走了……”眼泪一下子迷蒙了我的双眼，心仿佛被抽空了，我躲进卫生间里泪如雨下……当我终于赶乘外局车到达家里，看见了您，孤零零地躺着……那一刻世界仿佛与我隔绝，悲伤将我淹没，一路上仿佛流干了的眼泪又夺眶而出，“爸，我回来了，您睁开眼睛看看我吧！”我声嘶力竭号啕大哭，明明我就在您的身边，却和您隔着生与死那么遥远的距离……我颤抖着拉着您的手，冰凉冷硬，残酷的现实提醒着我世界上最爱我的一个人走了。世界如此之大，人群熙熙又攘攘，从此以后无论快乐还是伤悲，幸福还是烦恼，我到哪里找寻您，我伤心难过了谁又会像您一样给予我最无私的帮助和关心，谁又会如您一样在我颓废潦倒、失去信念时给予我面对困顿生活的勇气和信心，给予我最温暖的怀抱和安慰？

忘不了您走的那一天，是农历4月18日，也是我的生日……那一天我整33岁，妹妹才29岁，在此之前我们一直傻傻地无忧无虑地却很幸福快乐地生活着，我俩都是您的掌上明珠，我们的世界里只有光明没有黑暗。突然之间您离我们而去，我们心中的痛和缺失是任何人任何东西都弥补不了的！从此以后，我再也没有过过生日，我的生日即是你的祭日，我不知道该以什么样的心情度过每年的这一天；从此以后，我陷入自卑，没有了您的陪伴和分享，再多的快乐、再大的成绩，一切都黯然失色；从此以后，每每听到别人兴高采烈地谈论父亲，我心里就滋生出满满地羡慕，每每看到别人的父母相依相伴，我就忍不住目送到看不见，这温暖的一幕幕对我来说是那么向往却又遥不可及……仔细想来，作为您的女儿我有多么不孝，除了您手术的那些日子我日夜相守陪伴之外，几乎没有其他对您的更多照顾，我终于明白了“子欲养而亲不待”的无奈和追悔莫及。

忘不了我成长的一幕幕，在老家重男轻女盛行的年代，我和妹妹感受到的只有浓浓的爱，背上驮着我，我紧紧抱着您的脖子，您手里抱着妹妹，我们开心无比地在小院子里旋转，快乐的笑声响彻云霄……这么多年过去了，这幅温馨的画面却一直定格于心，每每想起都温暖着我。

爸，在我们家至今还珍藏着郑州铁路局发的《英雄谱》，那里面有您的“英勇壮举”，一名闯进股道内的老太太面对突然开过来的列车和铁路两旁七嘴八舌的紧急呼唤就像吓傻了一样站在股道里一动不动，在这千钧一发之际，您不顾个人安危和众人的惊叫声，拨开人群冲过去将老太太一把拉了出来，由于力度太大，你俩都摔在了股道边，在拉出老太太的一瞬间，列车呼啸而过……虽然那时我只有十几岁，但您的舍己救人、无私无畏的高大形象却永远留在了我心里。我们家虽然不富裕，但一家人相亲相爱，我和妹妹从小到大都是在父爱和母爱的滋润下成长的，我俩知足常乐，不攀比不奢侈不拜金，不贪图享受不爱慕虚荣，勤俭节约努力工作，我俩善良正直有爱心也懂感恩……所有这一切，爸，我多想说一句谢谢您，远在天堂里的您一定能听到吧！

爸，您的言传身教，深深地影响着、鼓舞着我，无论何时想起您和您的教诲，心里都如沐春风温暖感动，虽然您是那么普通和平凡，但对于我和妹妹来说您就是我们家的坚强后盾，您的爱就像巍峨的高山和宽广的海洋，无可比拟、不可超越。清明节到了，爸，请让我借着这篇文章寄托哀思，愿清风和细雨捎去我对您无限的思念，愿您在天堂里没有忧伤，只有幸福！

爱您的女儿
2018年4月

清明时节雪纷纷

周红玉　兰州局集团公司嘉峪关机务段

亲爱的父亲：

您走得那么远，还好吗？

今年的清明格外的冷，纷纷扬扬，飘起了雪花。像两年前您离去的情景。

父亲，在这个祭祀的日子，女儿又想您了！我把纸钱和这封通往天国的书信，烧在嘉峪关异地祭祀的固定地点，心里空落落的。

“十年生死两茫茫，不思量，自难忘……千里孤坟，无处话凄凉……”

记得我很小的时候，家里就有一个经常锁着的抽屉。终于在一次您打开它的时候，我瞠目结舌地看到了一大摞红色的奖状，上面都是您的名字。一个农民、一个老木匠，怎么会有这么多奖状？您向好奇的子女们讲述了您和爷爷的故事。

爷爷师范毕业，是我们村的小学校长，为了让周围远离县城的孩子有学上，爷爷创办了学校。他一心想把您培养成才，您当时也争气，年年是学校的“三好学生”，一直梦想着要考出去，看看外面的大千世界。然而，天有不测风云，二十世纪六十年代初，爷爷去县城领教科

宁静的雪村 | 白菊 中铁集装箱公司

书，一场意外夺走了他年轻的生命。天塌了！家里老小三代八口人的重担落在了作为长子的您的肩上。从此，您，锁起了满满一抽屉奖状，也锁起了您憧憬的梦想，做了一个农民，学了木匠手艺，您把埋藏在心里的梦想，搓开了、揉碎了，种植在培养子女的土壤里。

您一向对儿女们严厉，从上小学开始，我们就没有像伙伴们那样撒着欢儿自由地玩过。白天，您在地里干农活，晚上，让我们在您旁边的方桌上读书、学习。您也会捧起枕边常放着的书看，直到深夜。渐渐地，我们也养成了把玩耍的时间都用来学习、看书的习惯。

在您的严格管教下，我哥考上了医学院，成了一名外科医生，您仿佛看到了生活的希望。哥哥去学校报到，您本想去送哥哥，看看大学校园的，可是，一个人的路费，那是一家人一个月的口粮，是哥哥半个月的生活费啊，您放弃了陪送。

为了激励我努力学习，您答应我，只要我考上大学，您会亲自送我去学校……

当我终究跳出农门，走出父辈们“面朝黄土背朝天”的生活，迈进大学校门的时候，我终于理解了父亲您的良苦用心……

报到的时候，您没能履行当初送我去学校的诺言，让我哥去了。您要去建筑公司干木活，那是托亲戚找的工作，很难得。您送我们兄妹俩到车站，也没上站台，站台前的树下放着家里唯一的一辆自行车，车上放着您要上班用的木工工具，那是您用来养活一家老小的命根子，您怕丢了。

后来我每次回家，除非有特别的事，您总会来车站接送我，似乎在弥补对我的亏欠。

后来，我有了自己的小家，有了自己的孩子，伴随着孩子的日渐成长，我才真正理解了一个父亲扯着心的牵挂，回家的次数也就多了起来。您的身体很硬朗，但明显地感觉到越来越儿女情长。知道儿女们要回来了，您总会提前买好菜，给我们做好吃的，陪我们聊天，逗逗孙儿，穿上我给您买的衣服，还会打趣地说这是上海买来的，每每这时候，母亲总会说孩子们回家了，您的脸上就乐开了花。

三年前，您得了重病。您一向坚实的身体，迅速地垮了。

父亲，您含辛茹苦一辈子，为了养活一家老小，为了让子女有出息，您费尽了心血；为了供子女上学，向来不爱求人的您，张了这一生最多的口。父亲啊，您知道吗？我一直想带您去远游，我想让您在我的小家多住些日子，开车带您去看关城的风景……可儿女的孝心还没尽，您还没享多少清福，转眼间，您留给我们的时日已经不多了！

残酷的现实让人有太多的无奈！我只能尽力挤出时间回家陪您聊天、擦背、陪床、喂药……您的脚肿了，我就给您捏脚，搓腿，您总说那是您最感动的日子，对于我，那也是女儿和您最温暖的时光。

我总爱问您具有传奇色彩的一生，您总爱说“万般皆下品，唯有读书高”，让我们一定要把孩子培养成才。您说您没有遗憾，子女实现了您的愿望，连孙子、孙女都大学毕业，有了工作，外孙们也健康、成器。

父爱，是语言难以表达的，无论是哪一国语言。

父爱，如大树，总是这么安静，全力支撑着树干，伸展开枝丫，密密地，呵护子女们不受风吹雨打。

父爱，如大山，总能如此包容，所有的苦难都自己承受，一心只为儿女们铺平道路。

父爱，如大地，总会尽全力供给养分，只图子孙后代能接受更多的阳光、雨露，领略更加广阔的世界。

……

在那个冰冷的三九寒天，天上飘着雪花，地上放着烟花。

父亲，您走了。带着终于在儿女、子孙身上实现的人生梦想，留下子孙后代承载着您热爱读书、善良正直、坚韧不屈的家风遗训。

我长跪在您的坟前，泪落如雨，肝肠寸断……

梦里梦外，我寻寻觅觅，回应我的只有纷纷扬扬的雪花，冷冷清清……

您真的不在了！

您在我们的心里！您读书至上、与命运抗争的精神渗透在我们的血液里、骨髓里了！

……

又是一年清明祭，飘飘洒洒的雪花，你能把我的思念带给我天堂的父亲吗？

想念您的女儿
2018年清明

年少不懂恩情重

崔韦韦　乌鲁木齐局集团公司喀什工务段

亲爱的老爸：

好久没有这样叫您了，您还好吗？自从上次一别就是5年239天未见，女儿好想您，记得以前不论是我上学的时候还是工作以后，有什么事情都会向您诉说，在我的心中，您就是我的指路明灯，就是我的精神支柱。

爸，当我提起手中重若千斤的笔时，我已经泪崩了，感觉想对你说的太多却又不知从何说起。满脑子的记忆都是我的任性、我对您的亏欠。

从我有了记忆开始，我就是家中的重点培养对象，在您规划的人生轨迹中我顺利地完成了小学到高中的学业，并且在高中一年级的时候以前150名的优异成绩跻身奥林匹克班，对于一个重点中学一届1521名学生来说，或许是让您还算满意的成绩。然而您的骄傲被我高考落榜的消息沉重打击了，我没有考上你期待的985、211，甚至距离国家二本线还差27分，您对我失望了，非要我去补习。那时无知的我就是不明白您恨铁不成钢的爱意，却误解成对我人格的否定，委屈的泪水冲倒了我，于是我产生了离家出走的念头并付诸了实际行动，最终您还是对处于叛逆期的我的任性妥协了，我知道您心有不甘，所以当我踏上远去的列车奔赴自己填报的大学的时候，您没有来送第一次离开家的我。但我知道您还是疼爱我、舍不得我，因为当列车开动，我看到远在月台那边偷拭眼角泪珠的您的背影。

我怀揣着梦想，斗志昂扬地在这座包罗了世间百态、人间万象的“象牙塔”描绘着自己的七彩青春。和紧张的高中时期不同，在学习、生活、情感都非常自由开放的大学里，恋爱成了一项必修课。爸，我也恋爱了。对方您也认识，就是和我一起上幼儿园，一起读小学、中学、高中的他，很欣慰我的这知根知底的恋情得到了您的认可。可是，当您得知大学毕业后我要和他远赴新疆时您却暴跳如雷，我不明白您的反对是为了什么，或许对那时的我来说是无关紧要的，因为我这样决绝地走了，甚至忽略了爸和家人们的感受，即使后来妹妹告诉我，我走的时候爸爸哭了，那是爸爸第二次为我流泪。

我追随他来到南疆A市，我发现这里并没有高楼大厦的繁华，车站广场周围低矮的土坯房毫无违和感；这里没有“恨天高”、吊带裙、超短裤，到处可见的是围着头巾，被民族特色的长裙包裹得严严实实，露着一双大眼睛，说着我听不懂的话的人；这里没有大海，有的是沙漠；这里很少下雨，经常刮土，我很诧异，漫天的黄沙居然可以把天空遮挡得黑漆漆的，明明是白天，房子里要点灯，路上车要开灯。听车站的朋友说，前些年刮大风，房顶上的太阳能漫天飞着呢，甚至有火车被风吹翻的故事，我再一次诧异了。爸，这里没有大型公园、没有游乐场、没有高铁、没有……甚至铁路线都是单行线，钢轨都是有缝的，火车大多是绿皮的……可是爸，当我向你抱怨这一切的时候，当我向你表露我后悔了，想要回家的时候，你回绝了我：“这是你自己选择的路，你要坚强的走下去，不要一有困难，一有不如意就退缩。”后来，再后来，我向您抱怨、遇到工作上的事情向您请教，您都以我已经长大，可以自己

清香 | 郑晶沙 中国铁建电气化局三公司

判断为由不帮我拿主意，我那时感觉您还是在生气我不听您的话选择背井离乡。

可是当您病重的消息传来的时候，我彻底明白了这一切。明白您知道自己剩下的时日不多，所以您不愿意我远走他乡；明白您面对着病痛折磨，每天的化疗、放疗大量的药物已经消磨了您的意志和精力，力不从心了。爸，我已经泪如泉涌，您可知我多么的自责、多么的懊悔，一直以来您都倾听我的各种抱怨，包容我的各种任性，为我喜为我忧，您是我的守护神。可当您需要我的时候我在哪里？您缠绵病榻我未能侍候在侧，您弥留之际我未能相伴左右，甚至未能相见最后一眼，爸，女儿愧对您的养育之恩，愧对您的守护之情。

爸，一晃五年多过去了，这五年里，女儿已经结婚了，还给您添了一个外孙。在路局和自治区的优惠政策下，经过三个月的校园封闭式专业教育培训，我已经转正成为一名正式的铁路职工了。南疆线阿克苏站到库尔勒之间开通双线了，大大减少了列车因为避车会让而耽误的时间；喀和线开通了，并且经过几次火车提速，现在出行更快更方便了。这里的气候变了，戈壁滩上居然一片绿色了。爸，三年的沿线工作经历让女儿成长了很多，女儿不再那么任性，学会了珍惜；不再那么多抱怨，学会了感恩。爸，告诉你一个好消息，我在南疆安家了，2014年路局在南疆新建了集资住房，我也分得一套。爸，您年轻的时候游遍大江南北，唯独新疆、西藏没有留下您的印记，女儿曾经承诺过接您来新疆享福，可那时候我还住在两个人一间的单身公寓，现在女儿有了自己的家了，可是您已经不在了。

爸，我知道您还有很多牵挂，您放心吧，女儿已经长大了，已经独立，我在这边很好并且越来越好。妈妈也还好，虽然心脏病没有治愈但是京台高速已经通到家门口、北京七环今年6月底也即将开通，从家到阜外50多分钟的路程，还有妹妹妹夫的照料您可以放心了。我也会经常回家看看，不再让“树欲静而风不止，子欲养而亲不待”的悲剧重演。

爸，我还有好多话想对您说，夜已深了，看着熟睡的儿子，我心里些许安慰。爸，谢谢一路以来您对我的支持与守护，谢谢您让人敬畏、尊重的父爱。我会继承您的遗愿替您守护好我们的家。

唯愿逝者安息！

不孝女敬上
2018年4月9日

岁月远逝 墨香犹在

刘千惠 乌鲁木齐局集团公司党（干）校

亲爱的爷爷：

您长眠于南山墓园那一片苜蓿地旁，杨柳荫下，已许久没有与我说话。您在时，我们常有您从野外采摘的新鲜苜蓿吃，嫩尖清水焯净，佐以红椒、蒜末，用生抽、食盐和香醋调汁凉拌，味道甘淡，清热除湿。想来我们已有六年没有吃过了，甚是怀念。

上周末，全家人去二叔家吃包子，弟弟九十多岁的老外祖母说谢谢刘家的几个兄弟，不嫌她包的包子难吃，都吃了，还说好吃；说二叔给她打下手、三叔帮她揉面、爸吃了第一锅未做成功的酸包子不嫌弃还赞赏她，她很感动；跟二婶感慨说刘家兄弟这好那好，说是您和奶奶教育的好。如您所愿，家人常相聚，想必您看到一定很欣慰。

翻出2011年的随笔，2月5日夜。

——大年初一的夜晚，一家人团聚在一起，坐在奶奶家的沙发上。奶奶说："我们家的千惠就像一个洋娃娃。"爷爷笑着说："越看越心疼。"随即又咳嗽起来。想起昨日除夕，爷爷很自豪地说，"晚上有十六个菜呢！"我说："哪有菜，你看这一盘盘全是肉么。"爷爷又很得意地说："反正这个酥肉一定是最受欢迎的菜。"我笑着对他肯定，猜那一定是他做的。奶奶说，我们都怕爷爷撑不到你回来，你回来就好。我听着听着就落下泪来，但是看着现在能走能吃能说能笑的爷爷，虽然手有些抖，我仍是感激上苍。

而如今终是看不到了，把我当宝贝的人走了。别人都有爷爷，我没有了，爸也没有爸爸了，家少了一块，年也不再是年，我们都一样，默契地保持着沉默，绝口不提。只是每次走进家属院，坐在苹果树下纳凉谈笑的您的旧时同事、老朋友看到我，仍会互相说着，那是刘书记的孙女。大家都一样思念您。

梦里我常能看到阳光下您的剪影，如年少时一样，我望着您坚毅的背影长大。书房向阳，阳光为舒展的宣纸镀上金华，您常是那样笔直地站在书桌前，起笔落笔、行云流水，颇有耐性，有时一站便是一整天。您用沉默的背影教会我和弟弟何为坚持、何为克制，心性平和地面对岁月的流逝。最后的日子，您愈发不肯休息，尽管提笔不稳、笔误增加，仍不顾家人的劝阻，想为我们多留下一些墨迹，其实您给予我们的，已足够受用终身。

“君子惠而不费，劳而不怨，欲而不贪，泰而不骄，威而不猛”是《论语 · 尧曰》里面著名的文句，也是我和弟弟名字的由来，您对子女的希冀，从降生伊始便镌刻在姓名里。与人好处保全自己、勤劳做事无所抱怨、有所追求却不贪婪、泰然自若而不骄纵、修养威德不使人惧，我们将一生信奉并持之以恒地去努力。在与人好处的同时保全自己，我想，这是您给我多一分的偏爱吧。小时候，您教会我们尊重他人，无论是相逢和离开，都要恭恭敬敬地问好、告别。您教会我们勤俭节约，年少时的压岁钱，您不辞辛劳去银行换成分、角、元的钢镚，用布精心包好，除夕夜递到我们三个手里。那沉甸甸细致捆好的钢镚，告诉我们对待金钱要珍惜、爱护、合理规划、妥善使用。您教会我们平等团结，从小到大无论礼物还是忠告，对我们姐弟三人从未偏倚，家人亲密友爱、互敬互助，给予我们世间最温暖的支持。

您走了，空气里弥漫着的那一丝一缕的墨香始终没有散去，小时候我一直想，等我工作，要给您买最好的笔墨纸砚，您终究还是没有等到这一天，是我成长得太慢，留下终生难以弥补的遗憾。工作后每年春节给奶奶发红包，奶奶都会说，好，花上孙子钱了。可我心里的复杂难以形容，幸福夹杂着苦涩。也许你有预感自己会走在九月前面，提前给奶奶写了金婚纪念日的信，我把爸抄录的信件拿回家，看着您和奶奶相识相知相处的点滴，看着您对生活的憧憬和不舍，“我们金婚后还将继续好好地生活下去，并比以往要生活得更充实、扎实。用同一种声音、相同的理念笑对生活的方方面面，留下美好身影，不管谁逝去都不留遗憾。”真希望我的丈夫有一天也能变得像您一样上进、稳重、感恩而深情。您经历了人间，到达了彼岸，我会把您一直念叨地相和、相融、相助、进步的大家庭放在心里，延续你对奶奶未完的爱，加倍努力让家里的每一个人幸福，待与您相见，我也不至于让您感到失望。

大家都很好，平安、健康。当年玩着您用椰子壳雕刻成的玩具的毛头小孩们都已长大成人，弟弟今年大学毕业，去年还获得了全国大学生武术比赛二等奖，您知道他练什么吗？太极拳。这大概是受您修身养性潜移默化的影响吧。而我也愈加像您了，闻见白酒香气就馋得不能自已。清明我送的黄菊您喜欢吗？其实我喜欢白菊，妈说黄菊好看，执意让我换成黄菊。二婶才夸张，若您真的能收到，可能就是天堂最富有的人了，我说文明祭扫珍惜环境，她说您节俭了一辈子，多花点儿，我猜您看到她一定会皱眉摇头了。放心吧，您庇佑的亲人们一切都好，有朝一日我们重逢，剩下的话，再慢慢说。

此致

敬礼！

爱您的孙女

2018年4月

爸爸 我想你了

张 红 中铁山桥医院

爸爸：

又是一场梦，还是关于您。

梦里并不觉得痛，因为都是您慈爱的眼神，关切的话语。醒来才发现那痛深深地印在心里，即便多年了仍旧无法抹去。二十多年的疼爱与呵护在心里如烙印般深刻，最近并没有太多想念，您却频繁入梦，是您想我了吗？清明节刚回去看过您的，已经整整十五年了，可是我仍然无法忘记那个可怕的噩梦——愚人节那天，老天爷和我开了一个天大的玩笑，您永远地离开了我。

那时候我刚大学毕业，参加工作没有几天，突然接到妈妈的电话“赶紧回来，你爸出车祸了。”我不知道是怎么回去的，只记得当时看见血肉模糊的您躺在医院的重症监护病房里，一句话都不能说，已经轻度昏迷。医生尽力抢救，也不过维持了您两周的生命——伤势太重，并发症频频出现，无力挽救，您永远地走了。我的哭喊，我的呼唤，我的歇斯底里，都若昨天，这世间，再也没有了疼爱我的爸爸，那种连呼吸都会痛的痛，深入骨髓，让我畏惧到好多年都不敢回头去想。

自从您走后，我最害怕听到的一句话就是妈妈说的：如果你爸还在……如果爸爸还在，已经是今生永远都无法实现的梦！十五年了，我在慢慢地成长为您所期许的样子，只是，您已经看不到。如果您还在，您会不会为我骄傲？你的女儿已经长大成人，并且有了自己的孩子。您对我的要求从来都不高，只是现在的我却深深地感到遗憾，因为再也没有机会报答您给我的爱，还有深厚的养育之恩。如果您还在，我会带您去旅行，您曾说过有生之年要带我走遍所有我想去的地方，现在我长大了，可以带着您去，像小时候您带着我一样。您说女孩子要多见世面，要见识过世界上所有最好的东西是什么样子，不一定要去拥有，却可以培养自己的品质，对什么好的东西都可以做到不为所动；不要贪图占别人的便宜，自己想要的东西要自己努力去争取；不一定凡事做到最好，但一定要尽心尽力；不一定要做一个特别成功的人，但起码要有思想有志气，懂得自尊自爱，用功努力；要做一个善良、正直、温柔、心中有爱的女孩子——这些是爸爸对我的教诲，也是爸爸留给我的最美最好的礼物！

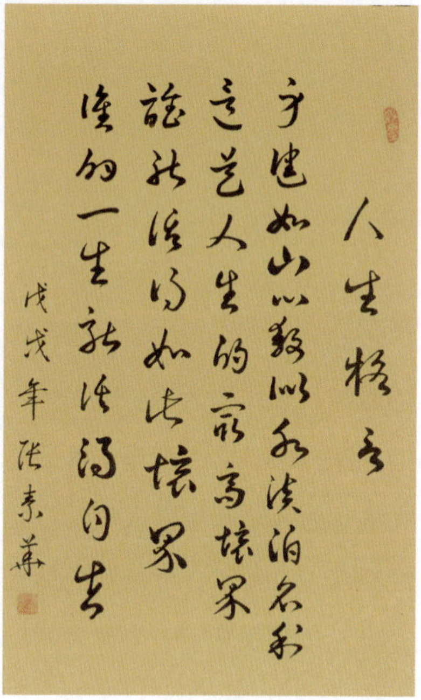

人生格言

张素华 铁科院集团公司院机关

在我的印象里，从小到大二十多年，似乎从来都没对爸爸说过“爸爸，我爱你！”“爸爸，谢谢您！”记得从大学开始我离开家的三年里，每次给家里打电话，如果是您接电话，从来都是问我妈呢？您也总是一句话：“钱够花吗？”听到我说“够”，然后就把电话给妈妈。可是每次寒暑假回家，听妈妈说您不知道在门口看了多少次，等了多久。

直到远远地看到我的身影，甚至我都没发现您呢，您就飞快地跑回家给妈妈报信“你闺女回来了。”然后您就在家等着，让妈妈出来接我。如果不是后来妈妈告诉我，我都不知道您如此盼着我回来，每次都是在门口抱着妈妈说：“妈，我想死你了。”进了家却从来没和您说过这句话，您也只是一句淡淡的：“回来了。”然后就若无其事地给我做好吃的，让我和妈妈聊天。那个时候，从来都不懂父亲内敛和深沉的爱，只是觉得您真的不像妈妈那样爱我。

中国式的父子父女关系，总是难以言说。父亲心中饱含的爱意从不肯轻易表露半分，或许只有等我们长大成人也成了母亲，才会在自己的倔强中，体味到血脉相连的亲情。就如中学时我们都读过朱自清的《背影》，很多人也被字里行间的父爱所感动。但其实朱自清和父亲朱鸿钧的关系，也和很多中国父子一样，幼时依赖，少年叛逆，成年嫌弃，直到中年或自己成为父亲时，才明白父亲的不易。有很多年，因为思想不同，朱自清与父亲的关系都比较冷淡。后来朱自清在北大任教授，突然接到许久未见的父亲从老家寄来的家信。父亲在信中提道：“身体不行了，大约大去之期不远矣。”接到这封信，朱自清悲痛不已，悔不当初。于是，回忆着八年前与父亲离别的情景，含着泪水，写出了父子情深的《背影》。朱自清在父亲有生之年，达成了父子之间的和解。朱自清的三弟朱国华在他的文中提道：父亲是在看到《背影》以后去世的，但他是带着满足的微笑离开的。很多人与父亲的感情，就像朱自清和他的父亲一样，表面平淡，心底深藏，即便曾经怎样的“相爱相杀”，最终还是会明白：这种深沉的、含蓄的、从来都不善于表达的父爱有多珍贵，失去了就再也找不回来。

现在的我已为人母，深深地知道养儿育女的艰辛和不易，懂得为人父母的责任和义务，明白了世界上最无私的爱就是血浓于水的亲情。但“树欲静而风不止，子欲养而亲不待”，世界上最让人痛心和遗憾的就是无法报答逝去的亲人的爱。痛心的是他曾是你最坚强的后盾，却在某一刻突然不见了；遗憾的是不能重来，纵然再有能力，也无法报答。可很多感情，都是懂得时却为时已晚，就像李宗盛新推出的《新写的旧歌》中唱到的：

不怕你晓得

那个以前的小李曾经有多傻呢

先是担心自己没出息

然后费尽心机想有惊喜

等到好像终于活明白了

已来不及……

这首歌的名字和内容都很特别，是李宗盛写给已逝父亲的，花甲之年的李宗盛，看透了许多从前不明白的事情，也开始倍加思念生前未与之好好交流的父亲。初闻不识曲中意，听懂已是曲中人。自省和来不及，这两样东西，一旦相遇，便酸涩无比。

六月的第三个星期天，是所有父亲的节日。只能遥祝远在天堂的父亲一切安好，告诉您这一句从未对您说过的话：爸爸，我爱你！爸爸，我想你了！

想念您的女儿

2018年4月

致我亲爱的爷爷

常　乐　中国中铁设计集团

事事如意 | 马春红 青藏集团公司路兴公司

我亲爱的老顽童：

很想念您。您还好吗？去年清明节我去看您的时候，小悟悟还不敢放开爸爸妈妈的手自己走路，而现在她已经追着院子里的小朋友到处跑了。当我再拿出照片给她看时，她已经可以指着您的照片"太爷爷、太爷爷"地叫个不停了。褪去青涩已为人母的我，在与孩子相处的点滴生活中，脑海中时常会出现您陪伴我成长的画面，仿佛您从未离开。谢谢您，陪我长大，给予我指引和无尽的爱。如果您还在，您一定会是小悟悟最好的玩伴儿。

小悟悟正处于自我意识形成时期，可怕的2岁我算是领教了。捣乱、叛逆、不服气，经常毫无原因哭得昏天暗地，真是恨不得拖出去暴打一顿以解 “心头之恨”。 每每这种情况，我都会想到您，想到您对哥哥姐姐还有我的无限耐心和宽容。记得您坐在沙发上，任由我们在您身上“攀爬”，捏鼻子、拽头发、拧耳朵，用五颜六色的皮筋和小兔子发卡，为您“打造”各种发型，每次造型完毕都会因为您滑稽的样子咯咯大笑。对于这有些放肆的行为您不仅不会恼火，反而会配合我们作出各种搞怪的表情逗我们开心，老少几个人就这样疯成一团。

当我们为了一个小熊玩偶，甚至为了一个脏兮兮的小石头抢得面红耳赤哇哇大哭的时候，您给予我们的永远是和风细雨的安慰和温暖的拥抱。您总是捏着我们的小脸蛋，拉着我们的小手，提高嗓门模仿我们最爱的小黄车奔奔的语调说：“嘿，我们还是好朋友啊！” 紧张关系瞬间缓和，眼泪鼻涕一擦又玩作一团。

二十世纪九十年代的绿皮火车行驶速度每小时只有几十公里，与车头修长、车身线条硬朗锐利的高铁动车组相比，它如同漫步在春天草场上的老水牛，慢慢悠悠、摇摇晃晃。绿皮火车走一走，停一停，车轮和铁轨摩擦撞击发出“哐嘁哐嘁”的声音，缓慢而笨重。即便如此，我对绿皮火车依然有着一份挥之不去的特殊情结。小时候我们住的铁路宿舍离火车站很近，于是您带我们去看火车便成为最受欢迎的游戏项目。我们一个挨一个站好，注视着视野的尽头，竖起小耳朵仔细听，盼望能有一列火车驶来。因为火车马上进站所以速度很慢，我们有足够的时间从车头数到车尾，1，2，3，4，5……一边数一边评论，有时还会傻傻地挥手，跟坐在车窗边的人们打招呼，如果能够得到友好的回应我们会高兴得手舞足蹈。我们还喜欢捡铁轨边的小石子，使劲儿扔向远处，比赛看谁扔得远。铁道边的那片空地上留下了您和我们太多的欢声笑语和美好回忆。夕阳西下，您牵着我们的小手慢慢走在回家的小路上，落日余晖将我们的影子拉得好长好长……

正是因为童年与火车的这份不解之缘，当我大学毕业踏上工作岗位，被分配到沪杭铁路监理项目部时，除了内心的兴奋和激动，更希望得到的是您的肯定和鼓励。还记得十年前的那个夏天，我踏上了开往人生新征程的列车，望着窗外不断向后飞逝的景色，想到即将到达上海，这个您曾经学习奋斗过的地方，成为沪杭铁路的一名建设者，我思绪万千，内心难以平静。因为几年后，当沪杭铁路顺利通车的时候，我可以骄傲地对您说，我已经从一个喜欢看火车的小女孩儿成长为一名铁路工程建设者，我为成为中铁设计济南监理公司的一分子而骄傲！

您酷爱读书，书是您的良师益友，始终与您相伴。我们喜欢听您讲故事，《西游记》是我们的最爱。孙猴子的故事听您讲了一遍又一遍，您那抑扬顿挫的语调和灵动的神态，着实令我们着迷，百听不厌。依偎在您身边听故事的时光太过美好，每每想到这样的时光再也不会有，心里总是一阵酸楚。您教育我们书籍可以怡养心性，也许正是得益于书籍给予您的精神滋养和智慧启迪，使您在面对生活的困苦和不公时，永远保持着从容和微笑。您从上海交通大学机械专业毕业后，因为受到家庭背景的影响，虽然成绩优异却不能获得出国深造的机会和更好的发展平台，只能接受分配成为铁路建筑段的一名普通工人。虽然受到排挤和不公待遇，您却始终抱着乐观积极的心态面对工作和生活。

二十世纪六七十年代掀起了知识青年上山下乡的热潮。您带着一家老小奔赴农村，开始了那段令人难忘的艰苦岁月。孩子们最小的只有五岁，最大的也只有十一二岁，一家人背井离乡，无依无靠，恶劣的生活环境、繁重的体力劳动令人心力交瘁。而更可怕的是对未来生活的不可预见，早日回到家乡济南成为一家人最大的期盼。您和奶奶不仅要照顾四个孩子的生活，还要安抚孩子们因此产生的失望不安的情绪。为给无趣乏味的生活增添一丝乐趣，您拿出心爱的二胡为孩子们演奏，展现一

晨曲 | 闫 红 中国铁建物资

下大学文艺队骨干的风采。您教孩子们唱歌，组成家庭合唱团，教会孩子们自娱自乐。您随手捡起地上的小树枝在泥土地上画出棋盘，用最简陋的教具教孩子们下象棋……生活虽艰苦，却过出了独有的滋味。

随着年纪的增长，我越来越深刻地感受到您对我的巨大影响。人的能力有大有小，也许我们无法达到他人的生命高度，却可以用心拓展我们生命的宽度。小时候的我不能理解您，现在的我欣赏您，欣赏您生活的智慧。希望我能像您一样智慧地看待这个世界，在我年华老去时不惶恐。很喜欢的一句话：粗缯大布裹生涯，腹有诗书气自华。送给我可爱的女儿，与之共勉。

爱您的乐乐

2018年3月

父母恩勤

韩　雪　中车齐齐哈尔车辆公司

亲爱的爸爸：

时间过得好快，转眼间你已经离开我115天了。自从你离开了我，我从来不敢直面这个事实，这让我无法接受，更让我痛不欲生。我不能接受你突然的离我而去，更接受不了的是，我还没来得及尽孝，连最后一面都来不及见，你就这么离开了我。致使我至今都无法从这个悲痛的事实中走出来。每每想起那天的一幕，我的眼泪就止不住地流下来。每天晚上闭上眼睛就想到那天发生的一切，每天晚上枕头都要被眼泪浸湿。我忘不了那天抱着你一直呼唤你回来的声音，忘不了看着你紧闭双眼安详地躺在水晶棺里的样子，更忘不了这些年你对我的爱。

爸，我想你了。

还记得妈妈曾经说过，你当过兵，复员那天你特意把新发的肩章带回了家，说以后有了儿子，要亲自给你的儿子带上，告诉他，当兵是件多么光荣的事。可老天就会捉弄人，偏偏让我这个丫头降临到你的世界里。妈妈说，虽然你有些失望，但你还是把你满满的爱都给了我，从小到大，你就没打过骂过，冲我发过一次脾气。

爸，我想你了。

还记得小时候，你每次出差，我都要抱着你的大腿苦苦哀求你带着我一起去，你心软，就看不了我哭，所以每次都带着我。有一次，你去车站买票，人很多，你把我托付给了一个卖冰棍的老奶奶看着，可那时候顽皮，我跑到一边玩了，等你买完票回来，看见我并没有站在那个卖冰棍摊旁，你急得在售票大厅疯一样地找我，喊得嗓子都哑了，最后在一旁的角落里找到了我。找到我的那一刻，你大声地对我吼，问我为什么不听话在那等他，当时我看见你满头大汗，急得眼泪在眼圈里打转，就是那样，你都没舍得打我一下，而是紧紧地把我抱在怀里。

爸，我想你了。

还记得我收到大学录取通知书的那天，你高兴得像个孩子。嘱咐妈妈为我准备东西，恨不得把家都给我搬到大学里去。我知道你是担心我一个人在外地生活不习惯。送我走的那天，我看出了你的不舍，一整天你都没敢跟我说话，就怕控制不住自己内心的情绪，让我担心。透过车窗，我看见了你在那儿偷偷地擦眼泪，一瞬间，我失控了。那种感觉真像是打翻了五味瓶。我多么想冲出车厢抱住你，告诉你，放心吧，爸爸，我会照顾好自己的。当汽笛拉响的那一刻，看着你挥手后转身而走的背影，我已泪如泉涌。谁说父亲的爱是深沉的、是严肃的、是不动声色的，他们外露出来，也可以是洪水般波涛汹涌。那是我第一次看见你哭。

爸，我想你了。

都说女儿都有一颗恋父的心，都希望未来的丈夫可以像父亲那样疼爱自己。还记得结婚当天，你早早地就起来拿着红纸去外面把井盖都铺上，家人说让晚辈们去弄吧，你却非要亲力亲为。因为你知道，以后我有了自己的家什么事都要靠自己，不能再像在家时那样，可以撒娇，可以什么事都让你们解决。而就当司仪说出那句“拥抱你们的父母吧！”这句时，我第二次看见了你流泪。这泪水是开心的泪，开心的是，我长大了，嫁人了；这泪水又是不舍的泪，不舍的是，我从此要离开家，组成自己的家庭，以后什么事都要靠自己了。这复杂的感情交织在一起，眼泪就止不住地流下了。

爸，我想你了。

你常说，嫁出去的女儿，泼出去的水。由于工作的原因，我不能经常回家看望，你虽然只是偶尔跟妈妈唠叨几句，其实内心还是心疼我的。特别是我有了孩子以后。那次，妈妈和我说，你看见我下班挺着肚子去菜场买菜，你回家边哭边跟妈妈说，让她来我家照顾我，看着我太可怜。那一刻，我的泪又止不住了。以前总认为你对我不闻不问，从来不会说些暖心的话来关心我。从那一刻我才明白，你不是不表达，不是不会像妈妈那样说些细腻温柔的话，你只是把这些话都换成了行动来默默地关心我、爱我。也正是你这些行动上的爱，让今天的我无法接受你的离开。

爸，我想你了。

自从我有了孩子，对你的关心就越来越少，甚至我连妈妈都接到我家和我一起照看孩子，而却忽略了对你的照顾。你总说，在我家住得不习惯，自己可以照顾好自己。但我知道，你那是安慰我，怕我自己带孩子受累，所以你宁愿自己累点，也不让我过得不幸福。我儿子今年三岁半了， 妈妈在我家也住了三年半。三年多的时间，妈妈只是偶尔回家收拾整理，回家为你准备好下一季要换的衣物，回家多嘱咐你几句少抽烟、多锻炼。可这些都只是嘘寒问暖，对于你的日常起居我们都一无所知。也正是因为这些，你身体有什么不舒服也从来不跟我们提起，直到事情发生了，我们才追悔莫及。所以，你的离开让我这辈子都无法原谅我自己。要不是因为我让妈妈来为我看孩子，没人照顾了你，你也不能离开我们这么早，这是我一辈子的愧疚和遗憾。有时候我怪你，为什么这么狠心把我和妈妈丢下，但更多的还是恨我自己，恨自己平时对你的关心太少，恨自己为什么不能更独立一些，让妈妈陪在你身边照顾你。

有人说，人已故后会变成天上的一颗星星，用它们的双眼来看望与守护他的家人。此时此刻，望着窗外满天闪闪发光的星星，我想问，爸爸是否也是天上的某颗星星，是否也在思念着我们，也在无时无刻守护着我们……每当我睡觉前，我是多么地希望爸爸你能走进我的梦里，和我说说话，哪怕是一个微笑，一个动作，醒来的时候我都会回味很久，觉得很满足。多少次我都在心底呼唤着“爸爸，回家吧，我想你了。家里有你的亲人，有你爱喝的散白酒，有你爱吃的菜，还有你最爱的女儿啊！”

事已至此，我还能说些什么呢？除了思念就只剩下思念了。今天是清明节，所以写下来这100多天我一直想对你说的话：爸，我想你了。

此致

敬礼！

爱您的女儿

2018年4月

一封无法送达的家书

周 来 中国通号公司党校

亲爱的姑姑：

明天就是清明节了，此时的窗外，正雨雪交加。在这样的日子里，我无法平复内心对您的深切思念。4个月前，您永远地离开了我，在这个缅怀亲人的日子里，给您写一封信寄托我的思念。

从抽屉里找出您以前写给我的信，看着您娟秀的字体，字里行间流露出的真情爱意，见字如面，泪眼婆娑。

我刚毕业回到北京就向您汇报了同学们毕业送行时的情景。你回信：“来来，很高兴读到你的来信，知道了你走时同学们送行的情景，足见你平时在学校群众关系是特别好的，肯定将在工作岗位上群众关系也会好。你走了后，我和你大姑姑寂寞些了。平常星期六和星期日都盼你早点回来，现在周日弄点菜两人吃着索然无味。常想起你回来时的热闹场景。”我毕业后，节假日一有空就回长沙看望您。已经七十多岁的您，听到我回长沙的消息，每次都到火车站去接我，有一次，在中巴上您的腿被划伤了，流了很多血，我觉得很心疼，您太不容易了，告诫您不要再来接我了，但您还是拖着年迈的腿脚风雨无阻地到火车站接我。每次假期结束和您拥抱告别，当我说我会回来看您的时候，我不禁热泪盈眶，因为我不知道面对风烛残年的您，哪一次见面将是最后一次见面。您每次都要久久地站在单元门口挥手告别，一直目送我上车远去。

在我刚参加工作时，觉得干的都是打杂的小事，用不上专业知识，有些苦闷。您来信指导我："来信说你们这些同学都有不被社会重视的感觉，重视不重视主要还是看自己的工作成绩，功夫不负有心人，时间久了，工作做好，自然会被社会重视。最近长沙电视台正在播出《金色青春》，剧情主要讲的是一批大学毕业生分配到条件艰苦的小县城，他们是怎样在工作中锻炼自己、增长才干，成为工作岗位的骨干。这个电视剧值得你们这些刚毕业的大学生看，希望你在今后的工作中锤炼自己，慢慢成熟起来，继续努力，成为栋梁之材。"

我有一段工作比较清闲，您来信鼓励我："来信收到，知道你对学习德语很感兴趣，有了兴趣就要不失时机地抓紧学习、充实自己，工作清闲正是你学习的好机会，扎扎实实地将英语、德语学好，熟悉它、精通它，不怕没有用武之地。发挥你的聪明才智，不一定要考托福。当然考托福更可逼迫自己学习、拼搏。我主张充实本职，搞好学习。"在您的鼓励下，我积累了很多英语翻译知识，后来终于在口译、笔译中都有了用武之地。

我挣到工资后，用第一个月的工资买了北京果脯寄给您，您来信说："你寄来的果脯太多了，包裹费也很贵，以后不要浪费了。只要你学习好、工作好，将来能找个好丈夫，我就安心快乐了。"您还不忘在信中提醒我："搞好学习、工作的同时，不要忘记锻炼身体，你的身体体质不强，每日坚持锻炼身体一定会强壮起来。身体不好，学习、工作也会坚持不了，切记！切记！我现在每日在公园里锻炼一个多小时，这些活动都是根据自己平时学的气功及书报上介绍的对身体有益的运动，所以身体和精神状态都极好。自己身体健康，才不会给别人添麻烦。"姑姑一生都保持不要给别人添麻烦的思想，能自己做的事自己做，总是替别人考虑。

工作之余，我接了点出版社的翻译工作，挣了稿费，得意地告诉您时，由于没有说清楚是通过什么挣到的，您立即来信：“五月二十一日来信收到，知道你这一段时间出差多，既增长了见识，又熟悉了外语，一举多得，希望你在其中不断提高翻译水平。来信谈到赚了点小钱，不知是什么钱？是不是老外给的小费？能不能收？要注意对自己形象的影响。另外热烈祝贺你英语出国等级考试通过，而且有机会出国，看来你的机遇特别好，在这好的机遇之际，不要骄傲，努力钻研英语、德语，不要让人对你有不好的看法。”待我解释清楚这件事后，您才放心。

当我到了谈婚论嫁的年龄，您一直关注着我的交往过程，并给出中肯的指导。您写信告诉我：“我认为你必须要找一个踏实、有才干、有能力的人，而不是那种夸夸其谈的人，这样今后你就省心了。找一个没有能力的人，以你为中心有什么意思？当然最关键是这个人对你要好，否则我心里会很不舒服。注意交普通朋友也要交工作努力、学习努力的朋友，互相促进。”您的价值观深深地影响着我，我交的朋友都是爱读书、爱学习的朋友，和他们交流能开拓视野、提升境界，从友谊中汲取精神养分。

当我有了孩子后，您又开始关心我抚养下一代，您说：“来来，我最近看到《益寿文摘》中有一篇‘婴儿散步好处多’，我把这篇文章剪下来附在信后，你仔细看看，并照着做，对孩子的身体和智力都有极大的好处。小孩要从婴儿就开始训练，莫忘记每天要和小宝宝讲话、唱歌等。《益寿文摘》这本书很好，你可以订阅，里面有很多教婴幼儿的文章，不好都寄给你，你平常应多买这样的书看看，等到小孩长大了就难教了。”您到了晚年一直还保留阅读的习惯，眼睛不好了，就开始订阅大字版的《参考消息》《长沙晚报》等。这个习惯也潜移默化地影响着我，当我遇到生活和工作中的问题总是先到书本中寻求答案。书是最好的老师，我遇到的各种问题，前人可能都遇到过类似的问题，可以从书中得到很多启示，帮助解决自己遇到的问题。

我想告诉您去年我在单位三八节“一封家书”的征文活动中获得了第三届书香铁路家风家教女职工读书活动优秀家书征文一等奖，感谢您对我的培养，这也是我送给您的最好礼物。我有幸在您生前，把这封信在病榻前读给您听，您微笑着说：“写得不错。”

前几天我梦见回到长沙家中，见到你从病床上起来了，健康如初，我心中无比高兴。想起《寻梦环游记》中的一句话：如果在世界上，还有人对你有牵挂，那么你就不会真正死亡。我们还能在梦中常常相见，就不曾真正分开。

望着窗外雨雪中的万家灯火，视线逐渐模糊。您在那个世界还好吗？

来
2018年清明前夜

自难忘

温丽君　中铁特货兰州分公司

爸爸：

又是一个春天了，山上的果树都满树繁花了。院子里那棵白色的丁香树，枝叶繁盛，花香四溢。夜晚您最爱在那里散步，随着清风，幽香沁人心脾。今夜，我又伫立在那里，此时此景恍若是昨天，不是隔世。自从您走后，思念无处不在，夜夜盼与您相见，您安好吗？盼望您无念超然，又盼您能牵挂世间的我们，在梦中相遇。

思念堆积成一座山。曾经在街上见到与您穿同样条纹T恤，身材相仿的人，追上去，然后失声痛哭在那闹市里。伸出手了，却是摸不到。您真的是走了，世间已无处可寻。

走了，走远了吗？是否回到老家那座山丘，见到满山橘树，见到最思念的亲人了吗？杳无音信。

听您讲过，老家有头水牛，您最喜欢。太爷那年在山里遇到了狼，他就趴在水牛身上，水牛勇敢地与狼搏斗，救下了太爷。不仅如此它还很通人性，那水牛是您最好的朋友，保护您、陪您度过一生中最美好的时光。我把您讲给我的故事，也讲给孩子听，他们都很羡慕您呢！都说真想摸摸水牛，也要和它做朋友一起玩。爸，有时间我一定带孩子们回

油画｜潘洁 沈阳局集团公司吉林客运段

去看看。爸，现在您还怕黑了吗？在那个饥饿的年代，奶奶去了水库干活。在家饥肠辘辘的您，终是忍不住，翻过了四座山找到了母亲，奶奶心疼地看着您吃了一碗饭，许久没有吃饱的您好满足好开心。告别了母亲，天色渐晚，走在回家的山路上，有夜莺在叫，有风在耳边，太阳落山了，您害怕极了，借着月光不停地跑着。爸，多想给在山路上的您点一盏灯，大声喊一声："爸，别怕！"气喘吁吁的您穿过那片屋后的竹林，总算是到家里了。当您将汗湿透了的衣服脱下来的时候，太爷听到您肚子"咕咕咕"又叫了起来。

现在祭奠您的时候，我们总是供上您喜爱的食物和烛光，您在温暖的烛光里总是那样温柔地望着我们。这也就是我们唯一的慰藉。"树欲静而风不止，子欲养而亲不待。"失去方知珍惜，阴阳两隔的世界，残酷而无奈。

后来从朝鲜战场归来的爷爷支援了大西北，您也和奶奶相继来到了兰州。二十世纪六十年代末的兰州自然环境恶劣，条件艰苦。很少听见您讲飞沙走石，讲怎样怀念江南，怎样糟糕的心情。您却常常提起那时和同学们在老师的带领下，抬着铁桶上兰山植树造林，绿化西北的荒山。山高坡陡，瘦弱的你们，就这样充满激情地坚持着与自然做斗争，浇灌成活率并不高的小树苗，信心满满地把青春献给那片树林。爸，现在周末我有时也会带孩子去爬山，望着他们向上攀登的模样，穿越时间的隧道，我好像能看到你们当年弯腰努力向上的样子。岁月如梭，经过了四十几年的建设，现在兰州的南北两山在夏季也是郁郁葱葱，这真是来之不易。爸，谢谢您！也谢谢为此默默奉献过的人们。

爸，我带澄去看动画片《寻梦环游记》，看见在世界的那头人们缅怀逝者时分享亡者在世间的故事与回忆时，又一次深深地唤醒了我和孩子们对您的思念和爱。电影呈现了墨西哥的家庭观、生死观、成功观，他们庆祝的是人来过世间的痕迹，一种“另类”的纪念死者的方式。有句台词“当世界没有任何一个人记住你的时候你也将从这里彻底消失”，只要有爱，逝去的亲人其实还和我们在一起……影片教会孩子理解生与死，进行了正向的情感教育。其实不仅仅是孩子，还有我们这些经历过生死离别的和即将要经历的中年人，如何释怀心中那份难舍之情，痛失亲人的无奈伤痛。小时候我心里有什么话最爱跟您说，长大后却总是好像很忙，现在深悔当初您在世时未能多陪陪您，好想再听听您讲故事，可是现在已追悔莫及！

亲爱的爸爸，希望您一切都好。

女儿：君
2018年4月24日

无尽的思念　永远的怀念

赵蓓蓓　经规院集团公司

敬爱的姥姥：

这一年的冬天特别寒冷。或许是因为我最最亲爱的姥姥离开这个世界已经145天了，在这3480个小时里，姥姥仿佛是出了远门，或是去了太原，或是还在郑州等着春节与我们相聚……姥姥的音容笑貌时常浮现在我的眼前，和姥姥共同相守岁月里的点点滴滴时常跳入我的脑海中触动着身体里每个思念的心弦。这一刻，我秉承着一颗怀念的心写下对姥姥无尽的思念。

姥姥是一位勤劳、善良、心胸宽广、拥有着一颗大爱之心的老人。她对我们影响最深的一句话就是：吃的苦中苦，方为人上人。

姥姥是一名忠实的共产党员，她对共产党的热爱和拥护体现在生活的点点滴滴里。记得妈妈给我们讲过这样一件事情：有一年，姥姥要参加一个党的代表大会，那次会议的场所是在离姥姥家几十里远的西郊某处召开。由于交通不便，为了能准时参加会议，姥姥徒步几个小时按时到了会场。每次姥姥提起共产党就会满怀深情地给我们唱“没有共产党就没有新中国……”也总是眼含热泪地告诉我们：“没有共产党就没有我们这个幸福的大家庭。我们要一辈子感谢党。”

姥姥是个爱学习和谦虚的老人。虽然没有上过学，但是她从来没有放弃过对知识的渴望。记忆中的她总是在暖暖的午后，阳光最充足的时候，拿着她那古老的放大镜，一个字一个字地读报，通过读报不仅了解时下最新发生的事情和政治形态，而且也是她学习认字的好方式，每当遇到不认识的字时，她要么非常认真地查字典，要么就让我们给她解释生字或词的意思，直到完全理解为止。并且认真地做着笔记，经常复习。

姥姥对姥爷的感情忠贞不渝。在我两岁多的时候姥爷就离开了人世。所以我对姥爷的记忆和崇敬，大部分来自周围亲人，主要是姥姥的讲述。在姥姥的眼里，姥爷是个正直、英勇、具有崇高人格的共产主义战士。中华人民共和国成立以前，在战场上奋勇抗敌、不怕牺牲，多次徘徊在生与死的边缘；中华人民共和国成立以后，在他的领导岗位中，不辞劳苦，一心为公，直至生命的最后一刻，都无怨无悔地奉献着。在姥爷离开的30多年里，姥姥没有一刻忘记过他，她把对姥爷的爱深深埋藏于心，把姥爷坚强不屈、崇高的精神品质延续下来，用她的实际行动教育着儿孙后代。

姥姥的生活习惯非常的好，这也是她能够高寿的秘诀之一。她惊人的毅力体现在她从不睡懒觉，风雨无阻地坚持晨练。在数年的健身锻炼中总结了一套颇为科学的自我保健操，并且常常带动我们一起做。

姥姥是个对生活一丝不苟的老人。无论何时，姥姥的家都是窗明几净，所有的物品摆放整齐，床单都是“展幽幽的”（姥姥的口头语，山西话）。就连那时喂鸡和猫的碗都被姥姥洗刷得非常干净。以至于小时候都被我们误以为那是吃饭的碗，还闹出了很多笑话。我俩上初中的时候，由于我们自己的家面临拆迁，于是搬到了姥姥家去住，这一住就是10年。这10年间，姥姥给予我们家无私的帮助与关爱，我们也从姥姥勤俭持家的生活态度中受益匪浅。那时的记忆里多半是姥姥每天忙碌的身影，每个清晨那双提着满满的菜篮子的手和蹒跚而行的步伐始终定格在去往文化路菜市场的途中。即便是她腿疼的时候，即便是风雨交加的时候，那个身影都不曾停歇过。所以，我们一直很惊奇在这位年近八旬的老人的身体里似乎蕴藏着巨大的能量，支撑着她一刻不停的任劳任怨地做着许多事情。

姥姥是一位心中有无限大爱的老人。在人数众多的家族中，姥姥总是用一颗宽容、体谅的心对待每个人。对待家境不富裕的，总是毫不吝啬地给予一些物质上的贴补。不管是远亲还是近邻，只要来家中探访，姥姥总是要认认真真地包顿她最喜爱的饺子或是工序繁杂的山西面食招待客人。在她生活过的每一个大院，她对公共区域的卫生清洁工作，总是默默地承担着。无论是深秋时分飘落满院的树叶，还是大雪过后，繁重的铲雪清扫，姥姥都是第一个出现在院内默默清扫，之后又默默地离开。

在姥姥最后生病住院期间，她用顽强的生命力感染着每个爱她的亲人；以她乐观的精神状态安抚着儿女们忧伤的心。此时言语的表达相对于姥姥的言传身教显得是那么的微不足道。有太多的话想对姥姥说，有太多感谢想对姥姥表达，又有太多的不舍想紧紧抓牢她那如丝缎般光滑的手。姥姥的离开只是身体的离开，她的精神将会永远与我们同在！

姥姥，我们深爱着的姥姥，您放心，我们会一如既往地孝敬爸妈，以后会更加努力地工作，一定会幸福地生活，愿您在天堂安息！

永远怀念您的外孙女：蓓蓓

2018年1月19日

附录　第三届书香铁路优秀作品读后感

FU LU

清风拂面　暖阳沐身

中国铁道学会计划统计委员会副秘书长　叶永宁

阅读中华全国铁路总工会女职工委员会举办的第三届书香铁路女职工读书活动获奖作品，如清风拂面，暖阳沐身。

鲜活灵动的文字，构成一幅幅生动的画面，讲述一个个感人的故事，读来怦然心动。优美的文字是博览群书的积淀。每一位文采洋溢，能写出打动人心文字的，一定是热爱读书的人。女性丰富细腻的情感、敏锐独到的眼光、聪明睿智的头脑，因读书而得到升华。使得她们善于观察生活、揣摩生活，用美丽的词句描绘生活，展现自己美丽的心灵。

从这些清新的文字里，我们闻到了书香。

通过读书充实内心世界，汲取教子良方，增进夫妻感情。“读书，让人在有限的生命里阅遍无尽的美好，拥有高尚的情怀”（中车株机公司孙瑶《脉脉书香　漫漫情怀》）；为了亲眼看到书里描写的城市生活，农村女孩儿刻苦努力考进城市的学校见识了城市的美丽，得以在更广阔的书海里徜徉，心灵更加充实，眼界愈加开阔（中国铁建十八局一公司齐红欣《书能香我不须花》）；乔迁新居不忘辟出一间书房，阅读净化、滋养了心灵，书籍铸造了内心的强大（太原局侯马电务段翟海焕《一路书香　一路阳光》）；爱读书的习惯使其受益终身，不断吸取新知识和新理念，跟上时代前进的步伐，永葆精神丰沛，使人生饱满（国铁集团宣传部厉于《来吧，让我们走进一本书》）。

从这些朴素的文字里，我们领略了家风。

不贪恋物质，读书好学，注重亲情，承担责任。这一优良家风由老一辈言传身教、世代相传。孩子们受其熏陶影响，品学兼优、好学上进，努力工作、成绩优异（北京局中国铁道旅行社林宏《积善之家 必有余庆》）；一段段有趣的小故事展现了父慈子孝的生活日常，好的家风影响后代、教育晚辈，是老一代留给子孙最珍贵的财富（西安局榆林车辆段武申平《最好的财富》）；老红军的爷爷是孙女心中的明灯，听爷爷讲述枪林弹雨、峥嵘岁月里的故事，培育了孙女的英雄主义情怀，记住爷爷的教诲：认真吃饭，好好做人（成都局成都建设指挥部刘家瑛《有您在 灯亮着》）。

从这些真切的文字里，我们明白了感恩。

童年往事清晰如昨，记忆里都是姥姥的身影，姥姥的慈爱。以初夏盛开的槐花和盛夏飘落的槐花来比喻姥姥日渐增多的白发，贴切而充满深情（北京局石家庄供电段冯会卿《槐花香满路》）。感恩父母不易，作为儿媳感恩婆婆，心甘情愿照顾生病的婆婆是多么的难得；发现婆婆的优点，感激婆婆的付出，因而尊重婆婆，愿意陪伴她安度晚年（中铁快运乌鲁木齐分公司王军《尊重婆婆》）。不是亲妈胜似亲妈，婆婆的质朴善良、宽厚大度赢得儿媳的敬爱，朝夕相处四年竟无一次争吵实属不易（兰州局局办苏芝侠《谢谢您 婆婆》）。

从这些坦诚的文字里，我们看到了理解。

幼年时仰望铁路工人的父亲充满神秘和敬仰，长大后的女孩儿成为一名铁路职工为中国铁路奉献青春，重新认识和理解了当年拼命工作，无暇顾及家庭的父亲（兰州局迎水桥机务段史红胤《长大后我就成了你》）。年幼时不懂父母的爱，不听话、不努力，对父母像大树般的庇护浑然不觉；工作后的女儿懂得了父母的爱却不能时常陪伴日渐老去的他们，对身在家乡的父母心存愧疚，满怀感激（成都局贵阳高铁工务段任超《明月寄相思》）。青春叛逆的女孩儿经常和妈妈冷战，针锋相对之下是对彼此的深爱。直至长大成人，女儿才懂得了妈妈的良苦用心，要给妈妈更多的回报（济南局济南西站张樱馨《请允许我来呵护您》）。

从这些坚强的文字里，我们感受到柔情。

对罹患恶疾的丈夫，对来自星星的孩子，身为妻子，身为母亲，紧紧拉住亲人的手，不抛弃、不放弃。平时连蚂蚁都不敢踩的柔弱女人，杀鸡杀鱼杀黄鳝杀老鳖，每一碗靓汤香粥都是妻子的深情；在经历了诞下娇儿的喜悦随即又遭受孩子患小儿自闭症的打击，坚强的妈妈带着儿子四处求医，坚持不懈的陪伴孩子进行治疗矫正。遭遇不幸的女人用柔弱的肩膀承担起生活的重压，以女性特有的坚韧迎击灾难，以无边的大爱托举起亲人的生命（上海局合肥机务段潘莉红《永远的陪伴》、成都局重庆疾控所李罗《爸爸妈妈永远爱你》）。

从这些深情的文字里，我们体会到思念。

思念逝去的父亲。父亲栽种的桂花树依然年年飘香，父亲的歌声依旧会在耳边响起。父亲的教诲、父亲的疼爱，如影随形始终伴随女儿，绵绵不绝的思念直抵天堂（乌鲁木齐局新铁客运服务公司柯美美《芳香盈路》，青藏公司格尔木电务段周盼《爸爸，您还欠我一个拥抱》）。思念九泉之下的爷爷。孙女是爷爷的开心果，一直得到爷爷的宠溺。时光流逝，难忘童年，夏日的小河冬日的炉火，爷爷家的小院留给自己的都是快乐、温暖，永远铭记在心（哈尔滨局哈尔滨大功率机车检修段谷春红《幸福的味道刚刚好》）。

从这些生动的文字里，我们看到了期盼。

舐犊之爱是每一位母亲都有的，但一个热爱读书、勤于思考的母亲，更多的是注重对孩子言传身教、细雨润物般的教育。从呱呱坠地到蹒跚学步，从走进校门到长大成人，母亲满怀殷殷期盼，悉心培养。培养孩子热爱自然、身心健康；教育孩子真诚待人、豁达善良；鼓励孩子不畏困难、勇敢坚强。伴随孩子慢慢成长，将翅膀长硬的小鹰送上蓝天，妈妈是多么欣慰又是多么不舍（昆明局广通车务段王惠颖《大自然之爱》、太原局大同西供电段任琳《让我陪你一起成长》、成都局西南物资公司彭兰《期待你的精彩绽放》）。

从这些温婉的文字里，我们懂得了爱情。

爱他值班立岗的姿势挺拔帅气，爱他交接重点旅客时的细心周到，在同一个车站迎来送往为旅客服务，为共同热爱的铁路事业奉献青春，拥有这样的爱情是何等幸运（西安局宝鸡东站姜瑞云《小幸运》）。与相爱的人相互扶持、携手同行，在决定是否买车买房这些家庭生活问题时，相互沟通、认真讨论，达到高度一致，学会珍惜彼此（北京局天津收入稽核部刘杨《感谢有你》）。想念在异地工作的老公，记挂他的冷暖担心他的病痛；学着做菜为的是等他回来时做一桌饭菜为他接风；满心都是对爱人的深情，即便不能朝夕相伴也是幸福的（呼和浩特局包头车辆段吕金秀《我在家一切安好》）。

每一篇文章都是直抒胸臆的真情流露，都是这些为中国铁路努力工作的女职工，在工作之余勤奋读书后对她们所热爱的铁路事业和挚爱的亲人捧出的拳拳之心。感谢你们，感谢你们让我们领略了读书的美好和文字的美妙。

读书能让人变得明朗快乐。无论生活怎样如一地鸡毛般琐碎，无论工作如何繁重或枯燥无趣，读书不一定能让你的生命变得多么精彩，但一定能帮助你挣脱内心的迷茫，纾解你工作和生活中遇到的压力和困扰。书籍如熠熠星空照亮你的心灵，给你一双慧眼看出世界的万般美好，灵魂因此变得有趣。读书能让女人变得更美。腹有诗书气自华，一个人的气质风度，是由她读过的书熏陶出来的。热爱读书的女人，内心一定是充盈的，满含诗意柔情而优雅脱俗。眼界一定是开阔的，宛如行于天下必意境高远。意志一定是坚定的，纵使面对压力也淡定从容。胸怀一定是豁达的，可以包容所有以宽厚待人。若如是，何尝不能将平凡的日子过得如行云流水般恬静美好呢?

感动　为平凡的你

中华全国铁路总工会经审办主任　张丽娜

空闲的时候，我会翻开“保障和女工”微信公众号去读“第三届书香铁路女职工读书活动优秀作品展示”。

我有些喜欢这些文字。因为我知道文字的作者都是工作在“铁路”这个行当里的姐妹，我是她们中一员的亲近感，让我似乎透过文字能看到她们在职场上的兢兢业业，看到她们爽快、利落工作着的背影；因为，我从这些或热情、或平静、或带着泪的笑、或带着快乐的长叹中，感受到在车、机、工、电、辆各个岗位上有声有色工作着的职场女性的生活片段，体味到她们心底的悲欢、柔弱和坚强；还有，我知道，正是这些平凡得有些琐碎的文字后面的那一个个平常的女子，和男同事们一起在运维着高速发展的铁路大动脉，才有了今天的高铁，才有了百姓对铁路的认可。

我有些喜欢这些文字。虽然这都是一篇篇不长的文章，少有跌宕起伏的情节，也没有气吞山河的豪情，但正是这短小而碎碎念的文字，让我看到女人在生命各个时期的智慧，让我看到女人在家长里短中的善良，以及女人在工作生活中的勤劳。

一位妻子给她的先生写了封信，《用我的温良涵养我们的家》（武汉局武汉北站郑敏），信的内容很简单、很平和。“家庭的美好离不开女人的柔软，女人柔软温和的气质需要书香浸染”“我好，你才会好，所以，我将会努力让自己更好，让温良敦厚诚信的家风不断滋养我们的家庭”，读后给我的感觉却是舒婷的那句话：我必须是你近旁的木棉，作为树的形象和你站在一起。

一位初做母亲的女子说起孩子，《从此有了软肋，也有了铠甲》（《人民铁道》报文个），“孩子呱呱坠地后，我才发现，一切如常”，因为日子还需如常地过，但也有些什么不一样了。“欢喜忧愁多了一点，意志力强了一点，责任心大了一点，人生的角度上扬了一点儿”。因为做了母亲，便不再只是那个爱娇的女文青了。

一位媳妇说起婆婆，满满地都是婆婆的种种好，“每当家人围坐一桌吃饭时，婆婆总是细心地把我爱吃的菜趁人不注意推到我的前面，每每如此”。从月子里婆婆悉心的照顾，到日常生活中的偏爱，当然也换来了媳妇深情的那句《婆媳情深》（青藏公司西宁电务段沈国红）。因为心存感激才能发现婆婆的好，因为婆婆的好，才知道更应该做个好媳妇。

一位女儿跟爸爸说《让女儿来照顾您》（呼和浩特局呼和浩特通信段杨坤），因为提笔写信，女儿想起自己成长的点点滴滴，都是爸爸一路陪伴，而爸爸“您就是这样，为了我，您默默承担着一切，即便是子女应尽的义务，您也不愿给我任何压力”。因为长大，才知道该怎样做女儿，才知道从此以后也要照顾一点点变老的爸爸。

当然，还有很多很多引起我思考的文字，以及令我感动的文字后边平凡的姐妹。

是的，作为女人，这一生，职场之外，要经历做女儿、做妻子、做媳妇、做母亲种种角色。而这些文字后面的女子告诉我，做好这些角色，其实只要一颗善良的心，一个聪慧的头脑和一双勤劳的手就足够。

足够，除了深深的赞同，我还有什么可说的呢？我不禁想起冰心老人说过的：世界上若没有女人，这世界至少要失去十分之五的真，十分之六的善，十分之七的美。我想说，平凡、平常的生活工作着的这些女子，用真诚善良展现的美，让我感动。

让书香溢满铁路 让家风传承创新

国铁集团公司劳卫部副主管　杨春燕

看完最后一篇文章，给出最后一个评分，我长长地吁了一口气，不自觉地挺直了腰，视线从电脑屏幕转向窗外。已是华灯初上时，长安街车水马龙、川流不息，玻璃窗上倒映着自己若有所思的脸庞。自有幸担任第三届书香铁路读书活动的评委以来，我已与这些真情流露的美文相伴月余。每日下班后在静谧的时光里，我悄悄地走近这一片书香的海洋，轻轻地触摸着每一篇文章后跳跃的灵魂，用心体会着那些坚强、智慧、豁达而又真挚的情感，与我们这些亲爱的铁路姐妹们，做一次心灵的交流。

扑面而来的是书香四溢。苏轼曾在诗中写到 “粗缯大布裹生涯，腹有诗书气自华”，果然如此，且看一个个铁路姐妹从车、机、供、电、辆专业中走来，转身一变，手执书卷，娓娓道来，谈人生、谈哲理、谈感受，小境界里有大欢喜。无论是《为有源头活水来》（南昌局南昌供电段邱彩池）一文中对朱熹《观书有感二首》的分析引到朱子读书六法，抑或《惜君青云器，努力加餐饭》（成都局绵阳工务段曾子人）中调皮地将美食与读书完美融合，喊出 “这世界唯有美食与书不可辜负” 的肺腑之言，还是《读书的女人更美丽中》（青藏公司铁道报社王华）引用三毛 “一本好书，静静抱坐读到日月无光，人就在书里起伏，掩而不听那尘世喧嚣，这是世间最宁静的快乐” 的恰如其分，无一不体现了向学之心，无一不证明着开卷有益，无一不彰显着阅读的力量，正如诗云 “若有诗书藏在心，撷来芳华成至真”。

温暖人心的是迎爱奔跑。爱如阳光，温暖又光明；爱如糖果，甜蜜又幸福；爱如生命的火焰，没有它，一切都将变成黑夜。对于我们铁路女职工而言，常常要体验离别之苦，尤其是那些出身于铁路世家的。有的年幼时因父母工作忙碌，被送至爷爷奶奶、外公外婆处抚养，小小的年纪就已经饱尝等待的滋味，那种期待和缺失，也许给今后的一生都打上了深深的烙印；有的夫妻因工作需要不得不两地分居，虽说两情若是久长时、又岂在朝朝暮暮，但看着别人两口子有说有笑互助互爱时，还是会忍不住黯然神伤；还有担任列车员的年轻母亲，出去好几天都见不到孩子，越到节假日孩子需要陪伴时工作越忙碌，那些常年在外地工作的年轻父母因不能陪伴孩子成长心存愧疚……但是，这些亲爱的铁路姐妹们，尽管如此不易，但她们依然积极乐观、努力工作、认真生活，做到了心中有爱、面带微笑、迎爱奔跑，她们甚至感悟到，等待，也是一种幸福。

回味隽永的是家风美德。单从那一篇篇文章的标题，我们就可以感受家风徐来，如清风、如清流、如清辉，《忠厚传家久，诗书继世长》（上海局浙江铁发集团沈蕾蕾）、《做事先做人，立人先立品》（中铁四局一公司乔丹）、《传和美家风，修厚德载物 》（铁道党校李军燕）、《积善之家，必有余庆》（北京局中国铁道旅行社林宏）……再翻开一篇篇文章，细细品读，仿佛走进千家万户，在阅读的同时，也学到了那些或简朴、或深刻，或古老、或创新，或润物无声、或彰明昭著的家风。

家庭是社会最基本的组织形式，是人生的第一所学校，“修身齐家治国平天下”中的“齐家” 就是家庭建设，家风是家庭建设的指路灯、风向标，直接关系到一个人、一个家庭，乃至一个国家的风气，家风正则国之幸。老一辈革命家注重家风建设，周恩来定下不谋私利、不搞特殊的 “十条家规”；焦裕禄要求女儿 “书记的女儿只能带头艰苦，不能有任何特殊”， 这些浩然正气的做法，影响了一代又一代。如今新时代赋予家风新的内涵，习近平总书记指出，不论时代发生多大变化，不论生活格局发生多大变化，我们都要重视家庭建设、注重家庭、注重家教、注重家风。作为一名新时代的女性，我们要不断提高自身修养，用书香来熏陶自己，在工作岗位上敬业勤勉、再创佳绩，在家庭建设中言传身教、风淳气正。与姐妹们共勉之。

家风永流传

中铁四局工会女工委主任 储润梅

什么是家风？从来没有认真研究过，却每次说起想起时都明确地知道它的所指，并肃然起敬。中华全国铁路总工会女职工委员会开展的书香铁路优秀作品展示用一系列的励志妙文，给我很多的教益和启迪，让我对家风家教有了更多的深思。原来家风家教就在我们每个人的性格里，在我们每个人做事做人的点滴中。家风是一种精神，是一种看不见、摸不着却时刻体现在生活点滴中的智慧。看完中铁四局一公司乔丹的文章《做事先做人，立人先立品》更有感触，她从爷爷的怀抱中学习文字、启蒙语言，从父辈受到“百善孝为先”的教育，学到“做事先做人，做人先立品”的道理，我深刻地体会到一个家族的家风对一代又一代人的成长有着多么深厚的传承，就像遗传基因一般嵌入到一代又一代人成长的历程中。家风永流传，在一个家族里赓续绵延，融入到相传的血脉里。这让我想起我的爷爷奶奶、我的父母、我的至亲以及关于这个家族的记忆。

爷爷奶奶

我的家庭是地地道道的农民之家，世代躬耕勤做。中国农村简单淳朴之风深深影响着我的家庭，也成为我的爷爷、父亲传承下来的家风。爷爷奶奶在我还未成年时先后过世，他们留在我记忆中的印象仅剩下片段，越来越遥远，而有一种来自他们身上敦厚实诚的味道却一直在我家乡的屋梁、小院和墙角，处处环绕。爷爷是沉默寡言的，他每天出去干活，回来总会给我们带点好吃的。那时他给镇政府打点杂活，总能挣点小钱，最自豪的是他随身有一个破旧的皮夹，里面有一些零星小钱，他常用挣回的钱买一块大麻饼，或者摘一些桑葚果子给我和姐姐解馋。妈妈生养了我和姐姐，但我的记忆中没有爷爷的抱怨，在重男轻女的农村，爷爷温厚地守护着这个家，呵护着自己的儿孙辈，脑海里只有他的身影而没有他的只言片语，他一直无声无息地温暖着整个家。奶奶是个裹着小脚的典型农妇，她生育了父亲和叔叔两个男孩，一直期盼有个孙子，可直到第4个孙女出生，她也没能如愿以偿，但在孙辈面前她没有流露更多，而是尽已所能地想方设法做出各种美食，尽已所能地照顾好这个家。她那裹着小脚的步履总是匆忙地，直到去世前，她还迈着小脚绕着家屋的前前后后转了个圈，冥冥中要保护好这个家。如今，两位老人去世已有30多年，他们居住的祖屋也已经不是当年的模样，他们的音容笑貌在我的记忆中也逐渐模糊，但他们敦厚朴实、行胜于言的做人做事的风骨永远烙在我们的记忆深处，融入到家族每个人的血髓中，永远流传!

父亲母亲

父亲母亲今年都七十岁了，守着农田辛勤劳作了半辈子，如今在家安度晚年。在农村出现大量的入城打工潮时，父母年事已高，加上城镇化改造，农田被改建成大量的房屋厂房，家里的田地全部变成了菜地。不再耕田的父母就守着几块菜地，春种秋收，过着菜农的日子。相对清闲了许多，尤其在把我们培养成人、成家立业后，父母的时光不再忙碌。很多农家的田地荒芜了，许多人跑到城市，大浪淘金。可我的父母丢不下那仅有的菜地，那是他们曾经饱含情感的希望，靠着它们，收获着一家人生存所需。即使现在，孙辈们都已经工作挣钱了，父母再也不必为生计发愁了，但他们仍然不舍弃这几块菜地，时不时丢下种子，收取的菜果都送给左邻右舍乡里乡亲们分享。近年来，父亲身体日益衰老，受病痛折磨的他已经形销骨立，好几次死里逃生。母亲的不遗余力、精心伺候让周边的邻居交口称赞。父亲因病性情暴躁、因痴呆胡言乱语，身边一刻都离不开人，母亲日夜守候，常常整夜不得安歇。母亲勤劳了一辈子，瘦弱娇小的她却从来都充满力量，我们要雇个人帮忙，她坚决反对；我们只能搭把手，父亲对母亲有太多的依赖。从母亲身上，我们学会的是毅力和坚忍，还有那份深藏的对父亲的感情、对下一代的帮衬、对整个家庭全身心的付出。在父亲生病住院、不能自理时，她一遍遍地给父亲翻身、擦身，处理大小便，那种不厌其烦，那种自然天成的情感，让我们后辈、让周边人感动万分。

我们

父母亲只生育了我和姐姐两姊妹，这在重男轻女的农村，是常有异样眼光的。我和姐姐却没有受到影响，父母亲尽力为我和姐姐创造好条件，努力让我们完成学业。姐姐从小学习比我好，可总在考试时把握不好，没能如愿升学；而我在他们的呵护下，一路求学，跳出农门，成为村里的第一个大学生，家里为此宴请乡亲，像送出嫁的女儿般把我送出家乡。从此，家乡成为我在外奔波的念想，父母亲人成为我永远的牵挂。

直至我和姐姐都成家立业，外甥、外甥女以及女儿的出生，家族的生命有了新的延续，日益壮大。逢年过节，儿孙满堂，母亲乐颠颠地忙碌着，久病的父亲也露出笑容，屋里洋溢着温馨，而无声无息的“家风”就在这一屋子的亲情中肆意荡漾。

回忆起爷爷奶奶留下的模糊印象，看着父母身上发生的一切，都是他们在为我们传递生活的本真，传递着一个人在世的根本遵循，这就是无言的家风，无须唠叨的家教。

这让我想起在书香铁路征文中，看过南昌局集团公司福州供电段邱璐写的《无言的家风》，和她有着共同的感受，有着共鸣的体会。“家风并不一定需要什么成文的家规家训，最朴实的习惯风气，汇成家风家训，祖祖辈辈，源远流长”“对亲人的爱、耐心和理解以及说不如做，是家风重要的关键词”。在我的家庭里，就是“无声胜有声”，爷爷奶奶父亲母亲，从来没有为我们说出什么大道理，没有可以镌刻成形的文字，但在家庭成员的一言一行、一举一动中，都有着他们的影子，都蕴涵着他们的希翼。

精神永流传，家风永流传！

用最柔软的地方装坚强

成都局集团公司峨眉车务段工会干事　蒲晓东

2018年阳春三月的某日清晨，像往常一样拿着手机“批阅奏章”，无意间打开了“2016北京法律维权培训班群”推送的第三届书香铁路女职工读书活动优秀作品，从此，一发不可收拾，深深陶醉于其中，从初春的清晨到深秋的夜晚……

其中让人回味的一篇是成都局成都北车辆段龚晓萍《盼你长大，又怕你长大》一文。文中女儿小时候：“你已熟睡了，我还舍不得离开，静静地看你许久。在台灯暖黄的灯光下，你小脸粉嫩，呼吸均匀，手指微微蜷曲，周身散发着娃娃香。你有安定我心的神力，什么都不用做，就能让我心旷神怡。”曾几何时，初为人父的我也是这样长时间的、傻痴痴看着熟睡中的女儿，那种幸福的感觉，和作者如出一辙。亲情，是发自心底的，不需要任何的言语，不需要任何的铺垫，就这样直来直去，什么都不用做，就能让我心旷神怡。

“从你出生那日起，我就无数次这样看你。你酣睡，你开怀大笑，你咕咚咕咚喝水，你嘟嘟囔囔玩卡片拼图，你聚精会神看动画片……我看着你，欢喜溢满心底”。可以想象当时的每一个情景，可爱的女儿在生活中无数个细节被慈爱的母亲一一捕捉下来，并且成为日后甜蜜的回忆，每当一想起，欢喜溢满心底。

随着女儿长大后：“喊了一声妈，而不再是那个叠词‘妈妈’，你戴着耳机听音乐，你积极准备参加学校的英语大赛，你关上了卧室的门……”“时间不听我的话，它在悄悄制造一个分岔，你正在出发。我冲出去，特别想紧紧地抱你一下，却终究没好意思。”“我知道，妈妈再也不是你的全世界了。”是啊，女儿成长了，有了自己的世界，行为举止发生了变化，不再那么依恋父母，我们开心又失落，作为父亲的我更不好意思拥抱女儿在怀中，女儿与我，如同当年我与父亲一般，不断地在目送彼此的背影渐行渐远，而且用背影告诉对方，不必追，彼此用最柔软的地方装坚强。

当年我在湖南求学时，父亲请假送我前去，坐着硬座在火车上折腾了两天两夜到校，第二天，父亲急着回去上班，原打算送父亲到火车站，到了学校门口，我临时改变主意，不送了。未待父亲答话，转身径自离去，“东儿、东儿……”，父亲在身后大声喊着，我一路小跑回宿舍，钻进被窝，放下蚊帐，蒙头失声痛哭起来，宿舍里新同学人来人往，各自忙着，如今，女儿就读大学，远在上海，入学前夕，一家老少倾巢出动，一边旅游，一边送学。前后折腾了一周多时间，临走的前一天，女儿情绪明显不好，到了第二天分别时，女儿早已是眼泪汪汪了，到了与我拥抱时，泣不成声。还好，最后，比我当年有勇气，没当逃兵，坚强地向亲人们挥手道别，那年，女儿16岁，就读上海大学。

阅读书香作品，犹如打开一瓶瓶陈年老酒，让人回味无穷，当中除了感动，还有激励，更多的是为我们铁路女职工的情怀感到自豪，现在每天清晨起来打开手机阅读书香作品，然后留言评论，成了生活中不可缺少的一部分。记得有一天，忙工作忘了看手机，到了中午忽然想了起来，但看手机里又没推送，还以为是否是自己无意间删除了，急向群友求转发，被告知今天未推送，心里怅然若失了半天……

深秋不知不觉已转凉，某个夜晚，得知第三届书香铁路读书活动优秀作品即将推送完毕的消息，想想总得留下点什么吧，于是唠叨几句，与大家分享共勉，同时期待下一届书香铁路女职工读书活动作品展示。

今天你微笑了吗

广州局集团公司企法部副主任　唐素芳

喜欢中华全国铁路总工会举办的书香铁路女职工读书活动，更喜欢品阅那些推送出来的优秀作品。字里行间渗透出咱们铁路系统不同岗位上的女职工积极、阳光、进取的工作和生活态度，让人感慨敬佩不已、让人感动，难以忘怀。

读了中铁十局西北公司蒲亚莉的《滚蛋吧病魔君》后感受颇深，那一句：今天你微笑了吗？时刻闪现在我脑海。那些身患癌症和其他疾病的朋友，在遭遇病魔缠身和诸多压力的时候，依然乐观向上追求健康和幸福，热情饱满地爱生活干工作，用微笑和行动诠释了生命的意义、健康的重要！

曾几时听谁说过：一个人幸不幸福都写在脸上呢。

是啊！一个人不论是身体有病还是心里有事，脸上的表情就会显现出来，特别是一个人的眼神，通过眼神可以看到其内心，透过眼神可以看到问题。但不管你是否有情况，只要你微笑，足以让人忽略问题，感受积极和阳光！

无数事实证明，有了好心态就有好人生！

据说网上有两张照片：

一张是一家人的房子着火了，眼见救火无望，就干脆一家人站在房子前照张合影作为难得的留念。另一张是一对夫妻开车回家时，妻子不小心将车开到消防栓上导致翻车。两口子受了惊吓，没有埋怨和争吵，确定只有皮肉伤并无其他大碍后，丈夫提出和妻子合影留念，因为他觉得和老婆一生经历的糗事都很有意义，都值得记录下来作为珍贵回忆，待到年老时回头再看一定会开怀畅笑。

其实，生活就是这样，当你无法改变时，还不如欣然接受。生活还得继续，干吗不开心点？电视剧《欢乐颂》有句台词说得好："生活虽然一地鸡毛，但仍要欢歌高进。成长之路虽有玫瑰，有荆棘，但什么都不能阻挡坚强的心。"

人生在世，可能会遭遇事业、家庭、健康等烦恼挫折，如果悲观失落，那只有苦闷、抑郁、烦躁、忧伤……如果打开那扇明亮的窗，生活便是阳光！

当遇到烦恼挫折时，主要精力应当放在解决问题上，而不是怨天尤人、争吵埋怨，因为"一切都是最好的安排"。生活无论风雨阳光，各有各的精彩！日子总得过，为啥不好好过？就像《滚蛋吧病魔君》中所倡导的：今天你微笑了吗？时刻保持微笑，人生一定精彩纷呈。

当您细细品读这些奋斗在铁路系统不同岗位上姐妹们的文章，内心就一定会被深深触动，因为从中可以感受到她们抗压力坦然应对、迎阳光敞怀拥抱，用真诚、质朴、热情、坚强、温婉的爱谱写出的精彩人生，领略到新时代中国铁路女职工自强不息、积极阳光的巾帼风采！她们的精神感染并带动读者用微笑去迎接人生路上的风风雨雨，要爱党、爱国、爱企、爱家，爱工作、爱生活、爱学习，更要爱自己！

书香铁路女职工读书活动已经成功举办四届了，在铁路女职工和广大铁路职工中产生了极大反响，这些优秀作品的分享也引起了社会各界朋友对铁路女职工队伍的高度关心关注，通过这个平台让我们铁路女职工的风采得到了充分展示，满满的正能量正在不断释放和弘扬……

感谢中华全国铁路总工会举办的书香铁路女职工读书活动，作为香粉，希望能看到姐妹们更多的优秀作品。谢谢！

真情传家远　兴家拜耕读

《人民铁道》报社编辑　李欢

“真情传家远，兴家拜耕读”，这是我作为“书香铁路　家风家教”的专栏编辑，阅读整理了25篇铁路女职工撰写的读书征文一等奖作品后最深切的体悟。

全国铁路系统、铁路行业是一个大家庭，这个大家庭的每一位成员在专业的工作岗位背后，在褪去职业身份之后，都是一个个鲜活、独立的个人，他们的身后，是无数善良、朴实的亲人以有爱、有温度的家风家教支撑着这些铁路人温暖前行。

文字是有力量的。“书香铁路　家风家教”专栏里每一篇文字的力量源泉正是家庭相处带来的亲情共鸣。编辑每一篇稿件，细细斟酌每一位作者的文字，我都好像认识了一个新的家庭，见证着发生在这个小家庭中的动人故事。

我细细地统计了一下，25篇征文作品若按情感线索来看，大致可以分为“父母教育”（10篇）、“子女成长”（6篇）和“祖孙之乐”（6篇）三类。可见，所谓家风家教，说到底是不同代际之间代代相传的浓浓亲情，是影响一个人成长、成才的家庭德行。

家庭亲情的真情流露在我们的专栏里形象地表现为一个个发生在亲

人之间的故事，而故事的动人之处就在一个个闪光的细节。透过那些细节，你仿佛看到了自己。

在兰州局局办支凌燕（《又闻粽香》）的笔下，我知道了她从小与奶奶一起生活，这让我不由得想起了从小在姥姥家长大的经历。她写自己小时候经常在端午节给包粽子的奶奶“制造麻烦”，折烂了不知多少粽叶。儿时的我也在包粽子的姥姥身边有样学样，说是学包粽子，到底总是顽皮地帮倒忙。

编辑这篇文章时，看到作者回忆收拾奶奶遗物时，翻出了9岁那年自己买给奶奶的棉袜被老人缝了又缝，小心保管，她说自己猛然明白了“人是靠感情活着的，我们不能放弃爱的能力”，现在努力工作，正是完成对奶奶的承诺，让奶奶放心。

每次编辑到这些细节，我都泪如雨下。我总是想到自己的姥姥，想到自己从十八九岁开始到外地读书，每每离家走到楼下时总是不敢回头。人就是这样奇怪，虽然我从不曾回首看一眼老人，但我清楚地知道，她就在高楼那边的阳台上看着我拉着行李走远，仿佛她的眼中有一道炙热的光落在我肩头，烫得我生疼。

看到这样描写亲情故事的优秀作品，我常常忍不住要向同事推荐、跟朋友们分享。我想，这就是真情的力量、文字的力量、良好家风的力量，它引发阅读者的共鸣，让人们不禁回忆起自己与亲人相处的点滴，让我们愿意在亲人的目光下认真生活、平和向善。

这样的生活细节、这样的家风传承在我们的专栏里比比皆是。在《我不会丢下你的》一文中，乌鲁木齐局的霍雨佳从大姨独自一人矢志不渝地照顾瘫痪在床32年的丈夫一事中，看到了她对爱和亲情的忠诚与坚守；《一束鲜花的幸福》（呼和浩特局货运中心崔改叶）中，母亲在一次与身在外地的女儿视频聊天时，无意中看到女儿家中摆放了一束鲜花，她终于放心女儿独立生活，因为爱这束花，她相信女儿也会热爱生活；《聆听孩子改变自己》（哈尔滨局哈尔滨南站和文杰）中的这位妈妈看到“别人家的妈妈”是如何耐心地听孩子把话说完，进而自我反思，也学会了倾听孩子的声音，与子女共同成长；《老院里的家风》（中铁资源地质勘查公司于越）中，作者的爷爷始终相信知识的力量，年轻时顶着巨大的生活压力坚持供4个儿子念书，到作者结婚时，年迈的爷爷亲手写信告诉她“结婚后，你们一定要孝敬双方父母，勤俭持家”，这样一封家书，成为她生活中的“指路明灯”，在她遇到挫折时被一遍遍地细细品读……

这些故事中的人物都是极其平凡的，投稿的作者也并非专业作家，是与你我一样在工作岗位上默默耕耘的普通人，但良好家风的传递本就贯穿于日常生活的一点一滴，不求烈火烹油的轰轰烈烈，却在平淡的生活琐碎中影响着一代又一代铁路人的为人处世，成为他们的生活宝典，无形中塑造了他们的一生。

亲情带来的感动是相通的，是极富感染力的。我想，当乘坐火车外出的旅客在车厢内随手拿起我们的报纸，在“书香铁路　家风家教”专栏读到铁路人的亲情故事，脑海中也会浮现自己与挚爱亲朋相依相伴的温暖画面，勾起自己对远方家人的深情思念；当我们的铁路职工通过阅报栏、通过铁路“保障和女工”微信公众平台看到这些动人的亲情故事时，一定更能感同身受，在潜移默化中受到良好家风家教的熏陶。

如果说真情是滋养良好家风的感性材料，那么阅读便是充实家风家教的理性土壤。在25篇一等奖征文中，不少作者提到自己在父母、长辈的影响下爱上阅读，从名著名篇中收获教养子女的良方。

《有您在，灯亮着》（成都局成都建设指挥部）一文中，刘家瑛在爷爷的引导下阅读《平凡的世界》，看到了书中主人公身上看似平凡、实则坚韧的力量，也正是因为这本书，她感慨地写下“爷爷并未能让我拥有富庶的生活，但却让我拥有了富庶的生命”；孟庆玲在《家训：家族的脐带》（郑州局郑州供电段）中谈到在遇到人生“关卡”时，多亏父亲那本包着牛皮纸书皮的《孟子》带给自己“久违的温暖”；《在孩子心中种下一颗阅读树》（武汉局机关离退处）中，李隽与孩子一起阅读南希·卡尔森的《我喜欢自己》，她惊喜地发现，女儿在读完书后会脱口而出一句“我爱自己”，足见阅读让孩子逐渐地认识了自己，找到了自信……

在真情真爱中成长，在阅读万象中升华，是“书香铁路 家风家教”专栏迫切想要传达的编辑理念，希望我们的专栏能给千万铁路人以滋养，让广大旅客看到一支高素质、有人味儿的铁路职工队伍。作为编辑，希望乘坐火车的您看到我们的专栏后能在感动之余会心一笑，希望在下一篇文章，遇到另一个满含温情的铁路人。

天使的翅膀

北京局集团公司石家庄铁路文化宫指导员　栾秋玲

家有爱犬名唤鼓点儿，两个月大时捡来的。每天早晨我刚一动窝，她就屁颠屁颠地跑来，贴脚蹲下，伏低脑袋。如果我没动作，她就会用长长的湿乎乎的狗鼻子不停地拱我的手，直到我摸摸、抓抓、拍拍，说"乖，好孩子"，才肯罢休。

得到了爱的确认和认同，鼓点儿这一天才算真的开始。

起床后还有一个习惯：查看中华全国铁路总工会女职工委员会推送的作品，转发回单位的女工群。从3月8日开始，第三届书香铁路女职工读书活动优秀作品在铁总女工群内进行推广展示，8个月，241个清晨，就像我对鼓点儿的爱抚一样，这些文字熨帖着我的心灵：或同悲同喜，或同忧同思，或振奋昂扬，或婉转深沉。一个个鲜活真实的成长故事，一幅幅真挚感人的亲情画卷，绘制了铁路女性波澜壮阔的心灵地图。

像我这样而立之年的职业女性，每天的节奏像打狼，毛躁、焦虑。让我奇怪的是，读那些名家大师都不容易实现的慰藉，在读姐妹们的文字时居然实现了。是的，慰藉，或者叫疗愈。这实在是一件很神奇的事儿。

每个清晨，我一边抚摸着鼓点儿，一边尽览大江南北的铁路姐妹：

在做什么？想什么？因何喜怒哀乐？你的今天从何而来？你的明天要往哪儿去？

于是，在《大自然之爱》中，我看到，智慧的王惠颖（昆明局广通车务段）在引导孩子和万物相处，和孩子一起在自然中，像一棵树，一只鸟儿，一朵花儿那样生长。

在《脉脉书香 漫漫情怀》里，孙瑶（中车株机公司）告诉我们，读书的共同爱好可以把家变成磁场，个性迥异、喜好不同的家人，互相弥补，拓展视野，经由读书实现同频共振、共同成长，无意中道破幸福的真谛。

在《让我们一起成长》里，孩子上大学，汤昱（昆明局昆明材料供应段）才觉悟到原来自己是个三流家长：一流家长当榜样，二流家长当教练，三流家长当保姆。她勇敢地告诉我们，和孩子一起成长，什么时候开始都不晚。

在《我和妈妈的阅读时光》里，年轻的杨柳臻（南宁铁路公安局）深沉地总结：少年读书，恰似江湖行，老来读书，变作读生死，在书里能度过百样人生，得到成长。

在《最美的梦》里，中国铁建港航局路桥公司的叶丽娅，在夜空中扪心自问：我是对是错？是好是坏？她是一个妈妈，一个随工程项目辗转南北的妈妈，她和9岁的女儿，从没有见过彼此穿裙子的模样，因为她们每年只在腊月过年时才能团圆。女儿妮妮，是她心底最柔软最美好的缱绻，也是最深刻最强烈的疼痛。母女二人在艰辛中的理解与爱，让我们看到破茧成蝶的痛和成长。

还有各种各样的怀念、五彩斑斓的亲情、抗击噩运的奋争，让我们看到一个人是怎样成为今天的模样，看到原生家庭是怎样影响、改变、支撑着一个人在这尘世生活，看到女性如何在痛苦中勇敢涅槃。支凌燕（兰州局局办）在《又闻粽香》中说，人都是靠感情活着的。这真是一句朴素的真理啊！

感情的流动和联结，就像风，在一个家庭中，就成为家风；在一个集体中，就成为文化。风无处不在，无孔不入。它塑造了我们长成的模样，又影响着我们和孩子们要去的方向。

当鼓点儿眯起眼睛享受着我的爱抚；当不同家庭的春风雨露、不同作者的私语心声被广为传播，受到赞赏；当我读着同为铁路女性的文字，沉醉于共鸣的快乐和“原来你也在这里”的慰藉——不同生命的情感就发生了联结：原来我不是一个人。

活着是孤独的。活着又是需要精神的。停止成长的生命还能称之为活着吗？有多少人在年纪轻轻的25岁就已经精神死亡，只是躯壳等到75岁才埋葬。精神的成长从我们与这个世界的联结中来，阅读（不止书籍）、体悟、践行，我们被这世界影响着，又影响着这个世界。

纵观这些优秀作品，不难发现，学习、成长贯穿始终。而爱与被爱，需要与被需要，支持与被支持，构成了幸福的秘密花园。

成长，是我眼中最美好的词汇。所以在读这些优秀作品时，我脑海中总是浮现出天使的翅膀。在网络上有两种说法，一种说女人是天使，做了母亲之后因为牺牲折了翼；一种说女人是落难的天使，来这世上是为了寻找自己丢失的翅膀。我喜欢第二种。

人生在世，每个人都需要成长。但是，女性尤其需要，也尤其重要。

奥地利有一个协会名叫关爱女孩，这个组织曾有一个很著名的提问：一个男孩一个女孩，如果只能有一个可以接受教育，该选哪一个？答案是女孩。因为教育一个男孩只是教育一个个体，而教育一个女孩，则意味着教育一个家庭，一个民族乃至一个国家。

心理学家也告诉我们，父亲决定一个孩子能飞多高，而母亲决定他能飞多远。母亲的修养，决定了孩子一生的品德和人格，而这一点是处理好人与自己关系的关键所在。

受传统文化男尊女卑的影响和暗压，女性在这个社会上相对不易，女性成长也很不易。但是种子萌发，蛾儿破茧，青苗拔节，成长是找回翅膀、变回天使的不二法门。想要飞翔，除了自我成长，我们别无选择。

优秀作品的展示让我们看到，这些天南海北和我们从事同样工作的可爱女性，这些同样上有老下有小、像蜜蜂一样勤劳的职业女性，这些同样磨难和坎坷的铁路女人，那隐忍的痛、难言的苦，那焦灼、艰辛、抗争、坚持的岁月，都化作成长的营养，滋养出美丽的花；那开怀的笑、情趣的美、爱情的甜、亲情的暖、事业的靓，都成为动人的风景，照亮了铁路的半边天。

241期，从春到秋，无论工作日还是黄金周，让人肃然起敬的坚持。是的，肃然起敬。我知道群里有很多女工委主任像我一样转发回自己的女工群，我也知道，大都像我一样，就是转发都做不到每天坚持。而小编们多是利用业余时间，自己编辑、配图、制作，第二天清晨准时推送。期间除特殊原因中断一次，241天，241期。

闭上眼睛，春风吹拂。我知道，那是天使在舞动翅膀。

蝴蝶的翅膀，可以引起大洋彼岸的风暴。天使的翅膀，将会引发无数姐妹、无数家庭的头脑风暴。春风沉醉之后，必将是姹紫嫣红、争奇斗艳、花开满园。

睁开眼睛，满怀期待。

第四届书香铁路女职工读书活动优秀作品即将向我们走来。

传优良家风　树时代新尚

中国铁道学会副秘书长　郑深源

书香铁路女职工读书活动已连续举办四届了。感谢中华全国铁路总工会女职工委员会的精心组织和竭诚奉献，一本本反映铁路女职工生活的《书香铁路优秀作品集》呈现在读者面前，让人们走进铁路女性丰富的内心世界，体会铁路女性为人母、为人女、为人妻、为人媳时所经历的不一般见识和奉献，感受铁路女性为人生、为家庭、为事业、为社会所承载的不平凡追求与担当。

第三届书香铁路读书活动的主题是："书香铁路　家风家教"，其优秀作品集选登了241篇作品。一篇篇家风家教征文、一份份读书心得，一封封家书，叙述着各自独特的情感喜怒哀乐、心路跌宕起伏、生活酸甜苦辣、亲情悲欢离合，叙述着各自面临工作与生活、家庭与事业、个人与社会各种关系时的决策与权衡、付出与收获、沉淀与蜕变。从刚毕业的新入职女工，到即将退休的老大姐，她们留下的文字朴实无华，但字里行间透露出的善良、谦恭、执着和诗意，时时让我们感叹、让我们沉思。或许作者都是名不见经传的平凡女性，平凡人讲平凡事。当所有的平凡人、平凡故事汇聚在一起时，就形成了一曲非同凡响的交响旋律、一幅妙趣横生的精美画卷。

她们明理，懂得家风传承的深明大义。她们从前辈身上学到了生活的真谛，记得《爷爷说的话》（成都局贵阳车站门芸）和《奶奶的家风》（北京局石家庄客运段王莹），懂得《父亲的家法》（乌鲁木齐局党干校杨明会）和《母亲的絮语》（太原局侯马北供电段原丽慧），深知《外婆的‘规矩’人生》（昆明局铁道报社后亚萍），她们把好的家风家训视为《家族的脐带》（郑州局郑州供电段孟庆岭）、《指路的明灯》（中铁大桥局二公司孙艳娥），立下了《做事先做人，立人先立品》（中铁四局一公司乔丹）和《忠厚传家久，诗书继世长》（上海局浙江铁发集团沈蕾蕾）的自我修炼信条。而在让“所有的苦，都会在修炼中升华”（武汉局麻城工务段周郑琪）之后，她们又把自己的学识、感悟传递给下一代，承担了《责任的传承》之职，“一是传承血脉；二是传承文化”（中车长江公司株洲分公司马君），与孩子《共享生命健康成长的快乐》（太原局党干校林霞），教育孩子《做一只永不懈怠的陀螺》（中铁物资哈尔滨物流公司张颖）。

她们孝顺，知道感恩、感激、感动的人生价值。父辈的养育之恩在她们的心里打下了深深的烙印，她们把那份《永不褪色的爱》（乌鲁木齐局哈密供电段梁静）视为前行的动力和《最好的财富》（西安局榆林车辆段武申平）：“爸爸的挫折教育，加上妈妈的无限温柔，共同锻造了如今的我”（中国铁建国际集团吕文）、《长大后我就成了你》（兰州局迎水桥机务段史红胤）成了她们不约而同的表白。她们从内心深处、在日常言行中去表达那份感恩、那份感激：“父亲的爱就像绵绵春雨，时时滋润着我的心房，我一定给予这无私的春雨一片《碧绿的回报》”（中铁集装箱成都分公司杨兴华），“作为孩子，最喜欢现在——我已长大，双亲尚未老去的感觉，我便可以尽我所能，去报答二十几年的亲恩”（中铁特货大件运输公司史明）、“我现在唯一能做的就是希望我成功的速度大于您老去的速度，也希望时光慢些，让我好好孝敬您和妈妈”（西安局安康供电段彭喜玲）。

她们智慧，深悟善良、通达的生活之道。她们善于观察和思考生活，把领悟的通透生活哲理游刃有余地融入生活，尽心尽力去创造和谐温馨的家庭氛围。她们坚信，“爱情没有轰轰烈烈，只有细水长流中镌刻成深入骨髓和融入生活的情感”（乌鲁木齐局乌鲁木齐车务段霍雨佳）。她们明白：爱是重要的，但是“选择正确的爱的方式”可能更重要（沈阳局本溪车务段康铭真），“家是讲情的地方，不是讲理的地方……爱要有包容心，家和万事兴”（呼和浩特局包头西机务段康华），“让直行的思维拐个弯转个角，才会收获幸福遇到爱”，“婆婆用她那无私的爱换取了满满的信任和真诚的关爱”（青藏公司西宁电务段沈国红）。这种智慧悟性让她们能够把任何的逆境转化成欢声笑语，把任何的不顺升格成生活的《芳香盈路》（乌鲁木齐局新铁客运公司柯美美）。

她们敏锐，紧跟时代发展的前进步伐。不同人读书有不同的角度，也会有不同的收获。一般人读书学习是为了长知识、提升专业技能，铁路女同胞也常会抱有同样的学习目的，但她们读书创造出与众不同的视角。《阅读，能遇见更好的自己》（沈阳局山海关工务段董晓辉），她们的细腻在于把读书当成了修炼气质、涵养情操的良方，用书来“陪伴和丰富”自己（郑州局焦作车务段任慧颖），以《阅读塑造灵魂的根》（成都局贵阳机务段蒲敏），《用阅读镌刻岁月的年轮》（中铁集装箱青藏分公司陈志静），《一路书香一生阳光》（太原局侯马电务段翟海焕）。她们的细腻在于把读书融入了家庭氛围的营造、家庭生活质量的提升，给家风传承注入浓浓的书香：《读好书，正家风》（中铁特货公司柳州机保段陈玉娟），《“家风”在阅读中传承》（南宁局南宁通信段吴婷婷），《读好书，沐浴纯真亲情》（济南局济南工务段王红蕊），《生活因阅读而幸福》（中国铁建十五局物资公司王瑜婕），和母亲一起共度“阅读时光”（南宁铁路公安局杨柳臻），教育孩子把书籍当成自己“人生最好的伙伴”（北京局丰台工务段汪萍）。

她们热爱生活，但为了事业需要又常常不得不放弃渴望的天伦之乐。她们把家庭视为上苍赐予的最好礼物、视为人生幸福的不竭源泉，“充满善意地‘活着’，是最大的福与贵”。然而，铁路是服务行业，24小时不间断地运行、运营，加班对于铁路女性来说是家常便饭。从她们对父辈的歉意、对孩子的内疚、对爱人的陈述中，我们能感受到她们的真诚、坚韧：“铁路人不生产思念，只是思念的搬运工，帮千千万万个旅客缩短等待的时间，把旅客的等待和思想送回家。而我们却将思念留给了自己，把等待留给了家人”（呼和浩特局总工室范蕾）。完美主义的她们在渴望亲人理解、谅解和包容的同时，依然全身心投入到工作岗位，“虽然有这样多的烦恼，但我们却在这样的生活里体会着温暖、品味着美好”（太原铁路公安处于兴立），“在你的衣柜里不只有鲜艳华丽的衣裳也有一沓又一沓靠着夙夜祗勤赢得的证书和奖章/你那纤细的手擦拭着客厅、厨房/也打磨着零件、工装/你那柔弱的肩膀支起一个家温暖团圆的希望/也勇敢地分担着同胞的苦难彷徨/彰显着人类灵魂深处的悲悯与善良”（西安局疾控所李悦），是对她们最好的写照。铁路女性用自己的出色表现印证了自己的了不起、展示了自己的不简单。

正是因为她们的温婉、善良、真诚，铸就了充满正能量的铁路人的家风。她们和其他行业的女性一样，以积极追求、默默奉献，传承和延续着中华民族向上向善、尊老爱亲、敬业诚信的优良美德。

正是因为她们的智慧、明理和奉献，铁路人的家风成为中国铁路路风的靓丽风景。“书香铁路 家风家教”活动以女性为视角展示了铁路人这一社会群体推进和谐铁路建设的精神风貌和道德品格。

在中国文化中，如果说男人是家庭的靠山，那么女人就是“水”，是家庭中一条清澈的溪流、一池湛蓝的湖水，带给家庭的是灵气、鲜活、生动和绵延不绝的持续感；如果说男人的职责是为家庭铺筑一条通畅的生活之路，那么女人的使命就是在这条路旁栽满浇灌鲜花和青草，让家庭变得温馨、情调和美满；如果说男人更注重家庭当下的情感体验、更着力于事业上的成就，那么女人为了家庭安宁和长久延续，更重视日常点滴和成年累月的生活积累，更重视家庭各种各样关系的维系和稳定；如果说家族传承是一根线，那么女人就是那根针，穿针引线，把家庭各种角色串联在一起，让家的快乐在空间上铺陈、在时间上接续。

当代社会，男女平等成为社会主流，不同性别的人在单位、社会接受同等标准的考核和衡量。然而，在“男主外、女主内”的传统观念仍保持着顽强生命力的文化氛围中，女性在家庭中所扮演角色的压力要比男性沉重得多，女性在家庭中所承担职责的份量要比男性重要得多。据中国家庭文化研究会与全国妇联宣传部、中国妇女杂志社联合开展的“中国好家风万户城乡家庭大型调查”表明：女性在家风传承中作用最大。这正是习近平总书记强调“注重发挥妇女在社会生活和家庭生活中的独特作用，发挥妇女在弘扬中华民族家庭美德，树立良好家风方面的独特作用”的重大意义所在，也是在铁路女职工中开展“书香铁路 家风家教”的必要性所在。